Kontaktadresse nach EU-Produktsicherheitsverordnung:
produktsicherheit@droemer-knaur.de

KNAUR

Von Regine Kölpin sind bereits folgende Titel erschienen:

Aus der Reihe »Omas für jede Lebenslage«:
Oma zeigt Flagge
Oma geht campen
Oma wird Oma
Oma tanzt auf Wolke 7
Oma kriegt die Kurve

Aus der Reihe »Ino Tjarks & Co ermitteln«:
Ins Watt gebissen

Über die Autorin:

Regine Kölpin ist 1964 in Oberhausen geboren, lebt seit ihrem fünften Lebensjahr an der Nordseeküste und schreibt Romane und Geschichten unterschiedlicher Genres. Sie ist auch als Herausgeberin tätig und an verschiedenen Musik- und Bühnenproduktionen beteiligt. Außerdem hat sie etliche Kurztexte publiziert. Ihre Arbeiten wurden mehrfach ausgezeichnet. U. a. erhielt sie das Krimistipendium Tatort Töwerland 2010, wurde 2011 zur Starken Frau Frieslands gekürt und gewann zusammen mit Gitta Edelmann 2020 den Bronzenen Homer. Regine Kölpin ist verheiratet mit dem Musiker Frank Kölpin. Sie haben fünf erwachsene Kinder, mehrere Enkel und leben in einem kleinen Dorf an der Nordsee. In ihrer Freizeit verreisen sie gern mit ihrem Wohnmobil, um sich für neue Projekte inspirieren zu lassen. Mehr unter www.regine-koelpin.de

Regine Kölpin

Der Möwenschiss-Mord

Ein Küsten-Krimi

KNAUR

Besuchen Sie uns im Internet:
www.knaur.de

Originalausgabe April 2021
Knaur Taschenbuch

Ein Imprint der Verlagsgruppe
Droemer Knaur GmbH & Co. KG, München

Redaktion: lüra – Klemt & Mues GbR, Wuppertal
Covergestaltung: semper smile, München
Coverabbildung: Collage unter Verwendung verschiedener Motive von shutterstock.com
Illustrationen im Innenteil von Shutterstock.com:
Janos Levente, MicroOne, Wolkenengel565
Satz: Adobe InDesign im Verlag
Printed in Germany
ISBN 978-3-426-52297-4

4 5 3

1. Kapitel

Sonntag

17 Uhr

Wenn ich das doch sage, Ino!« Gerda wischte sich den Schweiß von der Stirn. Ihre graue Dauerwelle war arg derangiert. Es war einfach viel zu heiß an diesem Sommertag im Wangerland.

Ino saß mit seinem blau-rot karierten Kurzarmhemd und grauen Shorts unter der alten Kirsche im Garten seiner Mühle und fragte Gerda für ihre Führerscheinprüfung ab. Vor sich hatte er eine Flasche mit kühlem Jever Pils stehen. Damit ließ sich die Hitze besser ertragen.

»In den Prüfungsunterlagen steht das so«, beharrte Gerda. »Rechts vor links und nicht anders. Punkt.« Sie war gerade dabei, die Wäsche von der Leine zu nehmen, und faltete jedes Stück sorgfältig.

»Es ist wirklich verdammt warm heute«, stöhnte sie nun. »Aber die Wäsche trocknet schnell. Immerhin was.«

Ino nickte. »Hier in Tjarkshusen kann man die Hitze noch einigermaßen ertragen. Stell dir vor, du würdest in der Stadt leben müssen.«

Gerda stimmte ihm zu, vor allem, weil ein laues Lüftchen seine Worte unterstrich.

Tjarkshusen war eine kleine Siedlung am Deich in der Nähe von Horumersiel, genauer gesagt handelte es sich um eine Ansiedlung von drei Häusern. Inos Mühle mit Anbau befand sich am Ende der Sackgasse und dominierte Tjarkshusen. Rechts stand Gerdas Backsteinhaus, und gegenüber wohnte die Großfamilie van der Fisk auf einem weitläufigen Anwesen. Sie waren ganz umgängliche Leute, auch wenn Ino der Ansicht war, sie hätten sich zu oft vermehrt. Aber das sagte er nie laut, schließlich musste man auf ziemlich engem Raum miteinander auskommen. Gerda mochte er hingegen sehr. Sie half Ino im Haushalt, er griff ihr bei anderen Arbeiten unter die Arme. Die beiden waren seit vielen Jahren ein eingespieltes Team. Fast wie ein altes Ehepaar, wobei Ino auch das nie laut äußerte. Er und ein Ehemann. Lächerlich!

»Nun frag mich schon weiter ab!«, forderte Gerda ihn auf.

Er hatte während seiner Gedankengänge die beiden Schafe Lina und Berta beim Grasen am Deich beobachtet. Gerda aber verlangte seine ganze Aufmerksamkeit. Ihr Plan war, in Kürze die Führerscheinprüfung abzulegen, und sie wollte bei der Theorie möglichst keinen Fehler machen.

Ino hatte die Fragebögen vor sich auf dem weißen Gartentisch ausgebreitet und wendete sie nun gelangweilt von rechts nach links. Seine schwarz-weiß gescheckte Dogge Tiger döste derweil im Schatten der Hauswand. Ihr Interesse an der Umwelt war bei den heißen Temperaturen eher gering. Nun hatte aber auch Ino keine Lust mehr auf die Fragerei. Immerhin waren sie alle Bögen einmal durchgegangen, und Gerda wusste doch alles! Ein bisschen wurmte ihn das, denn er wäre definitiv durchgefallen, hätte er den Führerschein noch einmal wiederholen müssen.

»Wir hören jetzt auf. Man braucht sich beim Autofahren schließlich nicht an alle Regeln zu halten«, grunzte Ino. »Das tun nur Paragrafenäffchen. Rechts vor links, ja, so steht es in dieser blöden Straßenverkehrsordnung. Ich finde, man muss das aber manchmal anders lösen. Hier im Wangerland gilt das nur, wenn es sinnvoll ist. Warum soll ich denn an jeder Kreuzung aufpassen, wenn doch keiner kommt, den ich vorlassen muss? Und im Zweifelsfall gilt immer noch: Friese vor Ostfriese. Ostfriese vor Touri. Kann man schließlich gut am Nummernschild erkennen, und da ist es legitim, auch mal schneller zu brettern.«

»Ino!«, maßregelte Gerda ihn sofort. »Vorschriften muss man einhalten, dafür sind die da.« Das letzte Wäschestück war im Korb gelandet und akkurat glatt gestrichen.

»Wieso willst du überhaupt den Lappen machen? In deinem Alter! Ich kann dich doch fahren. Hab schließlich Zeit, wenn ich nicht gerade mein Korn für Thedas Bäckerei mahlen muss.« Das war für ihn noch immer eine wichtige Aufgabe, denn ihre gemeinsame Freundin Theda buk das beste Brot im Wangerland. Ino drehte die Bierflasche um und schüttelte die letzten Tropfen ins Gras. Er fand es überflüssig, dass Gerda den Führerschein machte. Doch seit sie im letzten Frühjahr den Mord am Kurdirektor vom Wangerland aufgeklärt hatten, war sie anders geworden. Es hatte zuvor so schön mit ihnen gepasst, aber nun plante sie – außer ihrer jährlichen Winterreise auf die Kanaren – so etwas wie den Führerschein, sprach von Selbstverwirklichung und dass Ino aus dem Quark kommen und ab und zu selbst Hand im Haushalt anlegen sollte. Lauter solchen Unsinn.

Gerda hatte sich zu Ino an den Tisch gesetzt. Der Korb stand noch unter der Wäscheleine.

»Ino, ich weiß, wie blöd du es findest, dass ich meinen Führerschein mache. Aber ich muss flexibler werden.«

Ino sah sie fragend an. »Warum? Horumersiel und Schillig kannst du mit dem Rad erreichen, und sonst fahre ich dich. Mir macht das wirklich nichts aus. Und Theda auch nicht. Die fährt ebenfalls gern.«

»Und wenn ich mal in die Stadt will?« Gerda sah ihn herausfordernd an. »Dorthin magst du nicht, und Theda hat die Bäckerei. Da kann sie nicht ständig weg.«

»Es gibt Busse.« Ino reagierte bockig. Wie immer, wenn er sich in eine Sackgasse hineinmanövriert sah.

Gerda seufzte nur. »Du weißt, wie umständlich es ist. Und es ist wahnsinnig teuer. Überleg doch mal, was ich allein für den Bus nach Sande zahle und dann weiter nach Oldenburg oder Wilhelmshaven! Ein Vermögen. Schließlich muss ich auch wieder zurückkommen. Die Politik macht nur was für die Menschen in den Städten. Nein, ich brauche einen Führerschein. Der ÖPNV auf dem Land ist miserabel ausgebaut.«

Ino rollte mit den Augen. Das war auch so ein Ding. Gerda sprach nur noch in Abkürzungen. Warum sagte sie nicht einfach Öffentlicher Personennahverkehr? Oder einfach: Die Busse fahren nicht oft? Und seit wann interessierte sie sich für Politik? Das war *sein* Resort. Er saß schließlich im Rat der Gemeinde Wangerland und versuchte, die Stellschrauben ein wenig mitzudrehen. Sie hatten aber gerade Sommerpause, weil sich alle im Urlaub befanden. Ach Mann, er war heute ziemlich übel gelaunt.

Gerda gab immer noch keine Ruhe. »Ich möchte mich hier nicht zu Tode langweilen und selbst und spontan entscheiden, wenn ich mal vom Hof will. So einfach ist das. Ich kann schließlich nicht den ganzen Tag nur hinter dir herputzen und den Garten machen. Alle Menschen sind unabhängig und fahren, wohin sie wollen. Nur ich muss immer fragen. Das gefällt mir nicht. Ich will frei sein.«

»Unsinn«, sagte Ino, meinte es aber nicht so. Im Prinzip hatte Gerda recht. Es war blöd, mit dem Bus in die Stadt oder zum nächsten Bahnhof zu fahren, weil wirklich nur äußerst selten mal einer kam und es in der Tat kostspielig war. Er selbst wiederum verspürte nur wenig Lust zum Einkaufenstehen draußen vor den Geschäften. Erst recht aber bekam ihn keiner in die übervollen Läden.

Gerda könnte unabhängig losfahren, wenn sie eine neue Schürze oder einen neuen Rock brauchte. Oder Schuhe. Frauen brauchten immer Schuhe. Sogar Gerda, die sich nur selten herausputzte.

»Versteh schon«, rang er sich schließlich ab. »Ist doch nicht so verkehrt mit dem Lappen. Ende der Diskussion, bin überstimmt.«

Gerda strich ihm über den Unterarm. »Du bist immer so ein alter Griesgram. Aber ich mag das. Weil du mir am Ende doch immer recht gibst. Durst? Ich hole uns mal was anderes zu trinken als Bier. Sonst wirst du mir noch ganz dösig. Außerdem müssen wir was besprechen.« Sie wuchtete den Wäschekorb hoch und schleppte ihn ins Haus.

Kurz darauf kam sie mit einer Flasche Rhabarberschorle und zwei Gläsern zurück. Sie setzte sich wieder an den Tisch und drehte den Verschluss auf. Es zischte laut.

»Ist wirklich nix los, seit wir den Mord an Winterscheid aufgeklärt haben«, sagte Ino. »Aber mir ist es egal, ich hab gern meine Ruhe. Meinetwegen muss keiner mehr umkommen. Wäre auch vermessen, sich das zu wünschen, damit wir was zu tun haben.«

»Ino!«, empörte Gerda sich erneut und schenkte beiden von der Schorle ein. »So etwas wünsche ich mir doch gar nicht! Ich will nur den Führerschein machen.«

Ino grinste. »Weiß ich. Du brauchst eben ein bisschen mehr Leben oder ›Action‹, wie man heute sagt. Dann mach du die Prüfung, und wir kaufen dir zusammen ein Auto. Nicht dass du dir irgendeine Gurke andrehen lässt. Da helfe ich dir lieber.«

»Als Macho oder Gentleman?«, fragte Gerda kichernd. »Ist auch egal. Das nehme ich gern an.« Sie trank einen Schluck, dann fuhr sie fort: »So eine weitere Ermittlung, das hätte allerdings auch was. Wo wir gerade beim Thema sind …« Sie zog einen Zettel aus der Schürzentasche. »Das Schicksal meint es gut mit uns. Richtig gut. Hab ich von Theda«, ergänzte sie, als sie Inos fragenden Blick bemerkte.

Sie führte etwas im Schilde, und das hing nicht mit ihrem zukünftigen Führerschein zusammen.

Gerda lächelte Ino selig an. »Wir haben einen Auftrag! Einen unmörderischen und wunderbaren Auftrag, der uns eine Weile beschäftigen wird. Da passt es auch prima, wenn ich selbst Auto fahren kann.«

Nun wurde Ino wach. Er knallte das Glas mit der Schorle so heftig auf den Tisch, dass er wackelte. »*Was* haben wir?«

»Einen Auftrag, bei dem keiner tot ist«, antwortete Gerda ungerührt. »Wir sollen lediglich eine Frau auf dem neuen Campingplatz beschatten. Du weißt schon, der in Schillig. Aber nicht der große am Meer, sondern der dahinter.«

»Auf diesem Platz, den sie Möwenschiss getauft haben?«

Gerda nickte und grinste breit.

Dass der neue Campingplatz diesen seltsamen Namen hatte, war immer wieder eine Lachnummer im Wangerland. Der Inhaber war Sir Archie, und er entstammte einer alten englischen Adelsfamilie. Seine Vorfahren waren wie viele Friesen einst nach Britannien ausgewandert. Ino hatte die Theorie aufgestellt, dass man deshalb in England so viel Tee trank. Jedenfalls waren Sir Archies Ahnen auf der Insel zu Ruhm und Ehre gekommen, hatten sich aber so stark vermehrt, dass das Erbe am Ende recht schmal ausgefallen war. Deshalb hatte Archie Großbritannien wohl den Rücken gekehrt, lebte seit fünf Jahren in Friesland und hatte im Frühjahr den neuen Campingplatz eröffnet. Um seinen doppelten Wurzeln gerecht zu werden, wollte er ihn Möwenkiss nennen. »Eine feine Mischung aus Englisch und Deutsch«, hatte er verkündet. Aber das Wort Kiss war dem friesischen Maler offenbar nicht geläufig gewesen, oder er hatte nicht zugehört, und so stand auf dem blauen Schild schließlich Möwenschiss. Darunter hatte er eine lachende Silbermöwe neben einem weißen Klecks gemalt.

Ino trank noch einen großen Schluck. Gerdas Information musste er erst einmal sacken lassen. Er wischte sich mit dem Arm den Mund ab. »Was hat sie denn ausgefressen? Also, unser Beschattungsobjekt.« Erst mal klären, worum genau es gehen sollte, bevor er Nein sagte.

Gerda grinste erneut. »Angeblich ist sie – wie sagt die alte Griese immer? … promiskuitiv. Genau. Also untreu. Hat viele Kerle und so.« Sie nagte an der Unterlippe. »Sagt ihr Mann jedenfalls und will es natürlich genau wissen. Wenn es so ist, soll das wohl das Ende zwischen den beiden sein.«

Ino wiegte den Kopf. Er war nicht sicher, was er davon halten sollte. »Und was ist das für ein Auftraggeber? Dieser Ehemann?« Er fand es befremdlich, die eigene Frau beschatten zu lassen.

Gerda zuckte mit den Schultern. »Er ist auf jeden Fall reich oder ›gut situiert‹, wie man in unserer Branche sagen würde.«

Ino zog bei den Worten »in unserer Branche« die Brauen hoch, schwieg sich aber aus. Wer weiß, was Gerda noch so zu erzählen hatte.

Sie fächelte sich mit der Hand etwas Luft zu. »Hey, guck nicht so. Ich habe mir das nicht ausgedacht. Theda sagt, Geld spielt keine Rolle. Das glaube ich, denn er heißt Falko von Walde. Klingt direkt ein bisschen adlig, oder? Da passt er zu Sir Archie.«

»Wie kommt der denn auf euch?«, fragte Ino. Ihm wurde trotz der Hitze abwechselnd heiß und kalt.

»Er war heute Nachmittag bei Theda Brot kaufen und hat dort von ihr gehört, dass wir sehr erfolgreich ermitteln. Daraufhin hat er Theda sofort gefragt, ob wir Kapazitäten frei haben.«

»Wir sind keine Profis und haben deshalb keine Kapazitäten«, murrte Ino und setzte das letzte Wort mit seinen Fingern in Anführungszeichen. Das klang schon wieder alles furchtbar nach Stress. Er war nach dem letzten Mordfall davon ausgegangen, dass sich solche Ermittlungen nicht wiederholten. Immerhin war jetzt keiner tot.

»Und Theda hat dir dann davon erzählt, als du eben bei ihr das Brot eingekauft hast«, schlussfolgerte Ino.

»Jo, so sieht das aus. Hier hab ich mir seinen Namen aufgeschrieben.« Gerda zeigte auf einen Zettel. »Wir haben offenbar einen guten Leumund, wenn Adlige schon unsere Hilfe in Anspruch nehmen wollen.«

Nun wurde es Ino doch zu bunt. »Gerda! Wir haben nur den Mord am Kurdirektor aufgeklärt. Du tust gerade so, als wären wir Detektive. Von wegen, wir ermitteln erfolgreich!«

»Das ist eben, wie es ist. Morgen früh haben wir einen Termin mit Herrn von Walde in Hooksiel.«

Für Gerda war das Thema damit vom Tisch. Und Ino würde sich fügen müssen. Ob es ihm passte oder nicht.

2. Kapitel

Montag

1 Uhr

Falko von Walde sah sich um. Die Nacht war lau, er hatte eben noch einen Spaziergang am Meer gemacht und den Sternenhimmel bewundert. Er brauchte einen klaren Kopf, denn es war schon ein schwieriges Unterfangen, wenn man die eigene Frau beschatten lassen wollte. Nur sah er keine andere Möglichkeit.

Erst heute Morgen war sie wieder so flatterhaft gewesen und hatte mit dem Campingnachbarn angebandelt, obwohl der weiß Gott keine Augenweide war. Dicker Bauch, eine Glatze, die er zu übertünchen versuchte, indem er eine Haarsträhne nach vorn zog und an der Schläfe anklebte.

Falko schüttelte sich. An den Streit mit ihm im Watt erinnerte er sich nur ungern, weil er die Contenance verloren hatte, und das war immer schlecht. Man sollte sich im Griff haben. Aber er war ausgerastet.

Doch es ging nicht nur um diesen Kerl. Else war keine Frau von Traurigkeit, das kannte er schließlich. Nur wurde es für ihn mit zunehmendem Alter schwieriger, das auszuhalten.

Sie hatte momentan auf jeden Fall eine Affäre, und er wollte wissen, mit wem. Falko glaubte nicht, dass es der Campingnachbar war. Das war nur eine Laune seiner Frau gewesen, da war er sich nach dem Streit mit Else inzwischen sicher. Falko biss sich auf die Lippen. Es war so entwürdigend!

Seinetwegen konnte sie sich mit Klunkern behängen. Seinetwegen besaßen sie nicht nur die Eigentumswohnung am Bontekai in Wilhelmshaven, sondern auch weitere Immobilien. Seinetwegen war es möglich, dass ihr Sohn Frieder, der immerhin schon über dreißig war, noch nie richtig arbeiten musste, sondern noch in der Selbstfindungsphase stecken durfte und das auch auslebte.

Aber Falko wollte nicht weiter der Dukatenkacker sein, von dessen Geld sich die Gemahlin ein lustiges Leben machte, während sie ihm zugleich Hörner aufsetzte und sogar plante, ihn zu verlassen! Falko konnte die Augen vor dieser Tatsache nicht länger verschließen. Nicht, nachdem er diesen Brief gelesen hatte. Ja, er würde Else den Geldhahn abdrehen, sobald er herausfand, mit wem sie ihn betrog. Das hatte er seiner Frau am Morgen nach ihrem Techtelmechtel im Watt mit dem dicken Campingnachbarn in aller Deutlichkeit gesagt.

Er würde sie überführen und dann zum Teufel jagen. Keinen Cent würde sie mehr von ihm bekommen. Falko reichte es einfach.

Als er dann bei dieser rothaarigen Bäckerin im Laden gewesen war und gehört hatte, dass sie und ihre Mitstreiter so etwas wie Detektive waren, hatte er nicht widerstehen können und das Trio umgehend beauftragt. Gleich morgen wollten sie sich treffen. Geheim, in Hooksiel. Nicht dass Else davon etwas mitbekam.

Falko hatte den Campingplatz erreicht. Die Tore waren schon verschlossen, aber er hatte seine Chipkarte dabei, sodass er problemlos auf den Möwenschiss gelangte.

Er verspürte noch immer keine große Lust, zum Stellplatz zu gehen. Nach dem Streit im Watt war seine Frau mit ihrem Cabrio nach Wilhelmshaven in ihre Wohnung davongerauscht, und der Wohnwagen würde kalt und leer ohne sie sein.

Ja, verdammt, er liebte Else noch immer. Egal, was sie ihm alles angetan hatte. Egal, was er an ihrer Seite erdulden musste. Er wollte, dass sie blieb und ihn ebenfalls liebte.

Falko verlangsamte seinen Schritt. Inzwischen war er fast am Minigolfplatz angekommen. Nein, er konnte es nicht tun. Wie tief war er gesunken, dass er Else bespitzeln wollte! Er musste doch Manns genug sein, die Sache selbst mit ihr zu klären. Er wollte sie nicht verlieren, aber das, was er vorhatte, war ein so großer Vertrauensbruch, der durch nichts zu rechtfertigen war. Auch wenn er von großer Wut getrieben wurde und durchaus seine Gründe hatte. Bekäme sie es aber heraus und er hatte sich doch geirrt, gäbe es kein Zurück für sie beide.

Falko zückte das Handy und schrieb der Bäckerin, dass der Auftrag geplatzt war und er auf ihre Hilfe verzichten wollte. Sie hatten schließlich noch keinen Vertrag aufgesetzt, und so kam er noch locker aus der Nummer raus.

Danach ging es ihm besser. Er setzte sich auf den kleinen Zaun, der den Pool vom restlichen Campingplatz abgrenzte, und sah wieder zum Himmel. Dann zuckte er zusammen, weil er Schritte zu hören glaubte. Um diese Zeit waren wegen der Hitze noch einige der Camper unterwegs. Man schlief im Moment einfach schlecht. Warum aber beunruhigte ihn das Geräusch? Er ging wirklich mit den Nerven zu Fuß.

Falko hielt inne, als er ein Stöhnen hörte. Kam das vom Minigolfplatz, der direkt nebenan lag?

Er lauschte in die Dunkelheit. Ja, da war was.

Er betrat das Gelände, denn es hörte sich an, als hätte jemand große Schmerzen. »Hallo, ist da wer? Kann ich helfen?«, fragte er, erhielt aber keine Antwort.

Nicht dass jemand verletzt war! Falko versuchte, die Taschenlampenfunktion des Handys zu aktivieren und den Platz auszuleuchten, denn die kleinen Laternen auf der Anlage waren heruntergedimmt und spendeten nur wenig Licht.

Doch leider war die Funktion kaputt, er bekam die Lampe einfach nicht an.

»Hallo?«, rief er ein weiteres Mal.

Wieder kam als Antwort nur ein Stöhnen. Kurz hielt Falko inne, denn er wollte kein Liebespaar stören. Wie peinlich wäre das? Er war nämlich gar nicht mehr so sicher, dass es das Ächzen eines Verletzten war, und Lust auf eine Blamage hatte er nicht.

Aber es war nur die Stimme eines einzelnen Menschen, oder?

Falko beschlich plötzlich eine ungute Ahnung. Je länger er hier herumstand, desto mehr verdichtete sie sich. Etwas stimmte nicht. Er sollte besser von hier verschwinden. Falko war hin und her gerissen zwischen dem Gefühl, vielleicht helfen zu müssen, und der inneren Stimme, die ihm immer lauter zuraunte, er solle den Minigolfplatz, so schnell es ging, verlassen.

»Hallo?«, rief er noch einmal. Sollte jemandem etwas zugestoßen sein, konnte er schließlich nicht einfach so verschwinden. Es knackte hinter ihm. Falko drehte sich um – und im selben Moment knallte ihm etwas auf den Schädel. Er erkannte im Fallen das Gesicht seines Gegenübers.

Laut rief er aus: »Du?« Dann sackte er zusammen und spürte, wie ihm die Sinne schwanden. Er bemerkte noch, wie es warm aus seinem Kopf herauslief, wie das Leben mit jedem Tropfen Blut im Sand versickerte. Danach wurde es dunkel um ihn herum.

3. Kapitel

Montag

7 Uhr

Gerda schrak hoch, weil das Telefon schrillte. Es war Theda. »Wir müssen sofort zum Möwenschiss! Ich habe schon eine Aushilfe für die Bäckerei kommen lassen«, schrillte ihre Stimme durchs Telefon.

Gerda rieb sich die Augen. »Warum?« Dass Theda immer so eine Welle machen musste!

»Ich habe ein komisches Gefühl«, krähte sie, so wie sie es immer tat, wenn sie nervös war oder sich aufregte.

»Wegen eines komischen Gefühls musst du mich doch nicht zu nachtschlafender Zeit aus dem Bett klingeln!«, sagte Gerda vorwurfsvoll.

»Es ist schon nach sieben«, konterte Theda. »Also Zeit, aufzustehen. Ich habe heute Nacht eine eigenartige WhatsApp von unserem Klienten bekommen. Da stimmt was nicht. Da ist was passiert!«

Gerda brauchte kurz, um Theda folgen zu können. »Was stand denn in der Nachricht, und wann hast du sie bekommen?«, fragte sie.

»Ich habe sie doch eben erst gelesen, weil sie kam, als ich schon in tiefstem Schlummer lag. Er schreibt, er will uns doch absagen«, berichtete Theda.

»Was ist denn daran komisch? Es ist schade, aber das kann man nicht ändern. Herr von Walde hat es sich vermutlich anders überlegt«, meinte Gerda. Theda ließ jedoch nicht locker.

»Ich weiß, was du jetzt denkst. Nur ist es weder ein komisches Gefühl noch eine merkwürdige Theorie, sondern eher eine Art Ermittlernase, also Instinkt. Den braucht man als Detektivin, und ich habe ihn.«

»Und dieser Instinkt sagt dir, wir sollten zum Möwenschiss fahren? Und zwar sofort?«

»Genau. Unser Klient hat nicht freiwillig abgesagt, da ist etwas faul. Ich bin in fünf Minuten mit meinem Auto bei dir.«

»Ich habe um 9 Uhr Fahrstunde«, wandte Gerda ein. »Die kann ich nicht schwänzen, nur weil du ein Ermittlerfeeling hast und weil unser Klient seine Meinung geändert hat.«

»Du musst«, beharrte Theda. »Ich fahre jetzt dorthin. Notfalls allein.«

Das wollte Gerda nun auch nicht. Am Ende verpasste sie etwas, weil Theda sich doch nicht irrte. »Ich begleite dich. Aber was ist mit Ino?« Diese Frage durchfuhr Gerda mit großem Schreck. »Den kriege ich um diese Zeit nie wach, und selbst wenn: Sollte sich dein Ermittlergefühl getäuscht haben, hab ich den schlecht gelaunten Brummbären an den Backen.«

»Lass ihn, wo er ist«, sagte Theda. »Falls ich mich doch geirrt habe, wovon allerdings nicht auszugehen ist, haben wir keine schlafenden Hunde geweckt.«

Keinen schlafenden Ino, korrigierte Gerda in Gedanken. Sie fand die Idee, ihn aus allem rauszuhalten, aber grandios. Er hatte gestern sehr deutlich gemacht, was er von ihren neuen Ambitionen hielt.

»Beeil dich«, sagte Theda. »Bis gleich!«

Gerda kletterte aus dem Bett und reckte ihre müden Knochen, die bedenklich knackten. Dann ging sie ins Bad, putzte sich rasch die Zähne, zupfte ihre Dauerwelle zu einer ordentlichen Frisur und schlüpfte in den leichten, hellblauen Sommerfaltenrock, die farblich passend getupfte Bluse und ihre Sandalen.

Sicher war sie zurück, bevor ihre Fahrstunde begann, und konnte womöglich zuvor mit Ino frühstücken. So richtig glaubte sie nicht an Thedas merkwürdiges Gespür. Aber es war besser, sie behielt alles unter Kontrolle und überließ ihrer Freundin das Feld nicht allein.

Kaum war Gerda angezogen, hupte es draußen. Theda hatte keine Zeit verstreichen lassen. Das war typisch für sie. Immer diese Hektik!

Theda stieß die Beifahrertür mit einem Ruck auf, als Gerda aus der Tür trat. Drüben verließen gerade die beiden älteren Kinder van der Fisks das Grundstück und trotteten zur Bushaltestelle.

»Wir fahren mal nach Jever!«, riefen sie im Chor. »Es sind Ferien!«

Gerda winkte freundlich und wollte schon einsteigen, als ihr einfiel, dass Ino sich Sorgen machen könnte, wenn sie einfach so verschwand. Ja, er war ein Muffel, aber er hatte gerade Gerda gegenüber sehr viele liebenswerte Seiten, und sie wollte ihn nicht verärgern. Sie trafen sich immer zum Frühstück – und was war, wenn auf dem Möwenschiss doch alles länger dauerte? Das Risiko wollte Gerda nicht eingehen.

»Warte kurz!«, rief sie Theda zu, die genervt mit den Augen rollte. »Ich stecke Ino eine Notiz in den Briefkasten. Die sieht er, wenn er die Zeitung reinholt.«

Sie rannte zurück ins Haus und schrieb einen Zettel für ihn. Dann lief sie zur Mühle und steckte das Geschriebene in den Briefkasten. Erst danach war sie zufrieden und konnte zu Theda in den Wagen klettern.

»Was glaubst du denn, was bei Herrn von Walde passiert ist?«, fragte Gerda, als Theda mit durchdrehenden Reifen anfuhr und sie fest in den Sitz gepresst wurde. »Warum er abgesagt haben könnte?«

»Keine Ahnung. Irgendwas. Vielleicht eine Morddrohung? Oder ein Todesfall?«

Dass Theda immer gleich so übertreiben musste! Warum sollte man ihren Auftraggeber umbringen wollen? Bloß weil er glaubte, seine Frau hätte einen anderen? Es würde sich gleich schnell aufklären.

»Du bist also der Ansicht, dass er eine Leiche gefunden hat? Oder meinst du, er ist selbst hingerichtet worden und hat kurz vorher noch den Auftrag abgesagt, damit wir uns nicht umsonst zu ihm bemühen müssen?« Gerda versuchte, nicht allzu spöttisch zu wirken.

Ihr Magen knurrte. Sie hätte lieber doch etwas frühstücken sollen. Die fünf Minuten hätte Theda auch warten können. Wenn es einen Verstorbenen gab, was Gerda für sehr unwahrscheinlich hielt, war es überflüssig, sich zu beeilen. Tote waren tot, und man konnte schließlich nichts verpassen, weil der Zustand endgültig war. Gab es jedoch keinen Toten, konnten sie sich ebenfalls Zeit lassen.

»Das weiß ich alles nicht«, wehrte Theda ab und schnitt eine Kurve so heftig, dass Gerda gegen die Tür kippte. »Aber es kann doch sein, dass ihm tatsächlich etwas zugestoßen ist. Ich spüre ein negatives Karma. Sehr negativ!«

»Bist du jetzt auf dem Buddha-Trip wie dieser andere Kommissar, der Fürchtenicht abgelöst hat? Meiners heißt der. Marius Meiners. Der hatte doch sein ganzes Büro vollgestellt mit so einem merkwürdigen Kram.«

»Bin auf keinem Trip«, widersprach Theda. »Ich habe eine Ermittlerahnung. Das ist etwas völlig anderes, meine Liebe.«

Gerda suchte nach der Packung Hustenbonbons, die sie in ihrer Handtasche verstaut hatte. Sie kaufte sie immer in der Bonbonmanufaktur, die sich seit Kurzem nach dänischem Vorbild in Horumersiel angesiedelt hatte und die besten Bonbons überhaupt herstellte. Sie liebte die Nordseehustenmischung, und jedes Bonbon war zudem in einem wunderbar gestalteten gelben Papier mit dem Wangerooger Leuchtturm darauf eingewickelt. Das Lutschen würde ihren Blutzuckerspiegel vorerst anheben. In ihrem Alter musste man schließlich auf sich achtgeben.

Theda setzte den Blinker und bog zum Möwenschiss ab. Sie parkte schwungvoll ein. Es war ruhig hier, die Bewohner des Campingplatzes schliefen noch. Urlauber standen meist nicht morgens um sieben auf. Nur ein einsamer Jogger lief an ihnen vorbei, der sie aber nicht zu bemerken schien, weil er Stöpsel in den Ohren hatte und den Kopf gesenkt hielt. Weiter hinten führte ein älterer Herr seinen schwarzen Pudel spazieren.

Auch die Rezeption mit dem kleinen angeschlossenen Laden war noch geschlossen. Ein Liegestuhl stand zusammengeklappt an der Hauswand des Holzhauses.

»Theda, das Tor ist noch zu. Wir müssten darüberklettern, weil wir keine Chipkarte haben«, sagte Gerda. »Das war es dann wohl.«

Theda sah sie mit abschätzendem Blick an. »Nix da. Das war es natürlich nicht!«

»Was hast du vor?«, fragte Gerda mit argwöhnischer Stimme.

»Du bist mit deinem Rock in der Tat ungünstig gekleidet, meine Gute, aber wat mutt, dat mutt. Wir springen. Ich bin erst beruhigt, wenn ich Klarheit habe.«

Gerda schüttelte den Kopf. »Du willst über das Tor klettern? Es ist fast genauso hoch wie du selbst! Wir brechen uns die Knochen. Denk bitte dran, dass wir nicht mehr die Jüngsten sind.«

»Nicht die Jüngsten, aber jung geblieben«, gab Theda ungerührt zurück.

»Da können wir in diesem Moment nicht rein«, beharrte Gerda.

Theda ignorierte Gerdas Einwände. »Komm, gib mir Hilfestellung. Die Räuberleiter, so wie früher! Ich lass dich dann von innen ein. Das funktioniert vermutlich, weil sie die Leute hier bestimmt nicht einsperren. Ist ja ein Campingplatz, kein Knast.«

Gerda runzelte die Stirn, gab dann aber nach. Zum einen hatte sie selbst keinen besseren Plan, zum anderen wären sie umsonst hergekommen, und schlussendlich würde Theda ohnehin keine Ruhe geben, bis sie auf dem Möwenschiss stand. Gerda legte also die Hände zusammen und gab Theda Hilfestellung. Sie trat mit dem einen Fuß hinein, mit dem anderen erreichte sie schon den Knauf des Tores. »Nun gib mir Schwung!« Gerda schubste Theda an, und als die sich mit dem Oberkörper oben über die Torkante legte, schob sie den Po ein Stück aufwärts, bis es Theda gelang, rittlings obenauf zu sitzen und sich dann an der anderen Seite wieder hinuntergleiten zu lassen. Theda grinste breit. »Das wäre geschafft. Jetzt mach ich dir das Tor auf!« Sie versuchte es, aber so einfach war das nicht. Offenbar brauchte man zu den Ruhezeiten tatsächlich auch zum Verlassen des Campingplatzes eine Chipkarte.

Zum Glück kam in dem Moment ein anderer Jogger zurück.

»Ich habe mich ausgesperrt, war schon am Strand spazieren und habe meine Karte vergessen«, sagte Gerda treuherzig.

Auch dieser Jogger war durch seine Stöpsel im Ohr abgelenkt und hinterfragte zum Glück nicht, wie sie denn dann vom Möwenschiss runtergekommen war. Er hielt Gerda vor sich hin hüpfend das Tor offen und joggte dann davon.

»Da sind Überwachungskameras!«, wies Gerda Theda auf das Gerät an der Schranke hin. »Das ist Einbruch, was wir hier machen!«

»Nun sind wir schon auf dem Gelände, und du bist von dem Jogger eingelassen worden. Wenn überhaupt, dann zeigt Sir Archie nur mich an, aber er wird uns zwei alten Damen wohl kaum verhaften lassen, weil wir die Öffnungszeiten nicht abwarten konnten. Normalerweise öffnet das Tor um halb acht, und wenn Sir Archie verschlafen hat, darf das nicht unser Problem sein.« Theda kicherte. »Notfalls schnack ich eine Runde mit ihm, wenn er sein Brot bei mir kauft, und dann ist alles wieder gut. Nun komm schon, du bist doch sonst auch keine Schissbüx!«

»Wohin willst du denn überhaupt?«, fragte Gerda immer noch zögernd.

»Na zu Falko von Walde, wohin sonst? Er haust im Kastanienweg. Die Adresse hat er mir gestern im Laden gegeben.« Theda lief los. »Er wollte sich zwar mit uns an einem neutralen Ort treffen, damit man uns nicht zusammen sieht, aber besondere Vorkommnisse erfordern besondere Maßnahmen, oder was meinst du?«

Gerda folgte ihr. »Und wo soll das sein? Sein Camping-Zuhause?« Sie war zuvor noch nie auf einem Campingplatz gewesen. Woher sollte sie wissen, dass es hier Platznummern und sogar Straßennamen gab?

»Da, wo Kastanien stehen!«, sagte Theda.

Nur befand sich auf dem gesamten Möwenschiss kein einziger größerer Baum, weil alles erst neu angepflanzt worden war. Eigentlich war der Campingplatz eine einzige große Grünfläche. Überall sprießten lediglich kniehohe Hecken und dünne Baumstämmchen, die für den Schutz vor dem Nordseewind von Pflöcken und dicken Bändern gehalten wurden. Allerdings musste man genau hinsehen, um zu erkennen, um welche Sorte es sich handelte. Wuchtige Kastanien mit ausladenden Ästen und den typisch gefächerten Blättern, wie Theda es vermutlich erwartet hatte, waren auf dem Campingplatz jedenfalls nicht zu finden.

Theda ließ sich aber nicht beirren und studierte im Vorbeieilen die Straßenschilder, die allesamt aus Holz hergestellt und mit entsprechenden Symbolen gestaltet waren.

Schließlich kamen sie an eine Abzweigung mit dem richtigen Namen, und kurz darauf standen sie vor der Parzelle mit der Nummer, die Falko von Walde Theda gestern genannt hatte. Alles war picobello gepflegt und der Wohnwagen samt Vorzelt wie neu.

Theda betrat den Stellplatz. Das Vorzelt stand offen, die Tür des Wohnwagens war aber verschlossen. Es bestand also die Möglichkeit, dass die von Waldes sich drinnen aufhielten. Theda bedeutete Gerda, stehen zu bleiben, und warf einen Blick durch die Fenster, denn kein einziges Rollo war zugezogen.

Stirnrunzelnd kam sie zurück. »Keiner da. Es sieht jedoch so aus, als hätten die von Waldes die Parzelle eben erst verlassen, findest du nicht?«

Gerda deutete zum Tisch im Vorzelt und nickte. »Stimmt. Guck mal, da steht noch ein Bierglas.«

Theda schaute sich das Glas näher an. »Der Bierrest ist schal, der Schaum eingetrocknet. Schätze, das Glas steht da seit gestern Abend. Zumal ein so nobler Herr bestimmt am frühen Morgen noch kein Bier trinkt. Und – es ist nur *ein* Glas. Ich schlussfolgere: Seine Frau ist vakant.«

Gerda runzelte die Stirn. »Sie ist nicht da. Rede vernünftig.« Sie betrachtete alles prüfend. »Komisch, dass das Glas hier herumsteht, passt nicht zum Gesamteindruck. Guck dich bitte mal um! Alles ist fast pedantisch aufgeräumt, und ein Mensch, der so lebt, lässt sein Bierglas nicht einfach draußen stehen. Er würde es wegräumen, womöglich sogar abspülen. Es sei denn, er stand arg unter Druck oder war in Eile. Vielleicht ist seine Frau weggelaufen?«

»Oder er war völlig durch den Wind. Immerhin betrügt sie ihn«, meinte Theda.

»Ich gebe dir zumindest in einem recht: Hier stimmt was nicht.«

Theda nickte. »Ich fasse mit meinem Ermittlerblick zusammen: Das Vorzelt ist akkurat aufgeräumt. Das Tischtuch passt farblich zu den Vorhängen. Die Blumen sind frisch. Die Frau vakant … äh, wech. Und …« – sie bückte sich und untersuchte den Boden – »der Vorzeltteppich ist festgeschraubt, damit er sich nicht wellt. So etwas machen nur Pedanten. Das hat mit Camping nichts mehr zu tun, würde ich sagen.«

Gerda öffnete derweil den Kühlschrank im Vorzelt und kommentierte weiter: »Millimetergenau einsortierte Flaschen.« Ihr Blick schweifte zu den Nachbarparzellen. Dort schienen noch alle zu schlafen. Links nebenan war die Markise eingefahren, die Tür verschlossen und die Rollos heruntergelassen. Dasselbe Bild bot sich auf der rechten Seite, und auch auf den Parzellen dahinter und der einen gegenüber war es ruhig. Die anderen waren frei.

Theda schüttelte den Kopf. »Ich hab kein gutes Gefühl. Überhaupt kein gutes Gefühl«, flüsterte sie. Sie fasste sich an die Stirn. »Bestimmt ist er selbst losgezogen, um das untreue Weib in flagranti zu ertappen. Er hätte das Ermitteln lieber uns Professionellen überlassen sollen.«

»Theda!« Gerda stieß sie an. »Professionelle sind Damen in einem … gewissen Gewerbe.«

»Egal, meine Liebe, hier ist der gute Mann jedenfalls nicht. Dann lass uns wieder gehen. Er wird sich schon bei mir melden, falls er unsere Hilfe doch noch benötigt, hoffe ich. Immerhin weiß er, wo er mich finden kann.«

Gerda stimmte ihr zu, und sie machten sich auf den Weg zurück. Gerade als sie auf dem Hauptweg waren und linksherum zur Rezeption gehen wollten, hielt Theda an und wies auf ein Schild.

»Guck mal, der Möwenschiss verfügt sogar über einen Pool und eine Minigolfanlage.«

»Ja und?«, fragte Gerda. Sie wollte nach Hause, ihr reichte es, denn ihr Magen knurrte ungehalten.

»Es kann doch sein, dass unser Herr von Walde derzeit ein Bad nimmt. Er sah recht sportlich aus.«

»Na gut, gehen wir nachsehen«, gab Gerda nach. Auf die fünf Minuten kam es auch nicht mehr an. Sie wandten sich nach rechts und gelangten am Ende des Weges zur Poolanlage, die noch geschlossen war. Auf der Minigolfanlage spazierte eine junge Frau herum.

»Pech gehabt. Na ja, hätte ja sein können.« Theda zuckte mit den Schultern. Sie kehrten um, hielten aber erneut inne und zuckten zusammen, als hinter ihnen ein greller Schrei ertönte.

»Das kam aus Richtung des Pools!«, rief Gerda. »Was ist denn da wohl passiert?«

»Nichts wie hin!« Theda stürzte los, und Gerda folgte ihr.

Inzwischen waren auch einige Camper wach und sahen ihnen verwundert hinterher. Ein paar saßen verschlafen vor ihren Wohnwagen, Zelten oder Wohnmobilen und rauchten eine Zigarette zu einem Becher Kaffee. Andere hatten sich ein Handtuch um die Schultern gelegt und wanderten mit ihren Kulturbeuteln zum Waschhaus.

Der Schrei hatte sie zwar auch kurz irritiert, aber offenbar kümmerten sie sich nicht weiter darum. Auf einem Campingplatz war eben immer Leben, und keiner dachte an etwas Böses. Sie fühlten sich sicher auf dem Möwenschiss, das war unübersehbar.

Auf dem neben der Poolanlage liegenden Minigolfplatz hockte die junge Frau von eben am Fuß einer Laterne. Sie atmete schwer und zitterte am ganzen Körper.

»Um Himmels willen, was ist passiert?« Gerda eilte zu ihr und nahm sie schützend in die Arme. Sie wartete einen Augenblick, ehe sie die Frau ein Stück von sich wegschob und sie fragte: »Haben Sie sich etwas getan?«

Die Frau sah sie mit großen Augen an. »Mit mir ist nichts. Aber da, da liegt einer! Und der sieht nicht aus, als wäre er noch lebendig. Ich trau mich aber nicht näher ran und bin gleich weggerannt.« Wieder überkam die Frau ein Schaudern.

»Wir kümmern uns darum, mien Deern«, sagte Gerda sofort und lief beherzt hinter Theda her, die sich schon zur ersten Minigolfbahn aufgemacht hatte.

Dann sahen sie, was die Frau meinte. Hinter einem kleinen Busch lugten zwei haarige Beine hervor. Sie waren merkwürdig verdreht.

Als Theda an dem Busch vorbeischaute, erkannte sie, was noch dazugehörte. Ein sportlicher, aber nicht mehr ganz junger Mann. Er lag halbseitig auf dem Bauch. Seine Gesichtszüge waren erschlafft, und über Stirn und Kopfseite zog sich eine längliche Wunde. Das Blut war schon verkrustet.

»Oje, Gerda!«, stieß Theda hervor. »Das ist unser Klient. So ein Mist aber auch.«

Gerda stieß sie beiseite und schaute ihn von Nahem an. »Der ist mausetot.«

Theda fingerte schon das Handy aus der Hosentasche. »Da müssen wir wohl die Polizei rufen.« Sie wollte die 110 wählen, aber sie hatte hier kein Netz.

»Das kommt davon, wenn man einen solchen Wald-und-Wiesen-Anbieter hat«, meckerte Gerda. Sie suchte in ihrer Tasche, aber als sie das Smartphone hervorholte, sah sie, dass der Akku leer war. Stiekum steckte sie es zurück. Schließlich konnte Theda nichts dafür, dass in solchen Fällen auch ein Notruf nicht möglich war, weil ein paar Anbieter diesen Service rückgängig gemacht hatten.

»Es liegt daran, dass wir hier tatsächlich ein echtes Funkloch haben. Ist eben so auf dem Land! Ich gehe schnell zu Sir Archie«, sagte Theda. »Er muss das übernehmen und die Polizei rufen. Harrijasses nej, nun haben wir doch schon wieder einen Mord! Dabei wollten wir doch nur beschatten!«

4. Kapitel

Montag

7:15 Uhr

Traugott Fürchtenicht, Erster Polizeihauptkommissar im Ruhestand, trat aus seinem Wohnwagen, legte die Hand ins Kreuz und schaute zum Himmel. Ihnen stand schon wieder ein sehr heißer Tag bevor. Allerdings zeigten sich erste Schäfchenwolken, was meist einen Wetterumschwung ankündigte. Nur war er nicht sicher, wie lange es sich noch hinziehen würde. Er sehnte sich nach Regen, nach etwas Abkühlung.

Vorerst galt es allerdings, sich gegen die Sonne zu schützen, die schon jetzt um kurz nach sieben auf seinen Wohnwagen knallte. Schließlich wollte er gleich in Ruhe frühstücken, ohne nach wenigen Minuten klitschnass geschwitzt zu sein.

»Ich fahre erst mal die Markise aus«, murmelte Traugott. Er hoffte, dieser Tag würde friedlicher verlaufen als der vorherige. Die Sache mit Falko von Walde und seinem mannstollen Weib war sehr unerfreulich gewesen, und Traugott war noch immer entsprechend sauer.

Da hatte er auf dem nagelneuen Campingplatz Möwenschiss unter dem einzigen, winzigen Baum einen wunderbaren Saison-Stellplatz ergattert, damit er nach über 40 Jahren Polizeidienst und nach dem plötzlichen Tod seiner Katze endlich Ruhe hatte und seine Wochenenden an der frischen Luft verbringen konnte – und was passierte?

Seit Tagen baggerte ihn die Nachbarin zur Rechten, Else von Walde, an. Es war unübersehbar, dass er nur mit dem Finger hätte zu schnippen brauchen – sie war paarungsbereit.

Aber er wollte nicht. Zwar war Traugott prinzipiell nicht abgeneigt, eine Frau kennenzulernen, aber a) keine, die verheiratet war, und b) keine, die so war wie Else von Walde. Beides versprach Zündstoff, und darauf konnte er getrost verzichten. Nicht dass er gleich nach seiner Pensionierung einen Herzkasper bekam, weil er zu viel Stress hatte. Ruhe, absolute Ruhe war sein oberstes Gebot. Und er hatte nicht vor, das zu brechen.

Gestern im Watt war bereits alles schiefgegangen und die Situation eskaliert. Das hatte ihn für die nächsten Tage genug aufgeregt.

Eigentlich war Traugott ganz sinnig durch den Schlick gewatet und hatte den Anblick des Wattenmeeres und die Hügelchen der Wattwürmer samt Möwengeschrei genossen. Da kam plötzlich diese Krähe von Campingnachbarin angewackelt. Natürlich im Bikini mit Pareo um die Hüften. Sogar im Watt trug die Frau ihre dicken Klunker! Und was dann? Ihr Ehemann Falko war ihr nachgegangen und hatte Traugott tatsächlich unterstellt, dass er mit diesem Schreckgespenst eine Affäre hatte und sie mitten im Schlick ein Rendezvous hatten.

Kein Wort hatte Falko ihm geglaubt, als er alles von sich wies, und einen handfesten Streit begonnen. Traugott war ausgerutscht und auf den Allerwertesten gefallen. Da prangte nun ein mächtig großer blauer Fleck, der arg schmerzte. Traugott war dankbar dafür, kein FKK-Anhänger zu sein.

Zu allem Überfluss hatte er nach Falkos Angriff gestunken wie ein Eber, der sich im Schlamm gewälzt hatte, und seine karierten Boxershorts klebten unangenehm an seinen Oberschenkeln. Die eiskalte Stranddusche war seine Rettung gewesen. Traugott schüttelte sich. Es war hoffentlich vorbei!

Er schaute in Richtung Hauptweg. Auf dem Campingplatz war so früh am Morgen schon eine Menge los. Die Leute wirkten irgendwie gehetzt, ein wenig aufgeregt. Nun, was kümmerte ihn das? Er war im Ruhestand!

Traugott klebte seine einzige längere Haarsträhne mit etwas Spucke vorn am Kopf an. Die Pomade lag in seinem Kulturbeutel, aber er wollte nicht unfrisiert über den Platz laufen. Auch nicht als Camper. Vielleicht sollte er endlich zu seiner Halbglatze stehen. Jetzt, wo er in Pension war. Immerhin trat er gerade in eine neue Lebensphase ein, und da war eine Typveränderung nicht ungewöhnlich. Ein bisschen lächerlich war es schon, sich das Haar gegen den Strich zu kämmen, um auf diese Weise zu vertuschen, dass das Altern auch vor Kommissaren nicht haltmachte. Aber nun war er ja keiner mehr.

Traugott stand unschlüssig vor dem Wohnwagen. Sollte er duschen gehen oder sich doch erst um Schatten vor dem Wohnwagen bemühen? Das würde wohl das Beste sein.

Traugott schaute kurz zur Nachbarparzelle, wo Falko von Walde seinen Tabbert stehen hatte, aber da war alles ruhig. Genau wie schräg gegenüber bei Jörg Minkner und zwei Plätze weiter rechts bei Wilko Kramann. Beide wohnten dort allein in ihren Wohnwagen und waren wie er Single, wie man das so schön nannte. Die anderen Parzellen ringsum waren nicht belegt, und das gefiel Traugott. Links kein Nachbar, und direkt gegenüber waren ebenfalls zwei Stellplätze frei. Seinetwegen konnte das so bleiben. Der Kastanienweg war allerdings sehr männerlastig, vielleicht war das für Frauen wie Else von Walde eher schädlich, weil sie ihr Jagdgebiet so als gut gefüllt sah.

Traugott freute sich darauf, gleich ganz in Ruhe seinen Kaffee zu trinken und das letzte Stück Rosinenbrot vom Vortag essen zu können. Auf Brötchen verspürte er heute keine Lust, denn die hätte er bei Sir Archie besorgen müssen. Und wenn er Pech hatte, würde ihm dort Falko über den Weg laufen. Den aber wollte er nicht sehen.

Traugott schlurfte zur Stauraumklappe des Wohnwagens, um die Markisenkurbel herauszunehmen. Doch sie lag nicht in der Halterung. Er schüttelte missmutig den Kopf. Wo zum Teufel hatte er sie gestern hingetan? War er wegen des Streits so durcheinander gewesen, dass er sie verlegt hatte?

Traugott steckte den Kopf in den Stauraum und fluchte, weil sein Kreuz sofort streikte und sich der blaue Fleck beim Bücken bemerkbar machte. Er saß genau auf seinem Gesäßmuskel, wirklich unangenehm.

Trotzdem wühlte er im Staubereich herum, aber die Kurbel lag dort nicht. Nicht hinter der Schuhkiste, nicht auf der anderen Seite. Traugott zog sich aus der Öffnung zurück und stieß sich dabei an der Kante heftig den Kopf.

»Mann, ich will doch nur Schatten!«, fluchte er und schaute, sich den Kopf reibend, ob er die Kurbel gestern draußen an der Markise vergessen hatte. Doch auch dort: nichts!

»Kurbelklau«, murmelte er schließlich. »Das hatte ich in meiner Laufbahn noch nie. Und ich hatte vieles. Welch ein merkwürdiges Delikt.«

Er umrundete den Wohnwagen und sah vorsichtshalber nach, ob ein Scherzkeks die Kurbel irgendwo ins Gras geworfen hatte, aber er wurde nicht fündig. Das Ding war weg.

»Wer klaut eine Markisenkurbel?«, fragte Traugott sich wieder laut. Er konnte es einfach nicht lassen, die Situation gründlich zu analysieren. »Was soll einer ohne Wohnwagen oder Wohnmobil damit? Fazit: Es muss wer sein, der damit etwas anfangen kann. Also ein Camper. Jemand, der seine eigene Kurbel zu Hause vergessen hat.« Nur würde jeder anständige Mitbürger fragen, ob er die Kurbel ausborgen dürfte.

Dann durchfuhr es Traugott siedend heiß.

Der Kurbelklauer war kein anständiger Mitbürger und würde die Kurbel mitnichten nach Gebrauch wieder zurückbringen. Dieser Dieb war eindeutig kriminell und hatte kein Gewissen.

Was war, wenn der Dieb sich nicht nur am Stauraum zu schaffen gemacht hatte, sondern auch in den Wohnwagen eingebrochen war, während er schlief?

Traugott hastete ins Innere seines Domizils und schaute sich hektisch um. Seine Brille befand sich auf dem Tisch. Das Portemonnaie lag ebenfalls an Ort und Stelle und war nicht ausgeräumt. Sein mit Nieten besetzter Gürtel, den er zwar nie trug, der für ihn aber einen ideellen Wert darstellte, war auch noch da. Genau wie die Essensvorräte.

Kein Mundraub. Kein Schmuckdiebstahl und kein Delikt im Bereich der Entnahme von Wertgegenständen, fasste er die Sachlage für sich gedanklich zusammen. Nur Kurbelklau.

Warum beruhigte ihn das alles trotzdem nicht? Traugott beschlich eine düstere Vorahnung, dass mit dem Streit im Watt eine böse Welle losgetreten worden war, die ihn nachhaltig in den nächsten Wochen an seiner Ruhe hindern würde. Dazu passte auch, dass seine Kurbel nicht dort lag, wo sie hingehörte.

Er setzte sich auf den Campingstuhl und starrte auf den Boden. Der Dieb stammte mit großer Wahrscheinlichkeit vom Möwenschiss, denn in der Nacht kamen Fremde nicht auf das Gelände.

Er schüttelte den Kopf. Seine Theorie hakte. Er hatte die Markise vor seinem Spaziergang zum Strand eingefahren, und da waren die Tore noch geöffnet gewesen. Klar musste man sich anmelden, aber das tat nicht jeder, und nicht jeder wurde gesehen, wenn er den Möwenschiss betrat.

»Trotzdem will ich mal an das Gute im Menschen glauben«, murmelte er, »will hoffen, der Dieb bringt mir gleich die Kurbel zurück, und alles löst sich in Wohlgefallen auf.«

Traugott ahnte jedoch, dass er sich selbst etwas vormachte. Und als über ihm eine Krähe ihren krächzenden Ruf erschallen ließ, war er fast sicher, dass es so war.

Auf Kaffee verspürte Traugott nun keine Lust mehr. Er musste erst den Diebstahl bei Sir Archie melden und deshalb leider doch zur Rezeption gehen. Je eher, desto besser. Aber nicht mit ungeputzten Zähnen. So etwas tat man einfach nicht.

Traugott griff nach dem Kulturbeutel, den er in der kleinen Nasszelle im Wohnwagen deponiert hatte, und nahm das Handtuch draußen von der Wäschespinne, die sich auf der Achse des Wohnwagens befand. Anschließend machte er sich auf den Weg zum Waschhaus, das hochmodern konzipiert war, so wie es sich ein Hygienefanatiker nur wünschen konnte. Nirgendwo musste man zum Öffnen der Türen einen Hebel oder Drücker bedienen. Alles ging vollautomatisch. Sogar die Armaturen spuckten per Sensor ihren Wasserstrahl in warm oder kalt aus, wechselnd in den Farben Rot oder Lila.

Einziger Wermutstropfen: Es gab einfach zu wenige Duschen, wenn der Ansturm groß war. Deshalb hatte der Möwenschiss auch nur drei Sterne in der Campingbewertung bekommen.

Jetzt aber war Traugott der Einzige, der sich hier aufhielt, und es war angenehm still. Seit er den Saisonplatz gemietet hatte, war das noch nie vorgekommen.

Eigentlich merkwürdig, dachte Traugott. Wo hier doch eben ein solcher Alarm war und die Leute alle von ihren Parzellen gelaufen waren.

Er erfrischte sich, brachte das Waschzeug zurück zum Wohnwagen und schlenderte dann zur Rezeption, wo sich in einem Anbau auch der kleine Campingladen befand. Unterwegs rauschte diese Theda von der Bäckerei mit gesenktem Kopf an ihm vorbeit, aber sie schien ihn gar nicht zu bemerken. Was auch immer sie auf dem Campingplatz wollte. Traugott spazierte gemütlich weiter zu seinem Ziel.

»Sir Archies Minimarket«, stand auf einem geschwungenen Schild in bunten Lettern über dem Eingang.

Es roch stets gut in der Rezeption, weil sich die Düfte aus dem Lädchen auch hier wiederfanden. Eine Mischung aus Holz, Obst und Gebackenem. Sir Archie hatte ein kleines Wunder vollbracht, indem er auf den wenigen Quadratmetern eine Vielfalt an Waren anbot. Es gab Waschpulver und Spülmittel, Konserven, Kekse, Zeitschriften, Grillkohle mit Anzündern, Milchprodukte, Wurst und Käse und vorbestellte Backwaren. Dazu hatte er eine winzige Ecke eingerichtet mit allem, was das Camperherz begehrte. Zu diesem Sortiment gehörten Schläuche, Adapter, Sicherungen und Ähnliches. Und natürlich konnte man auch seine Gasflaschen hier tauschen.

Als Traugott eintrat, telefonierte Sir Archie gerade und sah ziemlich mitgenommen aus. Traugott bekam nur Gesprächsfetzen mit, aber das, was er hörte, gefiel ihm ganz und gar nicht.

»*Well*, ja, einen Toten … einen Gast … Saisonplatz. Am Minigolfplatz. Kein Handyempfang … Servicewuste Deutschland, *anyway* … Sieht aus wie erschlagen, hat die Zeugin gesagt. Ich gebe acht, dass keiner was anruhrt, *yes, of course*. Es sind auch schon Fachkrafte vor Ort, die alles im Griff haben.« Sir Archie machte eine Pause. »Wer das ist? Zwei altere Damen. Privatdetektivinnen. *Yes*, in 20 Minuten? Und eine Streife sofort. *Very good. Bye!*« Er legte auf und sah Traugott an. »Was kann ich für dich tun? Ist was passiert? Du siehst aus, als wäre dir ein Gespenst begegnet. Den Toten dazu haben wir schon. Ist dir seine Seele entgegengeschwebt?« Sir Archie rollte das R und das L heute besonders stark und schien Teile der Vokale regelrecht zu verschlucken. Der englische Akzent regnete mit aller Macht auf Traugott nieder, und die Nachricht ließ seinen Adamsapfel tanzen. Zugleich formte sich ein dicker Kloß in seinem Hals. »Es gibt einen Toten?«, fragte er langsam.

Sir Archie nickte. »*Yes.* Hinten am Minigolfplatz. Ein Mann. Hat eben Theda gemeldet. Du weißt, die Backerin. Sie ist schon wieder am Tatort. Eine Katastrophe fur den guten Ruf vom Mowenschiss. *It's so bad. Really so bad.*« Sir Archie sang die letzten Sätze fast wie eine Litanei.

Traugott überging das geflissentlich. Solche Gefühlsausbrüche erinnerten ihn in unangenehmer Weise an seine Dienstzeit. Er war dagegen relativ immun. »Und der Mann ist tatsächlich ermordet worden?«, vergewisserte er sich.

Sir Archie nickte. »Brutal erschlagen, wenn ich das so sagen darf. Ich tippe auf was Langliches. Großes. Dunnes. *Very long.*«

»Oje, das ist wirklich schrecklich«, stieß Traugott hervor. Das hatte ihm gerade noch gefehlt. Kaum war er im Ruhestand und dachte, er wäre weit entfernt von jeglichen Verbrechen, verfolgten ihn diese sogar bis hierher auf den Campingplatz. Und nicht nur das: Auch der unangenehme Kollege Meiners würde hier gleich antraben, den rotohrigen Focko Dietrich im Schlepp. Am liebsten hätte Traugott beide nie wiedergesehen. Vor allem auf die Begegnung mit Marius Meiners legte er keinen Wert. Allein diese furchtbaren Räucherstäbchen im Büro. Dieser singende Buddha. Die Yoga-Drachen. Der Springbrunnen samt Zen-Garten … Traugott überkam eine Gänsehaut.

Dann fielen ihm weitere Details ein: Sir Archie hatte von zwei alten Frauen als Fachkräften gesprochen. Wer das war, musste Traugott nicht lange überlegen, zumal der Engländer eben Theda Graalfs erwähnt hatte und sie ihm ja auch begegnet war. Es konnte sich also nur um diese Rentnercombo handeln, die offenbar schon wieder ermitteln wollte. Woher auch immer sie so schnell von dem Mord erfahren hatte. Doch darüber wollte er nicht nachdenken, das Ganze ging ihn schließlich gar nichts an. Er war raus.

»Weiß man denn, wer der Mann ist?«, fragte er schließlich.

Sir Archie schnalzte mit der Zunge. »Stell dir vor, der – wie sagt man? … der Verblichene ist deine Nachbar.«

Traugott taumelte einen Schritt rückwärts. »Falko von Walde?«

»*Yes*, so ist das. *Horrible!*«

Traugott brauchte einen Moment, ehe er diese Information verdaut hatte.

Dann aber schoss ein Gedanke wie ein spitzer Pfeil auf ihn zu. »Sagtest du nicht eben, der Mann sei mit einem dünnen, länglichen Gegenstand erschlagen worden?«, fragte er mit zitternder Stimme.

»*Yes*. Man weiß noch nicht genau, was für einen Tatwaffe das war.«

Traugott lächelte dünn. Es war wohl besser, jetzt nicht überall herumzuerzählen, dass ihm die Markisenkurbel abhandengekommen war. Ihm brach der Schweiß aus, und das lag nicht an der Hitze.

Es war besser, er verschwand von hier und machte sich, so gut es ging, unsichtbar. Einige Dinge erledigten sich oft von allein, und vielleicht hatte er auch dieses Mal Glück. Er wandte sich zum Gehen.

»Aber warum bist du überhaupt gekommen?«, fragte Sir Archie. »Brotchen hast du nicht vorbestellt.« Er wischte mit der Handfläche über den Schreibtisch. »Ich muss auch gleich wieder zum Mordopfer und die Situation uberwachen. Bin ja quasi der Boss, bis deine alten Kollegen da sind.«

Traugott zuckte wie ertappt zusammen. »Ach nichts. War nur unterwegs. Wollte nur kurz Hallo sagen und den Prospekt von der Wasserskianlage in Hooksiel mitnehmen. Ist aber unwichtig. Ich komme später noch einmal.«

»Oh, du willst Wasserski fahren? Das kann ich mir bei dir gar nicht vorstellen. Wegen deines Korperbaus. *Anyway* …«

Sir Archie war tatsächlich unverblümt ehrlich.

Traugott lächelte schief, denn sein Bauch hatte im letzten Jahr bestimmt noch an Umfang gewonnen. Er sah im Profil ein bisschen aus wie Obelix. Aber in jüngeren Jahren.

»Nein, nicht ich«, versuchte Traugott sich herauszureden. »Das ist für meinen Neffen. Ich schicke es ihm mit der Post. Der will hier Urlaub machen.«

Sir Archie nahm einen Prospekt aus der weißen Halterung und reichte ihn Traugott.

»Danke. Ich mach mich dann mal vom Acker.« Traugott eilte davon, als wäre der Teufel hinter ihm her.

Erst als er außer Sichtweite war, verlangsamte er den Schritt. Verdammt, das war jetzt wirklich übel. Er musste nur eins und eins zusammenzählen, um zu begreifen, dass seine Ausgangslage in diesem Mordfall eher suboptimal einzuordnen war.

Er hatte Streit mit Falko gehabt. *Seine* Kurbel war weg und das Opfer mit einem länglichen Gegenstand erschlagen worden. Man musste kein Kriminalbeamter sein, um daraus gewisse Schlüsse zu ziehen.

Sollten sich seine düsteren Vorahnungen bewahrheiten und Falko war tatsächlich mit seiner, Traugotts, Kurbel erschlagen worden – wie sollte er beweisen, dass sie ihm gestohlen worden war?

Am liebsten hätte Traugott es nun gehalten wie diese Äffchen: nichts sehen, nichts hören, nichts sagen.

5. Kapitel

Montag

7:30 Uhr

Als Theda von Sir Archie zurückgekommen war, beschlossen sie, den Tatort gegen Neugierige zu sichern. Nicht dass wichtige Spuren verwischt wurden oder gar verloren gingen. Man musste es der Spusi nicht schwerer machen, als es ohnehin schon war.

»Wir sind schließlich erfahrene Kräfte und wissen, was zu tun ist«, sagte Gerda. Dank ihrer Aufklärung des Mordes am Kurdirektor waren sie immerhin ein bisschen erfahrener als die anderen Camper, die sich derweil in immer größerer Zahl um den Toten scharten und ihn neugierig betrachteten.

Gerda und Theda betrachteten den Ermordeten nun schon eine Weile. Er sah recht friedlich aus. Völlig entspannt, so wie Tote eben aussahen. Gerda hatte sich genau belesen. Verstorbene hatten keine Mimik. Egal, wie furchtbar die letzten Minuten gewesen waren. Das lag daran, dass sie keinen Muskeltonus mehr hatten. Und genauso stellte es sich auch bei Falko von Walde dar. Es gab allerdings drei Dinge, die das Gesamtbild ein wenig beeinträchtigten.

Erstens: der leicht geöffnete Mund.

Zweitens: die Augen, die starr zum Himmel schauten.

Drittens: die schmale Längswunde an der Stirn.

Gegen Letzteres konnte Gerda nichts unternehmen, aber Augen und Mund hätte sie liebend gern geschlossen. Nur durfte sie das nicht. Dann wäre ihre DNA an dem Toten zu finden gewesen. Und das wäre weniger vorteilhaft. Nicht dass sie noch als tatverdächtig galt. Mit Schaudern dachte sie daran, wie Ino beim Mord am Kurdirektor in den Fokus der Ermittler geraten war.

Die junge Frau, die Falko von Walde gefunden hatte, hieß Janna Brahms und hatte sich inzwischen etwas beruhigt. Sie tippte inzwischen wie wild auf ihrem Handydisplay herum, vermutlich, um die Geschichte sofort im World Wild Web zu teilen.

Doch sie fluchte. »Mist, warum ist hier kein Netz? Endlich mal was los und dann das?« Sie sprang auf, lief mit hocherhobenem Arm am Zaun auf und ab. »Jetzt!«, rief sie erfreut aus, als sie sich ein Stück in Richtung Hauptweg entfernt hatte. »Es ist raus!« Sie kam zurück, setzte sich wieder und starrte wie gebannt auf ihr Smartphone. Um sie mussten sie sich also nicht mehr sorgen.

»Dass unser Klient so rasch von uns gehen musste und uns auf diese Weise um den ersten Auftrag bringt, ist mehr als unfair«, sagte Theda.

»Sei nicht so pietätlos. Du redest von einem kürzlich Verblichenen«, ranzte Gerda sie an. »Außerdem hatte er uns bereits gekündigt, wie du weißt.«

Sie fasste sich an den Bauch. Ihr Magen knurrte wie verrückt, aber darauf konnte sie nun keine Rücksicht nehmen. Hier war ihre Anwesenheit erforderlich. Notfalls musste sie ihrem Fahrlehrer, Herrn König, sogar absagen. Je nachdem, wie sich die Dinge gestalteten. Überhaupt wäre es angesichts der Tatsache, dass man sie als Detektive engagiert hatte (auch wenn der Auftraggeber gerade ermordet worden war) und ihnen nun zum zweiten Mal eine Leiche unterkam, sicher sinnvoll, das Ganze zu professionalisieren. Als Gerda vorhin auf Theda gewartet hatte, war ihr deshalb die Idee gekommen, eine Detektei zu gründen. Das würde sich auf den Visitenkarten auch besser machen als ihre Facility-Manager-Tätigkeit.

Mit dieser Bezeichnung hatte sie sich zuvor stets ausgewiesen, und diese Karten hatten ihr Tür und Tor geöffnet. Aber eine Detektei hatte etwas wahrlich Seriöses. Sie sah alles schon vor sich: Detektei InoTjarks&Co. Den Namen in einem durch zu schreiben war modern. Das hatte sie kürzlich bei Instagram gesehen. Da kam so ein Zeichen davor, man nannte es Hashtag, wie sie sich informiert hatte, und dann wurde alles zusammengeschrieben. Gerda beschloss, sich in Kürze noch mehr mit den sogenannten Social Media auseinanderzusetzen.

Natürlich gab es auch hier das Ino-Problem. Aber da hatte Gerda bereits eine wunderbare Lösung parat. Galt er als Inhaber der Detektei, würde er auch mitspielen. Ino war eben gern wichtig, und so konnte er bei den Ratssitzungen damit angeben, ein Chef zu sein. Das gefiel ihm bestimmt.

Plötzlich kam Unruhe in die Gruppe, und Gerda wurde aus ihren Gedanken gerissen. Kurz darauf schob sich Ino neben sie und Theda. Er war völlig verschwitzt. Sein Haar stand in alle Richtungen ab, und in der Hand hielt er einen Rucksack.

»Harrijasses nej, Ino! Wie kommst denn du hierher?«, begrüßte Gerda ihn.

»Hab euch wegrasen sehen und mir meinen Teil gedacht. Dann hab ich deinen Zettel im Kasten gefunden. Also bin ich nach dem Frühstück hierhergefahren, und wie ich sehe, war das keine so schlechte Idee.« Er deutete auf den Toten. »Das sieht ja mal wieder bannig nach Stress aus. Warum fallt immer ihr über irgendwelche Leichen? Ich denke, ihr solltet nur jemanden beschatten?«

»Das war auch so geplant, aber unserem Auftraggeber ist offenbar etwas Langwieriges dazwischengekommen«, erklärte Gerda. »Also eigentlich eher etwas Endgültiges.«

Ino sah fragend von ihr zu Theda.

»Gerda will sagen: Das ist leider nicht irgendeine Leiche«, belehrte Theda ihn. »Das da ist unser Klient. Allerdings hatte er vor seinem Abgang den Auftrag noch zurückgezogen.«

Ino schüttelte den Kopf, seufzte auf und kramte im Rucksack herum. Dann zog er eine Brotdose heraus, die er Gerda reichte.

»Hier, mien Deern. Bevor wir ans Eingemachte gehen: So wie du beim Wegfahren ausgesehen hast, bin ich mir sicher, dass du nix im Bauch hast. Und das ist nicht gut für dich. Du musst was essen!« Er bückte sich ein zweites Mal und zauberte eine Thermoskanne und drei Henkeltassen heraus. »Kaffee braucht man beim Ermitteln auch. Tee schmeckt aus der Thermoskanne nicht.«

Dankbar sah Gerda ihn an und strich ihm sacht über den Unterarm. »Dass du an so was denkst! Mensch, Ino ...«

Er wurde rot bis zum Haaransatz. »Du kümmerst dich ja sonst auch. Nun wollte ich dir mal was Gutes tun.«

Theda verzog den Mund. Diese Plänkelei behagte ihr sichtlich nicht. Aber Gerda genoss es, dass Ino sie umsorgte. Er war een fein Keerl, auch wenn er manchmal den Brummbären herauskehrte. Schon immer hatte sie das gewusst.

»Warum geht ihr denn eigentlich nicht ans Handy?«, fragte Ino schließlich. »Ich habe versucht, anzurufen. Erst bei dir, dann bei Theda.«

»Kein Empfang.« Theda hob entschuldigend die Hände und zuckte mit den Schultern.

Gerda hielt das Brot und ihren Kaffeebecher in der Hand. »Das tut saugut!«

Ino warf einen fragenden Blick auf den Ermordeten. »Das ist also tatsächlich euer Klient? *Das* ist der Ermordete, von dem Sir Archie sprach?«

»Jo. Auftrag endgültig futsch«, sagte Theda.

»Oder eine neue Möglichkeit«, warf Gerda ein. »Etwas anspruchsvoller, nur fällt da nichts ab. Weil Tote nicht zahlen. Ich wüsste allerdings schon gern, wer das getan hat.«

Theda stieß Gerda warnend in die Seite. »Pst. Es sollte keiner von unserer Mission wissen. Man kann besser ermitteln, wenn nicht jeder weiß, was wir für eine wunderbare Begabung haben, oder was meinst du?«

Gerda schaute sich die Schaulustigen an und nickte. Theda hatte recht. Eben rückte eine Frau mit einem Aufnahmegerät samt Mikrofon in der Hand an. Vermutlich die Presse. Nur hatten die nicht auch Kameras?

Wahrscheinlich hatte die Polizei sie informiert, oder sie hatte den Funk abgehört. Woher sonst konnte sie so schnell von dem Mord wissen? Egal, sie war dahintergekommen.

Die Frau drängte sich wichtig an den Schaulustigen vorbei. »Wer ist verantwortlich?«

»Die Polizei ist noch nicht da«, sagte einer der Leute, bevor Theda oder Gerda sich zu Wort melden konnten.

Die Journalistin schaltete das Mikrofon ein und begann die Umstehenden zu interviewen. Gerda fand es schade, dass sie nicht gefragt wurden.

Ein paar Leute standen tuschelnd ein Stück entfernt, wagten sich aber nicht näher an den Ermordeten heran. Eine Mutter zog ihren Sohn weg. »Das ist nichts für dich. Wir reisen heute noch ab. Offensichtlich ist man hier seines Lebens nicht mehr sicher.« Ihr hysterischer Ton schmerzte im Ohr.

Janna langweilte sich offenbar inzwischen. Sie stand auf, näherte sich Gerda und schob ihr Kaugummi im Mund hin und her. Dann ordnete sie ihren blonden Zopf, der mit blauen Strähnen versehen war. »Wann kommen denn die Bullen? Hab noch anderes zu tun. Und mit der Journaille will ich nicht reden. Ich bin selbst Influencerin.«

»O Gott, bist du krank?« Gerda fasste ihr sofort an die Stirn, doch die war kühl.

Janna wandte sich unwirsch ab. »Google mal, was das heißt, okay?«

Gerda lächelte schief und beschloss, das zu Hause gleich zu tun. Jetzt war es besser, nicht auf eine Erklärung zu beharren. »Es kann nicht mehr lange dauern, bis die Polizei da ist«, sagte sie deshalb.

Janna setzte sich wieder und spielte erneut mit dem Handy.

Derweil näherte sich ein blonder Mann mit lockigem Haar. Er hatte der Journalistin eben was ins Mikro gequatscht.

Theda wies ihn sofort zurecht. »Bitte genügend Abstand halten! Schließlich darf man keine Spuren zerstören!« Sie nickte auch den anderen Anwesenden zu. »Wir sind Profis und wissen, auf was man achten muss. Jetzt heißt es Abstand halten, bis die Spurensicherung durch ist. Oder möchten Sie als Mörder gelten, weil man Ihre DNA am Tatort oder gar an dem Opfer findet?«

Das wollte natürlich keiner, und so blieben alle hübsch, wo sie waren. Der Blondgelockte ließ sich allerdings nicht ohne Weiteres abwimmeln, zog ein Büchlein aus der Tasche und kritzelte dort etwas hinein. Und endlich kam auch die Frau von der Presse und hielt Gerda das Mikrofon vors Gesicht. »Sie haben den Toten gefunden?«

Theda stellte sich sofort dazu, und beide erzählten ausführlich, was sich zugetragen hatte.

Ino seufzte innerlich auf und bereute schon, dass er sich überhaupt auf den Weg gemacht hatte. Er hätte ahnen müssen, dass es wieder zu Komplikationen kommen würde. Von wegen Profis! Was erzählte Theda denn da? Sie hatten überhaupt keine Ahnung, wie man ermittelte, und waren nun nur zufällig in den zweiten Mord hineingeschlittert. Wie schon beim ersten auch. Das war eine ganz andere Hausnummer, als eine vermeintlich untreue Ehefrau zu beschatten. Er war raus, da spielte er nicht mit. Niemals!

Am liebsten wäre Ino geflüchtet, denn er wusste genau, was nun kam. Die Ansagen der Frauen hätten eindeutiger nicht sein können. Gerda und Theda würden sich nun auch dieses Mordfalls annehmen wollen. Jetzt erst recht, zumal sie sich für die Leiche verantwortlich fühlten, weil der Tote ihr Auftraggeber war.

Die Dame mit dem Mikrofon packte eben zusammen. »Die Polizei rufe ich später an«, sagte sie. »Das Wichtigste weiß ich ja nun. Danke, aber das muss gleich auf Sendung.«

»Für welches Käseblatt schreibt sie denn?«, fragte Ino.

»Radio! Sie ist vom Radio, und da sind wir nachher zu hören. Ist das nicht toll?« Gerda freute sich wie ein kleines Kind.

Ino trat entschlossen einen Schritt zurück. »Komm, Gerda! Gib mir die Brotdose und den Becher zurück. Lass uns verschwinden! Schließlich kenne ich den Kerl nicht«, sagte er zur Erklärung. »Ich bin ihm lebend genauso wenig begegnet wie du. Wir haben mit diesem Mord nichts, aber auch gar nichts zu tun!« Er winkte ihr energisch zu.

Leider strahlten Gerdas und Thedas Gesichter noch immer vor Begeisterung. Ihr Ermittlerinstinkt prallte ihm mit voller Wucht entgegen.

»Doch, wir kennen ihn. Indirekt«, sagte Gerda schließlich,

und schon kam, was Ino insgeheim befürchtet hatte. Gerdas Stimme dröhnte ihm förmlich im Ohr: »Und weil er uns beauftragt hat, sind wir auch verantwortlich. Er würde das so wollen. Es ist Ehrensache!«

»Das ist nicht dein Ernst«, sagte Ino fassungslos. »Er hat euch doch wieder gekündigt, es gibt keinen Grund, sich mit dem Mord zu beschäftigen. Überhaupt keinen!«

»Ino! Da müssen wir nun durch«, sagte Gerda. Sie neigte sich ihm flüsternd zu. »Es ist *unser* Fall! Egal, was die Polizei tut: Wir werden uns der Sache annehmen. Inkognito.«

»Du hast doch gar keen Tied«, erwiderte er. »Schließlich machst du gerade den Führerschein, und überhaupt ist gleich Fahrstunde. Dann haben wir im Garten mit der Obst- und Gemüseernte zu tun …« Ino sagte extra »wir«, weil Gerda gerade auf dem Emanzipationstrip war. Sonst würde sie gleich wieder abgehen wie ein Zäpfchen. Außerdem war es nicht gelogen: Bei der Ernte fasste er immer kräftig mit an.

»Ino! Was hat das denn damit zu tun?«, empörte Gerda sich. »Dass mit der Ernte kriegen wir schon hin, und ich werde sowieso zukünftig bei dir ein bisschen weniger putzen, weil du selbst mehr Hand anlegst. Wird langsam Zeit, dass du das lernst. Hab ich dir kürzlich schon gesagt. Ich bin schließlich eine emanzipierte Frau und kann mehrere Dinge machen. Ich bin nicht auf eine Tätigkeit beschränkt.«

Hatte Gerda heimlich die Zeitschrift *Emma* abonniert, oder stand sie in Verbindung mit emanzipatorischen Zellen? Woher nahm sie das immer? Das Gerede überforderte Ino maßlos, und doch wusste er, dass er nicht umhinkam, sich damit auseinanderzusetzen, wenn er Gerda nicht verlieren wollte. Es war zwar unbequem, aber im Prinzip hatte sie recht. Er war ein Macho. Nur wollte er keine Mordermittlungen als Grund akzeptieren, dass er fortan mehr putzen sollte.

»Womit wir beim nächsten Punkt angelangt wären«, sagte Gerda, noch immer leise und mit verschwörerischem Tonfall. »Theda, komm mal her!«

»Was für ein nächster Punkt?«, fragte Ino äußerst argwöhnisch.

Theda lächelte begeistert. »Wovon redest du denn, Gerda?«

»Leise, meine Lieben, leise. Es soll keiner mitbekommen.« Sie sah sich um, aber keiner der Umstehenden interessierte sich für ihr Gespräch. »Ich habe mir was überlegt, jetzt, wo Aufträge reinkommen und man an unsere Kompetenz glaubt. Und wir sogar im Radio sein werden!«

Ino schluckte. Augen zu und durch. Er würde es doch nicht verhindern können. Das hier war geballte Frauenpower!

»Wir gründen ein Detektivbüro«, tat Gerda stolz kund. »Damit ist unsere Arbeit so richtig professionell. Ist das nicht eine grandiose Idee?«

Ino stellte sich ruckartig gerade hin. »Das meinst du wirklich? In unserem Alter noch so etwas? Das geht doch nicht.«

»Geht nicht, gibt's nicht«, winkte Theda ab. »Das klingt super! Hast du schon einen Namen?«

Gerda nickte. »InoTjarks&Co in einem Wort, das ist modern. Klingt gut, oder? Kann man auch bei Instagram mit Hashtag machen.«

»InoTjarks&Co«, wiederholte Ino und kam sich vor wie ein Papagei. Dann fiel bei ihm der Groschen. »Aber das heißt dann ja im Klartext, dass *ich* der Boss bin.« Die Vorstellung gefiel ihm. »InoTjarks&Co«, murmelte er noch einmal. »Das klingt wie ...«

»Das klingt wie Sahne auf Vanilleeis«, sagte Gerda. »So kann man viel professioneller ermitteln. Wäre gut, wenn wir noch heute Abend zu einer konstituierenden Sitzung zusammenkämen, nicht wahr?« Sie sah auf die Uhr. »Meine Fahrstunde naht, und ich muss zuvor noch zurück nach Tjarkshusen. Allerdings überlege ich, ob ich sie angesichts der Umstände absagen soll.«

»Kommt gar nicht infrage«, wehrte Ino ab. »Das ist wichtig für dich, vor allem, wenn du nun eine echte Detektivin bist. Dann musst du mobil sein.« Ja, das klang gut und fortschrittlich und würde ihm Pluspunkte bei Gerda einbringen. Warum nur war ihm das plötzlich so wichtig?

»Du kannst den Fahrlehrer doch hierherbestellen«, schlug Ino dann vor. »Er kann dich am Campingplatz abholen, und du verpasst nichts. Das mitgebrachte Frühstück können wir am Strand in den Dünen verzehren.« Ino fand sich unschlagbar und als wunderbarer Verfechter der Emanzipation.

Gerda strahlte ihn an. »So machen wir das. Aber … mein Akku ist gerade leer, und hier ist kein Empfang. Wir müssen also vorn an der Rezeption telefonieren. Du hast die Nummer von meinem Fahrlehrer, Herrn König, doch auch.«

»Jo, nützt tja nix«, sagte Ino. »Denn man tau.«

»Ach Ino, du bist der Beste!«

»Aber du kochst noch für mich?«, wagte er schüchtern zu fragen. Mit allem anderen würde er sich arrangieren können, aber er liebte Gerdas Kochkünste! Er selbst bekam lediglich ein Gericht hin, nämlich Rührei mit Speck. Allerdings konnte man das wirklich als maximal genießbar bezeichnen. Alles andere war ihm jedoch bislang immer misslungen. Jedenfalls wenn man es mit dem Anspruch verglich, so zu kochen wie Gerda. Und von Rührei allein konnte man auf Dauer schlecht leben.

Gerda lächelte ihn an. »Das will ich wohl tun. Nur müssen wir das mit meiner neuen beruflichen Tätigkeit als Detektivin in Einklang bringen. Die Führerscheinprüfung ist schon bald, danach kann ich mich ausgiebig der Detektei und den Ermittlungen widmen. Und mit etwas Glück ist unser Campingmord schnell aufgeklärt. Es gibt wie bei Miss Marple einen überschaubaren Kreis an Verdächtigen, denn der Täter oder die Täterin stammt mit großer Wahrscheinlichkeit vom Möwenschiss. Liegt schließlich auf der Hand.«

Ino wollte eben etwas dazu sagen, als von ferne Martinshörner zu hören waren.

»Nun kommt die Polizei«, sagte Gerda zu den Umstehenden, die sich auch gleich neugierig umschauten.

»Und die Presse«, sagte Theda ehrfürchtig. »Guck, die haben Kameras umhängen. Das ist die schreibende Zunft. Komm, da müssen wir hin!«

Ino packte sie am Ärmel. Noch waren die drei Presseleute weit genug weg, noch konnte er das größte Unheil verhindern. »Nix da. Wir verschwinden jetzt, und zwar ohne Interview! Das gibt sonst nur unnötig Ärger!« Er fixierte sie mit hochgezogenen Brauen und verstaute die Kaffeebecher samt Kanne wieder in seinem Rucksack. Gerda hatte was von inkognito gesagt, und dann war es gut, wenn sie nicht auffielen.

Im Augenblick aber machte sie sich eher wichtig. Sie gestikulierte wild und sagte: »Abstand bitte, die Spusi ist gleich da. Genau wie die Mordkommission. Sie kommt aus Wilhelmshaven und wird, weil das Verbrechen hier in Friesland passiert ist, von der Kripo aus Jever unterstützt.«

Ino beobachtete die anrückenden Presseleute und betete, dass Gerda bis zu ihrem Eintreffen mit ihren Ausführungen fertig war.

»Sind Sie auch von der Polizei?«, fragte der Blondgelockte interessiert. Er war hochgewachsen, ziemlich dünn und hatte ihr bisher aufmerksam, aber schweigend zugehört. »Ich bin nämlich Krimiautor und sehr an den Geschehnissen interessiert, wie Sie sich denken können. Wer hätte das gedacht, dass mir bei der Recherche eine echte Leiche über den Weg läuft?« Er lachte auf. »Nein, laufen ist wohl der verkehrte Ausdruck. Wohl eher:

im Weg herumliegt. Ich habe den Titel für meinen Roman schon vor Augen: Der Möwenschiss-Mord.«

Seine Augen leuchteten, und Ino zog die Stirn in Falten. Ein Krimiautor und eine Rentnercombo, die sich in die polizeilichen Ermittlungen einmischte. Marius Meiners und sein Team würden begeistert sein. Vor allem, wenn sie später Radio hörten.

»Wir sind Privatdetektive und wissen, worauf man achten muss«, erklärte Gerda weiter. Ungeachtet dessen, dass Ino die Augen verdrehte. Das nannte Gerda also inkognito! »Wer sind Sie überhaupt, Herr Krimiautor? Ich weiß immer gern, mit wem ich es zu tun habe.«

»Ich bin Dirk Hauken, Werteste.«

»Na bitte, geht doch, Herr Hauken. So viel Zeit muss sein.« Dann stellte Gerda auch Ino und Theda vor, Inos Gestik, hier zu verschwinden, ignorierend.

»Und Sie sind echte Detektive?«, fragte Hauken begeistert.

»So kann man das nennen«, bestätigte Gerda.

Dirk Hauken war scheinbar schwer beeindruckt, echte Fachleute kennenzulernen. Er nickte und spazierte ein Stück weg.

»Sie sind tatsächlich Ermittler?«, fragte nun auch Janna Brahms. Sie postete es sofort bei WhatsApp und danach bei Instagram, musste dazu aber wieder ihre Turnübungen machen.

»Inkognito kannst du knicken«, sagte Ino mit einem Kopfnicken zu Janna. »Es weiß schon die halbe Welt.«

Inzwischen hatte die Presse die Gruppe erreicht. Sie schauten sich um.

Gerda tat dasselbe. »Sag mal, Ino, weißt du, wo Theda abgeblieben ist?«

Er zuckte mit den Schultern, ließ seinen Blick ebenfalls schweifen, und dann sah er Thedas roten, kurzen Putz auf der Minigolfbahn auf und nieder hüpfen. »Sie läuft da vorn herum«, sagte er knapp.

Die Martinshörner verstummten, und kurz darauf trabten zwei Uniformierte über den Platz auf den Tatort zu.

»Da kommt die Vorhut«, sagte Gerda. »Aus Wilhelmshaven dauert es länger. Das ist sicher die Streife aus dem Wangerland.« Sie lächelte die beiden Beamten an, die mit wichtiger Miene auf sie zusteuerten.

»Wegtreten! Alle wegtreten. Auch die Presse. Infos gibt es später.«

In Windeseile hatten sie den Tatort großflächig mit Absperrband gesichert und die Leute weggedrängt.

Ein paar Spatzen ließen sich allerdings von dem blau-weißen Flatterband nicht beirren und hüpften um den Toten herum.

»Ich hab was gefunden!«, rief Theda vom Minigolfplatz aus.

»Was macht die denn da?«, fragte einer der beiden Beamten konsterniert. »Sie müssen dort verschwinden!«

Theda aber lächelte nur. »Ich habe die Tatwaffe entdeckt! Schön, dass die Polizei schon da ist. Dann können Sie das Ding gleich in Empfang nehmen.«

Einer der Beamten sah kurz auf und machte einen Schritt auf Theda zu. »Was tun Sie da? Noch einmal: runter vom Minigolfplatz!«

»Ich fass doch nix an!«, rief Theda. »Aber ich habe wirklich die vermutliche Tatwaffe!«

Ino hörte ein Klacken und sah, wie der eine Journalist ein Foto von Theda schoss.

»Liegen lassen! Nicht anrühren!«

»Aber natürlich. Bin doch Profi!« Theda war wieder bei ihnen angekommen und hüpfte auf das Absperrband zu.

»Alles weg da!«, kläffte nun die Stimme eines Mannes mit dem Aussehen eines Windhundes, der sich mit rudernden Armbewegungen näherte. »EPHK Marius Meiners. Mordkommission Wilhelmshaven. Hier mein Kollege Dietrich. Der Gerichtsmediziner und die Spusi sind im Anmarsch«, erklärte er mit wichtiger Stimme. Er bahnte sich einen Weg um die nun recht groß gewordene Schar an Schaulustigen. »Gehen Sie bitte alle frühstücken. Hier stören Sie nur die polizeilichen Ermittlungen. Ach, die Herren und Damen von der Presse sind auch schon da. Schnell wie Karla Kolumna. Ich gebe Ihnen gleich ein Interview.«

»Mit dem Radiosender haben wir bereits geschnackt«, krähte Theda, was ihr einen Ellenbogencheck von Ino einbrachte.

»Wo sind die denn?«, fragte Meiners suchenden Blicks.

»Schon wieder weg«, gab der Krimiautor bereitwillig Auskunft. »Ich habe auch mit der Frau gesprochen. Sie ist informiert.«

Meiners lief kreideweiß an und zog seine Augen zu Schlitzen. Dann erblickte er Ino, Theda und Gerda. »Was machen Sie denn hier?«, blaffte er sie an. »Sie halten sich bitte aus den Ermittlungen raus. Das war im Frühjahr schon nervig genug. Und gefährlich.«

»Wir sind zufällig da und wollten jetzt auch gerade gehen«, sagte Ino eine Spur zu schnell. Den Nachfolger von Traugott Fürchtenicht hatte er in keiner guten Erinnerung. Zu wichtig. Zu kläffend. Zu laut.

»Ich hoffe, Sie haben nichts angerührt«, schimpfte Meiners weiter.

»Natürlich nicht, wir sind ja Profis«, wiederholte Theda nun schon zum dritten Mal. Ino war froh, dass sie nicht auch noch mal wiederholte, schon ein Interview gegeben zu haben. Die Luft brannte, sie mussten dringend hier weg.

Meiners rollte mit den Augen. »Sie sind …« Er verschluckte den letzten Satzteil, weil das restliche Team angekommen war und die beiden Beamten einen kurzen Lagebericht erteilten.

Ino wollte nun wirklich gehen, aber Theda zupfte Meiners am Ärmel. »Ich weiß, wo die Tatwaffe liegt! Hab ich den beiden

Grünschnäbeln schon gesagt. Sie meinten aber nur, ich soll nix anfassen. Als ob ich blöd wäre!«

»Woher wissen Sie, dass es die Tatwaffe ist?«, fragte Meiners sofort. »Und um was handelt es sich überhaupt?«

Theda lächelte eine Spur zu überheblich. »Hinter der Schnecke – das ist eine Station auf der Minigolfbahn – liegt eine Markisenkurbel. Und nun gucken Sie sich doch die Wunde am Kopf an«, dozierte sie. »Wie von einem dünnen, länglichen Gegenstand verursacht. Das passt zusammen. Ich denke, es muss die Mordwaffe sein. Warum sollte diese Kurbel sonst hier auf dem Minigolfplatz liegen?« Theda blitzte Meiners herausfordernd an. »Oder sehen Sie hier ein Wohnmobil oder einen Wohnwagen, wo man sie gut verwenden könnte?«

Die Pressevertreter schrieben alles auf ihren Notizblöcken mit.

»Wo sie recht hat …«, murmelten ein paar der Schaulustigen. »Sie ist schließlich Profi.«

»Nun werden Sie mal nicht frech. Der Profi bin immer noch ich«, hechelte Meiners. »Es kann durchaus andere Gründe haben, warum eine Kurbel hier herumliegt.«

Klar, dachte Ino. Um den Minigolfplatz abzukurbeln. Meiners ging ihm schon wieder voll auf den Keks.

»Aber doch nicht, wenn es einen Toten mit einer solchen Wunde gibt«, widersprach Hauken, der jedes Wort begeistert mitkritzelte. Die beiden Frauen mussten ihn immens beeindruckt haben, wenn er sich nun so auf ihre Seite schlug.

»Ruhe!«, schrie Meiners. »*Ich* bin der ermittelnde Kommissar, und Sie alle verschwinden hier augenblicklich!«

»Die Kurbel liegt dahinten«, sagte Theda beim Weggehen. »Und die Frau, die Falko von Walde gefunden hat, heißt Janna Brahms und sitzt da drüben. Sie kann Ihnen aber auch nicht viel sagen.«

»Danke«, rang Meiners sich ab. »Sie können dann gehen. Ich kümmere mich.«

Die drei und auch die anderen Schaulustigen trollten sich.

»Und nun?«, fragte Ino.

»Nun gehen wir an den Strand. Hier können wir ja wohl nichts mehr tun. Meiners will uns ganz offensichtlich nicht dabeihaben.«

Gerda warf einen Blick auf die Uhr. »Super, es ist jetzt 8 Uhr durch. Das Frühstückspicknick schaffe ich also noch ganz in Ruhe, bevor die Fahrstunde beginnt. Ino, rufst du wie versprochen bei Herrn König an, dass ich in Schillig am Strand bin? Kannst du die Bäckerei so lange deiner Aushilfe überlassen?« Gerda sah fragend zu Theda, die beruhigend nickte. »Ein Stündchen geht schon noch. Ich muss in einer solch prekären Lage Prioritäten setzen.«

Ino sah sie erstaunt an. Theda hatte es sonst nicht so mit Fremdworten, und nun warf sie geradezu damit um sich. Wer wusste schon, wo sie sich das alles wieder angelesen hatte.

6. Kapitel

Montag

8:15 Uhr

Marius Meiners lief sofort zu Janna Brahms, die ihm allerdings wirklich kaum etwas sagen konnte. Ganz so wie Theda es angedeutet hatte. Meiners übergab sie den Kollegen von der Streife, die ihre Aussage und die Personalien aufnehmen sollten. Auch dieser Dirk Hauken schien ihm ein Wichtigtuer zu sein. Ihn schickte er ebenso schnell weg. »Wenn noch etwas ist, melden wir uns!«

Er fertigte die Presse mit ein paar Infos ab und bat sie dann, weder den Toten noch den Tatort zu fotografieren und sich zurückzuziehen. »Unser Polizeisprecher wird Sie über alles Weitere informieren.« Widerwillig trollten sich die drei.

Meiners machte sich auf zum Minigolfplatz, zog sich Handschuhe an und hob die Markisenkurbel auf. Er drehte und wendete sie. »Die Alte hat bestimmt recht, und jemand hat dem Typen das Teil über den Schädel gezwirbelt«, murmelte er. Und ärgerte sich. Weil er die Mordwaffe nicht selbst gefunden hatte. Weil ihm diese Rentnercombo zuvorgekommen war. Weil er befürchtete, sie könnten sich schon wieder in seine Ermittlungen einmischen. Und noch schlimmer: Sie könnten besser sein. Dabei war es für ihn so ungeheuer wichtig, dass er sich bei seinem ersten Fall professionell zeigte. Ohne Wenn und Aber. Einmischung von diesen Stümpern konnte er wirklich nicht gebrauchen.

Meiners atmete einmal tief ein. Im Büro musste er nachher erst einmal ein Räucherstäbchen anzünden und meditieren. Das würde ihm die nötige Kraft geben, mit dieser vermaledeiten Situation umzugehen. Er wollte vor allem seinem Ex-Chef, der ihn zwar duzte, aber bis heute nicht mit dem Vornamen ansprach, beweisen, was für ein super Cop er war. Nun bot sich ihm die Gelegenheit, und was passierte? Diese Alten funkten ihm von der ersten Sekunde an dazwischen. Warum auch immer sich diese Spinner auf dem Campingplatz herumtrieben. Urlaub machten sie dort sicher nicht.

»Ich aber kläre den Fall allein auf. Um jeden Preis!«, knurrte er und hielt die Kurbel in seiner behandschuhten Hand wie einen Speer beim Angriff in die Höhe. »Die werden mich und meine Cleverness schon alle noch kennenlernen.«

Meiners brachte die Kurbel zur Spusi, die sie eintütete. Dann wandte er sich an den Gerichtsmediziner. Es war ein neuer, und Dietrich hatte auch seinen Namen erwähnt, denn beim Mord an dem Kurdirektor hatten sie mit einem anderen Mann zu tun gehabt.

Meiners hatte sich allerdings nicht gemerkt, wie er hieß. Verlegen kaute er nun mit den Schneidezähnen auf der Unterlippe herum. »Äh, was meinen Sie zum Tathergang? So auf den ersten Blick? Können Sie dazu schon eine Aussage machen?«

»Erst mal moin, werter Kollege. Auch in Friesland ist man wohl so höflich, oder nicht?«

»Moin«, quetschte Meiners heraus. Dass einige Leute immer so auf der Etikette bestanden, nervte ihn. Er musste einen Mord aufklären und wollte weder Small Talk oder andere Konversation betreiben. »Also, haben Sie schon etwas zu sagen?«

Über das Gesicht des Mediziners glitt ein breites Grinsen. »Meinen Namen vergessen oder noch nicht erfahren?«

Meiners rollte innerlich mit den Augen. Es gab echt Menschen, die sich derart an Nebensächlichkeiten rieben, dass es schon anstrengend war. Aber er riss sich zusammen und versuchte, höflich zu bleiben, damit er es sich nicht gleich zu Beginn seiner Karriere mit der Gerichtsmedizin in Oldenburg verscherzte. »Tut mir leid«, rang er sich ab. »Gab ja so viel anderes.« Meiners trat sich innerlich dafür selbst in den Allerwertesten. »Wer sich verteidigt, klagt sich an«, das hatte schon seine Mama immer gesagt.

»Soll ich noch einmal verraten, wie ich heiße?« Der Mediziner ritt auf dieser Kleinigkeit in nervtötender Art und Weise herum.

»Ja, bitte!« forderte Meiners ihn auf. Er zog es vor, sich ebenfalls in diesem dämlichen Grinsen zu versuchen. Was der Lackaffe Dr. med. oder was auch immer konnte, konnte er auch.

Der Arzt reichte ihm die Hand, die in einem beigefarbenen Gummihandschuh steckte. »Gestatten? Dr. Hausmacher-Speckmann. Freunde nennen mich Hausi, aber wir kennen uns ja noch nicht lange.«

»Gut, Dr. Hausmacher-Speckmann. Ich wiederhole noch einmal, nur der Form halber: Was sagen Sie zum Tathergang?«

Der Mediziner warf einen Blick auf die Kurbel, dann wieder einen zum Ermordeten. »Eindeutig erschlagen. Ich vermute, der Tote hat sich zuvor dem Täter noch zugewandt. Sehen Sie – so.« Er machte eine Drehbewegung. »Das Ding, das Sie der Spusi übergeben haben, könnte durchaus unser Mordinstrument sein. Ich werde die Kurbel untersuchen, dann wissen wir mehr. Alles Weitere nach der Obduktion. Dazu treffen wir uns dann in Oldenburg.« Dr. Hausmacher-Speckmann schürzte wichtig die Lippen. »Interessiert es Sie gar nicht, wie lange der Tote hier schon rumliegt? Das wollen doch immer alle Kommissare als Erstes wissen. Und dazu kann ich zumindest bereits eine Einschätzung geben. Eine winzig kleine, versteht sich.«

»Und – wie lange?«, rang Meiners sich ab. Mit dem Gerichtsmediziner würde er nicht gut Freund werden, das war schon mal klar. Er war ein aufgeblasener und arroganter Besserwisser. Der Typ hatte einen solchen Stock im Hintern!

Dr. Hausmacher-Speckmann schürzte die Lippen. »Ich denke, ein paar Stunden ist der Mord schon her.«

»Geht es genauer?« Meiners wurde ungeduldig.

»Schon, nur jetzt nicht. Ich nehme aber an, es war mitten in der Nacht. Der Temperatur nach vor mindestens sechs bis sieben Stunden. Oder länger.« Er grinste überheblich. »Dann will ich mich mal weiter an die Arbeit machen.« Deutlicher hätte Dr. Hausmacher-Speckmann Meiners nicht zeigen können, dass er dessen Anwesenheit für überflüssig hielt.

Er entfernte sich und ging zum Kollegen Focko Dietrich, den er aber auch nur beim Nachnamen nannte. Sie hatten nicht mehr viel zu tun, nachdem sie die Schaulustigen und die Presse vertrieben hatten.

»Dietrich, hast du dem Bestatter Bescheid gegeben?«, fragte Meiners.

»Jo. Ich habe bei der Firma Heimlichkehrer angerufen. Die sind schnell und zuverlässig und immer fix dabei, die Kunden einzusammeln.«

Meiners klopfte Dietrich auf die Schulter. Aus dem Kollegen konnte was werden. So mit der Zeit …

8:15 Uhr

Gerda, Ino und Theda hatten sich auf den Weg zum Strand von Schillig gemacht. Dort war es einfach zu schön. Es gab sogar Dünen, wenn auch nicht solche imposanten Gebilde wie auf den Inseln, sondern allesamt so niedrig, dass sie ihren Namen fast nicht verdienten. Weil sich aber die anderen Strandabschnitte in der Region nur mit einem flachen Sand- oder Grasstreifen unterhalb des Deiches entlangzogen, war man in Schillig stolz auf die Minidünen. Sie reichten zwar nicht als Küstenschutz, sodass auch dieser Strandabschnitt von einem Deich begrenzt wurde, aber sie vermittelten ein wunderbares Strandgefühl.

»Was wohnen wir doch fein im Wangerland!« Gerda reckte ihre Nase gen Himmel. »Wenn hier nur nicht schon wieder ein Mörder sein Unwesen treiben würde …«

»Du hast ihn doch geradezu herbeigezaubert«, brummelte Ino. Das alles war überflüssig wie ein Kropf. Oder Grippe. Oder seine Gichtanfälle. Oder alles zusammen.

»Nun, das Leben ist, wie es ist«, gab Theda wichtig kund. »Und es hat uns nun einmal dazu auserkoren, dass wir in unserem, sagen wir mal, gesetzten Alter noch als Detektive tätig werden müssen. Daran ist nichts zu ändern. Auch wenn du das gern anders hättest, Ino! Das alles ist kein Zufall, sondern gottgewollt.«

Ino winkte ab und stapfte weiter voraus. Den beiden Frauen war nicht zu helfen. Dass sie einen Toten gefunden hatten, war keineswegs ein Fingerzeig des Herrn da oben, sondern allenfalls einmal wieder sehr unglücklicher Zufall, auf den er liebend gern verzichtet hätte.

Schließlich entdeckte Ino eine Kuhle, in der sie wunderbar picknicken konnten, weil sie von hier aus einen einzigartigen Blick auf die Nordsee hatten und den vorbeifahrenden Schiffen hinterhersehen konnten. Seit es den Jade-Weser-Port gab, kamen viele der Containerriesen vor ihrer Einfahrt in den Jadebusen dicht an der Küste vorbei. In der hinteren Fahrrinne schoben sich die Frachter nach Hamburg und Bremerhaven. Und hoffentlich kam mal ein anderes Thema auf als immer nur Mord und Totschlag. Seine liebevoll belegten Brote zum Beispiel. Er hatte Bio-Deichkäse gewählt und darauf dünn geschnittene Gürkchen gelegt. Die Butter stammte, wie auch der Käse, vom Biobauern Hero Melchers und war so streichzart, wie man sie in keinem Supermarkt bekommen konnte. Aber das würden die beiden Damen bestimmt nicht zu würdigen wissen. Sie wollten ja lieber ermitteln!

»Hier bleiben wir, oder?«, fragte Ino. »Es ist auch nicht zu weit bis zu dem Parkplatz, wenn Gerda abgeholt wird«, versuchte er die Stelle weiter schmackhaft zu machen.

Gerda nickte nur und warf einen Kontrollblick auf die Uhr.

»Ein feines Plätzchen!« Theda ließ sich bereits in den Sand fallen. »Gut, dass es schon früh am Morgen so warm ist.«

Ino holte erneut die Thermoskanne, die Brotdosen und die Becher aus dem Rucksack. Ihm schmerzte bereits die Schulter, das alles war doch schwerer als gedacht. »Nun iss aber erst einmal was, Gerda«, sagte er mit ungewohnt fürsorglicher Stimme. »Sonst bist du nachher beim Fahren unachtsam. In unserem Alter muss man schon ein bisschen auf sich achtgeben.«

Gerda setzte sich neben Ino und Theda auf ihre Jacke. »Danke, dass du uns so lieb versorgst«, sagte sie und tätschelte Ino flüchtig den mit Altersflecken übersäten Handrücken.

Er schenkte ihnen Kaffee ein und reichte beiden ihre Brotdosen. Seine Hoffnung, dass Gerda und Theda angesichts seiner liebevoll geschmierten Stullen an etwas anderes als die Aufklärung des Mordes denken konnten, bewahrheitete sich allerdings leider nicht. Kaum hatten sie den Kaffee in den Bechern und einmal abgebissen, legten Theda und Gerda gleich wieder los.

»So, was haben wir im Mordfall an Indizien?«, fragte Gerda, während sie genüsslich kaute. »Wir müssen alles von Beginn an sammeln.« Sie drehte sich zu Ino. »Lecker, dein Brot. Das ist die selbst gemachte Butter von Hero, oder?«

Wenigstens etwas!

Aber Gerda wartete seine Antwort gar nicht ab, sondern wandte sich gleich Theda zu, die antwortete: »Ich fasse es mal zusammen: Der Mann, der uns für unsere Arbeit fürstlich entlohnen wollte, ist ermordet worden. Wahrscheinlich mit einer Markisenkurbel, die meiner Ansicht nach vom Möwenschiss stammt. Ich kann mir nicht vorstellen, dass jemand so ein Ding von woanders herschleppt, um wen zu killen.«

Gerda biss noch einmal ab und kaute nachdenklich. Als sie den Mund leer hatte, sagte sie: »Eines ist deutlich: Weil der Täter die Kurbel dabeihatte, hat er unseren Auftraggeber vorsätzlich ins Jenseits befördert. Ich kenne nämlich keinen, der solche Kurbeln spazieren trägt und dann spontan jemanden damit umbringt. Wäre zumindest eigenartig.«

»Auch wieder wahr, Gerda. Auch wieder wahr«, bestätigte Theda. Sie nahm einen Schluck Kaffee und lächelte Ino an. »Da hast du es aber gut mit uns gemeint! Das ist keine Plörre, der schmeckt richtig gut.«

»Der Käse ist von der Marschkuh. Bio«, ergänzte Ino. »Echter Deichwiesengouda! Das ist der beste Käse, den wir hier in der Gegend bekommen können«, sagte er mit vollem Mund.

Theda und Gerda nickten pflichtschuldig.

»Bist du schon satt, Theda?«, fragte Gerda, als sie selbst zu der zweiten Schnitte griff. »Das Schwarzbrot stammt doch aus deiner Bäckerei, genau wie die Dinkelkruste. Das kannst du unbesorgt essen.« Gerda wusste, dass Theda überaus pingelig war, wenn es um Brot ging. Das aus dem Supermarkt hätte sie ums Verrecken nicht zu sich genommen. »Ich esse schließlich keine Chemie!«, sagte sie immer.

Theda sah Gerda mit großen Augen an. »Im Augenblick ist mir der Mord ein wenig auf den Magen geschlagen. Man sieht schließlich nicht täglich einen Toten.« Sie sog die frische Seeluft einmal tief ein, als könnte sie auf diese Weise die Erinnerung ein bisschen vertreiben.

Gerda spitzte die Lippen. »Das verstehe ich, aber es führt eben kein Weg mehr daran vorbei, nun als Ermittler einzusteigen. Wir sind quasi von ganz allein in den Fall involviert, weil der Tote unser zukünftiger Klient war.«

Theda nickte bedächtig. »Und wir können tatsächlich davon ausgehen, dass die Kurbel von jemandem vom Möwenschiss stammt. Aber es ist, wenn auch unwahrscheinlich, eben nicht ausgeschlossen, dass jemand die Kurbel entwendet und sie für den Mord missbraucht hat. Vielleicht, weil ihm nichts anderes zur Verfügung stand. Was ist, wenn sich ein Wildfremder auf den Möwenschiss geschlichen hat? Falko lebte schließlich auch außerhalb des Campingplatzes und könnte dort Feinde gehabt haben. Mit dem Diebstahl der Kurbel hat der Täter vielleicht den Verdacht auf jemanden vom Campingplatz lenken wollen.«

Ino sog die Luft scharf ein. Was redeten die beiden in der letzten Zeit so geschwollen daher? Das konnte man doch viel einfacher und mit weniger Worten sagen. Aber vermutlich waren sie der Ansicht, dass es Detektivinnen gut anstand, sich besonders gewählt auszudrücken. Er trank lieber seinen Becher leer und ließ sie schnacken.

Gerda rieb sich nachdenklich das Kinn. »So weit, so gut. Trotzdem muss der Mord geplant gewesen sein, sollte sich die Kurbel final als Tatwerkzeug herausstellen. Und die muss jemand vorsätzlich mit dorthin gebracht haben. Entweder als Diebesgut oder …« – Gerda hob die Brauen – »als Eigentum. Folglich müssen wir als Erstes rausbekommen, wo eine Kurbel fehlt. Mit etwas Glück ist der Täter dann sofort überführt.«

Ino seufzte wieder. Das aufgesetzte Gesabbel der beiden wurde immer schlimmer. Er war raus! »Das werden die Bullen schon ermitteln. Die Betonung liegt auf *die Bullen*«, knurrte er und angelte noch ein belegtes Brot aus der Dose. Es war das letzte und mit Leberwurst von frei laufenden Deichschweinen belegt. Ganz schwer ranzukommen an die Ware, aber er hatte so seine Beziehungen. »Lassen wir die Polizei ihre Arbeit machen, und dann werden wir irgendwann erfahren, wer den Typen kaltgemacht hat.«

Gerda sah ihn entrüstet an. »Ino, du bist der zukünftige Boss unserer Detektei! Da solltest du etwas mehr Biss an den Tag legen.«

Theda winkte ab. »Ich denke, es hat mit von Waldes Frau zu tun. Sie hat mitbekommen, dass er sie beschatten lassen wollte – und zack: eins über die Rübe. Wäre jetzt wirklich interessant, wer ihr Lover ist. Angeblich doch der Campingnachbar. Wenn wir den haben und er zudem kurbellos ist, haben wir den Fall noch vor der Polizei gelöst.« Theda wirkte sehr zufrieden mit sich.

Ino goss sich lieber noch einen Kaffee ein. Leider war der so heiß, dass er sich die Zunge verbrannte. Als ob die Polizei auf solche Verbindungen nicht auch kommen würde! Die Thermoskanne war nun leer, und er verstaute sie mit den Brotdosen wieder im Rucksack.

»Und was ist, wenn der Mord doch gar nichts mit seiner Frau und deren Liebhaber zu tun hat?«, fragte er. »Gibt ja wohl noch mehr Möglichkeiten!«

Gerda fuhr hoch. »Das könnte zwar sein, aber schon seit der griechischen Antike wissen wir, dass Eifersucht das stärkste Motiv ist.«

»Mag sein, aber dann wäre jetzt nicht er, sondern seine Frau oder deren Lover tot«, sagte Ino.

»Auch wieder wahr. An wen denkst *du* denn so?«, fragte Gerda, nun doch etwas kleinlaut.

»Was, wenn es dieser Krimiautor, dieser Dirk Hauken war, weil er eine Leiche als Inspiration brauchte? Oder wenn von Walde Spielschulden hatte? Auch reiche Schnösel haben Leichen im Keller. Er könnte auch Feinde außerhalb vom Möwenschiss gehabt haben. So wie Theda es schon erwähnt hat. Immerhin hatte er Kohle ohne Ende, und die hat man oft nicht, weil man besonders wohltätig und nett war.« Ino streckte die Zunge ein Stück hinaus. Verdammt, was tat sie weh! Blöder heißer Kaffee. Er hätte ihn langsamer trinken sollen, aber wenn er sauer war, schüttete er sich Getränke immer sehr unvorsichtig in den Hals.

Theda nickte. »Es stimmt leider exakt, was Ino sagt. Wir müssen auch anderen Spuren nachgehen.«

Gerda verzog den Mund. Ino kannte sie genau. Sie gab nicht gern zu, wenn sie falschlag. Aber heute widersprach sie ausnahmsweise nicht. »Gut, dann nehmen wir das mit auf unsere Agenda.« Sie schrieb ein paar Notizen in ihren Block. »Trotzdem müssen wir herausbekommen, wem eine Kurbel fehlt. Vermutlich sind wir dann ganz dicht dran. Zumindest aber auf dem richtigen Weg.«

»Überlassen wir alles der Polizei, die kennt sich schließlich damit aus«, beharrte Ino.

Gerda warf ihm einen vernichtenden Blick zu.

Inos Handy brummte. Er klickte die Nachricht an und hielt ihr das Smartphone hin. Gerda warf einen Blick auf die Uhr. »Oje, ich muss nach vorn zum Parkplatz. Mein Fahrlehrer kommt gleich. Tschüss, ihr zwei. Wir sehen uns später!«

7. Kapitel

Montag

9 Uhr

Obwohl Traugott durchaus neugierig war, warum sein Nachbar das Zeitliche gesegnet hatte und was man inzwischen über den Tathergang wusste, blieb er in seinem Wohnwagen sitzen und dachte nach.

Ihm war es egal, wie heiß es heute werden würde, denn er hatte schlichtweg keine Lust, auf seine ehemaligen Kollegen zu treffen, geschweige denn womöglich Ratschläge zur Mordermittlung erteilen zu müssen. Das sollte Meiners mal hübsch allein richten. Einen großen Hals hatte er ja, dann musste er da nun auch selbstständig durch.

Mit etwas Glück tauchte auch seine Kurbel gleich ganz von allein wieder auf, und alles war in Ordnung. Es würde eine natürliche Erklärung geben und er in Kürze aus dem Schneider sein. Schon bald konnte er sich wieder ganz entspannt seiner Erholung widmen. Traugott seufzte laut auf.

Doch dann hieb er mit der Faust auf den Tisch. Ach verdammt, das war doch alles Augenwischerei! Er würde kaum ungeschoren davonkommen, wenn herauskam, dass ausgerechnet seine Kurbel verschwunden war. Übersät mit seinen Fingerabdrücken.

Vielleicht war es sinnvoll, sich auf der Stelle für einen anderen Campingplatz zu entscheiden und, so rasch es ging, abzuhauen. Nur machte er sich dann erst recht verdächtig. Die sprichwörtliche Fliege zu machen war folglich keine Option.

Traugott rieb sich die Stirn. Inzwischen war es fast unerträglich heiß in seinem Domizil. Er stellte den Miniventilator an. Das half leider auch nicht.

Traugott überlegte, sich doch vor den Wohnwagen zu setzen, nur brachte das voraussichtlich ebenfalls keine Erleichterung, weil die Sonne unerbittlich auf seine Halbglatze knallen würde. Schließlich konnte er die Markise nicht auskurbeln. Noch war, trotz der Schäfchenwolken am frühen Morgen, von dem Wetterumschwung nichts zu bemerken.

Vorsichtig lugte Traugott aus der Tür. Natürlich standen überall etliche Camper in Gruppen zusammen und debattierten über den Mord. Die Sensationslust kannte keine Grenzen.

Er trat vor den Wohnwagen. Hier ging, entgegen seiner Erwartung, doch ein leichtes Lüftchen, das die Blätter der kleinen Kastanie streifte und sie leise knistern ließ. Er wischte sich erneut den Schweiß fort. Dann reckte und streckte er sich.

Auf dem Weg standen seine beiden Nachbarn Jörg Minkner und Wilko Kramann. Sie waren so ins Gespräch vertieft, dass sie ihn gar nicht bemerkten. Traugott schlenderte auf sie zu, die Hände in den Taschen der Shorts vergraben.

»Moin!«, begrüßte er die beiden.

Keiner reagierte. Um ihre Aufmerksamkeit zu erlangen, hätte er heute vermutlich als Marsmensch aufschlagen müssen. Oder als E. T.

»Dass es genau den erwischen musste, wundert mich nicht sehr!« Jörg Minkner redete mit Händen und Füßen.

»Mich überrascht es auch nicht«, brummte Wilko Kramann, der seinen Bürstner auf Stellplatz 1 gleich neben Falko stehen hatte. »Der hat ja sogar seinen Vorzeltteppich festgeschraubt. Mit einem Akkuschrauber! Ein Korinthenkacker vor dem Herrn. Was hat der Typ sich aufgeregt, weil ich dazu keine Lust hatte. Hey, wir sind Camper und nicht bei einer Sonderausstellung auf der Messe!«

Wilko pulte mit dem Zeigefinger zwischen den Zähnen, während Jörg düster nickte. Sie beachteten Traugott noch immer nicht, und so zog der es vor, einfach weiter zuzuhören.

Jörg Minkner legte auch sofort wieder los. »Nun denken die Bullen bestimmt, es wäre einer von uns gewesen, der ihm den Garaus gemacht hat. Bloß weil wir uns immer mal wieder mit diesem Herrn von und zu gezofft haben. Na, hör mal! Wenn der seinen Vivaldi nicht auf Stellplatzlautstärke abspielen kann, dann ist Stress vorprogrammiert. Aber deshalb killt man den ja nicht gleich. Auch nicht wenn man ihm zuvor die Pest an den Hals gewünscht hat.«

»So sieht das aus. Außerdem hat der Mann sich einfach nicht an die Spielregeln gehalten. Überleg doch mal: Wozu hat Sir Archie die Platzordnung für alle ersichtlich vorn am Eingang aufgehängt?« Kramann nickte, sich selbst bestätigend. »Damit man sich dran hält! Aber das hatte unser Herr von und zu nicht nötig. Er hat nur das getan, was ihm durch seinen semiadligen Schädel gegangen ist.« Er zeigte auf die Deichsel des weiß blitzenden Tabberts von Falko von Walde. »Das meine ich zum Beispiel. Guck mal genau hin, Jörg! Die ragt über!«

Minkner machte einen Schritt auf von Waldes Parzelle zu. Er beugte sich nieder, kniff die Augen zusammen und nickte fachmännisch. »Mindestens einen Zentimeter. Das Ding steht auf deinem Grundstück. Sein Tabbert ist zu lang.«

Wilko lachte hämisch auf. »Das kommt davon, wenn man immer den Längsten haben will. Doppelachser und mit allen Schikanen. Ist vielen hier ein Dorn im Auge. Mir auch.«

Jörg kam zurück und begrüßte nun endlich auch Traugott mit einem kurzen Nicken. »Ach, du bist auch da. Das ist ein Ding mit dem Mord, nicht wahr? Kein Wunder, dass sie Falko niedergestreckt haben. Gut, dass du nicht mehr im Amt bist und nichts damit an den Backen hast.«

»*Im Dienst* heißt das«, korrigierte Traugott ihn. »Ich bin nicht mehr im Dienst.«

»Oder so, ist doch egal!« Jörg winkte ab.

Traugott hoffte, dass seine Stimme nicht zu sehr zitterte, als er fragte: »Weiß man schon, wie er genau umgekommen ist?«

Jörg steckte die Brust raus. »Und ob wir das wissen! Der ganze Möwenschiss spricht davon! Sie haben die Tatwaffe längst gefunden.«

»Und?«, hakte Traugott nach. Ihm brach der Schweiß aus.

»Stell dir vor, Fürchtenicht: Er wurde mit einer Markisenkurbel über den Jordan geschickt«, berichtete Jörg. »Nun schauen die Bullen natürlich, ob und wo eine auf dem Platz fehlt und so. Klar, dass es wohl eine vom Möwenschiss ist. Kein anständiger Mörder schleppt ein so unhandliches Ding kilometerweit durch die Gegend. ›Hey, guckt mal, damit erschlage ich gleich meinen Erzfeind.‹ Coole Idee, oder?«

Wilko Kramann stimmte ihm zu. »Ich denke auch, die stammt von hier. Entweder sie gehört dem Mörder, oder er hat sie einem von uns geklaut.«

Wilko fixierte Traugott. »Hey, du hattest doch auch ordentlich Stress mit dem Schnösel. Weil seine Olle dich angebaggert hat. Diese Klunkertusse.«

Traugotts Hals wurde eng. Verdammt. Jede seiner schlimmen Ahnungen war eingetroffen. Auch dass der halbe Platz über ihn und Else von Walde tratschte.

Die Gedanken hämmerten ihm stakkatoartig durch den Kopf. Seine Kurbel. Weg. Gestohlen. Streit mit dem Toten. Else von Walde und er. Falko von Walde erschlagen. Mordwerkzeug.

»Wann genau ist Falko denn verstorben?«, fragte er betont gleichgültig. Seine Stimme zitterte wieder und drohte zu verraten, wie nah ihm die Sache ging.

»Er ist nicht verstorben, er wurde gekillt«, berichtigte Wilko Kramann ihn. »Gekillt!« Er ließ sich das Wort förmlich auf der Zunge zergehen.

»Mit der Kurbel gekillt«, setzte Jörg Minkner nach. »Quasi gekurbelt und gekillt.«

»Mord auf unserem Möwenschiss.« Wilkos Stimme war nun im tiefsten Bass und klang ungeheuer pathetisch.

»Wann?«, hakte Traugott noch einmal nach. »Ich meine den Zeitpunkt.«

»Gestern«, antwortete Jörg. »Also mitten in der Nacht, sagen sie. Hab eben mit Sir Archie geklönt. Der sitzt schon wieder in seiner Rezeption. Er hat den Bullen gesagt, was er weiß, und nun muss er trotz allem seinem Tagesgeschäft nachgehen. Wahrscheinlich rennen ihm die Gäste vor Aufregung die Bude ein. So ein Mord auf dem Platz ist schließlich etwas Besonderes, will ich mal sagen.«

Jörg Minkner wusste immer, was auf dem Möwenschiss vor sich ging, weil er mit dem Platzwart gern ein Bier trank und auch sonst überall seine Nase in Sachen hineinsteckte, die ihn gar nichts angingen.

Er ist sozusagen die Theda Graalfs vom Campingplatz, dachte Traugott.

Wilko spitzte die Lippen. »Bin gespannt, wann sie hier aufschlagen und rumnerven. Im *Tatort* ist das auch immer so. Wohnumgebung ansehen, Nachbarn befragen. Also, will sagen: Wir werden noch ganz wichtig für die Ermittlungen, weil wir die direkten Nachbarn sind.«

Traugott musste schlucken.

Jörg sah ihn scharf an. »Man darf bei der Polizei keine falsche Aussage machen und nichts weglassen, richtig?«

»Ja«, rang Traugott sich ab. Er ahnte, auf was sein Nachbar hinauswollte.

»Dann wirst du verstehen, dass wir die Sache mit dir und Else erzählen müssen und auch, wie fuchsteufelswild Falko deswegen war.«

Traugott nickte nur. Jeder hier hatte gesehen, wie dreckig er gestern von seinem Spaziergang zurückgekommen war, und sich gewiss seinen Reim darauf gemacht. Leugnen war zwecklos, sollte Meiners ihn dazu befragen. Die Schlinge um Traugotts Hals zog sich immer fester zu. Es war längst nicht nur die vermaledeite Kurbel, die ihm in der letzten Nacht abhandengekommen war. Es gab noch einen anderen Punkt, an den sich bestimmt der eine oder andere Camper erinnerte.

Traugott war bis nach Mitternacht am Strand herumspaziert, weil es dort nicht so heiß gewesen war wie auf dem Möwenschiss.

Am Wasser hatte eine leichte Brise geherrscht, und es war erträglicher dort. Als die Sonne endlich untergegangen war, hatte Traugott sich in eine Kuhle der Dünen gelegt und war unter dem Sternenhimmel eingeschlafen.

Irgendwann kurz vor Mitternacht war er erwacht, weil ihm kühl geworden war. Traugott hatte sich nach seinem gemütlichen Bett im Wohnwagen gesehnt und war zurück zum Möwenschiss geeilt.

Es gab etliche Camper, die ihn auf dem Weg dorthin gesehen hatten, denn wegen der lauen Sommernacht waren noch viele am Strand unterwegs. Nur war davon keiner am Nachmittag in einen Streit mit dem Ermordeten verwickelt gewesen.

Als Traugott an der Rezeption vorbeigekommen war, saß Sir Archie auf seinem Liegestuhl vor der Rezeption und hatte mit ihm ein kurzes Schwätzchen gehalten. Er konnte wegen der Hitze ebenfalls nicht schlafen. »*I love the stars.*« Seine Schwärmerei war für Traugott befremdlich gewesen, aber weil neben ihm eine Flasche Wein lag, hatte Traugott geschlussfolgert, dass Sir Archie nicht nur die Sterne liebte.

Traugott seufzte wieder. Wann aber war Falko genau erschlagen worden? Bevor Traugott wieder auf dem Möwenschiss angekommen war oder danach? »Mitten in der Nacht«, wie Jörg und Wilko gesagt hatten, war keine konkrete Aussage.

Warum zum Teufel hatte Falko sich überhaupt am Minigolfplatz aufgehalten? Es war um diese Tageszeit äußerst widersinnig, denn Minigolf würde er wohl kaum gespielt haben. Es gab a) nur eine schwache Beleuchtung und b) war die Anlage ab 22 Uhr geschlossen.

Fragen über Fragen.

Traugott wollte allein sein und nachdenken. Vielleicht schenkte ihm die Minikastanie doch ein kleines bisschen Schatten und er konnte unter den dürren Zweigen ein wenig entspannen.

Langsam schlurfte er zurück auf seine Parzelle und war froh, dass Jörg Minkner und Wilko Kramann sich trollten, um sich mit den anderen Campern auszutauschen, und ihn deshalb nicht weiter beachteten.

Er linste zu Falkos Stellplatz. Meiners war mit seinem Team noch nicht dort aufgetaucht. Aber das war vermutlich nur eine Frage der Zeit. Sie mussten schließlich zuerst den Tatort sichern, die Ehefrau benachrichtigen und all so was.

Dann warf Traugott einen Blick zu Jörgs Parzelle. Er hatte alles offen gelassen, als er mit Wilko weggegangen war. Jörg hatte ebenfalls kein Vorzelt, sondern nur eine Markise. Und dort baumelte eine Kurbel. Sie ähnelte der von Traugott sehr. Der gleiche graue Griff, die gleiche Länge.

Traugott überlegte kurz. Er musste sich aus dem Kreis der Tatverdächtigen bringen, sonst war er geliefert! Also nichts wie rüber und den Verdacht von sich ablenken. Er huschte auf die andere Gangseite zu Jörgs Parzelle. Es war seine einzige Chance, heil aus der Sache rauszukommen. Zugegeben, nicht ganz legal und eine Kurzschlusshandlung, aber da Jörg ebenso wenig mit dem Mord zu tun hatte wie er, war es auch nicht schlimmer, wenn die Kollegen seinen Nachbarn von schräg gegenüber verdächtigten und nicht ihn selbst. Jörg war noch jünger und konnte bestimmt einen Stiefel mehr Stress ab. Er hingegen war Pensionär und musste auf seine Nerven achtgeben.

Ein sichernder Blick, und schon stand er unter Jörgs ausgefahrener Markise.

Traugott besah sich die Kurbel und nickte zufrieden. Das Ding sah der seinen tatsächlich zum Verwechseln ähnlich, der Plan war genial. Er hoffte, damit durchzukommen. Rasch hakte er die Kurbel aus der Öse und nahm sie mit.

Auf seiner Parzelle fuhr er anschließend, ein fröhliches Liedchen pfeifend, seine Markise heraus und legte die Kurbel danach in den Stauraum.

Nun konnte er sich in den wunderbaren Schatten legen. Die Vögel sangen, eine Amsel hopste mutig über seinen Campingtisch, und über ihm keckerte eine Möwe. Was für eine geniale Idee! Sein Herz schlug wieder im Takt. Die Kuh war erst einmal vom Eis.

8. Kapitel

Montag

10:30 Uhr

Meiners hasste es, Todesnachrichten überbringen zu müssen. Zumal er darin recht ungeübt war. Sie waren außerdem spät dran, aber er hatte einfach noch eine Menge zu erledigen gehabt. Die viel zu wenigen Beamten mussten gut eingeteilt werden, damit die Ermittlungen reibungslos vonstattengehen konnten. Dann die Formalitäten, bei denen er ebenfalls nur wenig Erfahrung hatte. Darüber war ihm völlig entfallen, dass es an der Zeit war, Else von Walde zu benachrichtigen.

Ein böser Fehler, der eigentlich nicht passieren durfte. Nun war Eile geboten, bevor die Ehefrau vom Tod ihres Mannes aus der Presse oder dem Radio erfuhr. Es waren wahrhaftig genug Reporter auf dem Möwenschiss herumgeflitzt und hatten Fragen gestellt.

Die Zeit für dieses informelle Gespräch drängte. Er nannte es gern so, damit es nicht zu düster klang und er es ertrug. Meiners mochte es nicht, schlechte Botschaften zu überbringen, nachdem ihm einmal dabei vor Ergriffenheit die Stimme gekippt war und er heftig schlucken musste, um die Tränen zurückzuhalten. Das durfte einem EPHK auf keinen Fall passieren! Mit einem Magengrummeln erinnerte er sich an den Spott der Kollegen, die von seiner Schwäche Wind bekommen und sich köstlich über ihn amüsiert hatten. Zum Glück war das in einer anderen Dienststelle passiert. Er hatte daraus gelernt. Ein Kommissar hatte hart zu sein. Immer!

Danach war so etwas auch nie mehr vorgekommen, und er wollte auch weiterhin auf keinen Fall ein zweites Mal in diese Lage geraten.

»Ablenkung ist das Beste«, murmelte Meiners. Was für ein Stress das wieder war! Manchmal wäre mehr als ein Körper nötig, um überall gleichzeitig zu sein. Er überdachte kurz seine Agenda.

»Dietrich, während wir zu der Ehefrau fahren, sollen sich die anderen Kollegen auf dem Campingplatz umsehen und vor allem den Wohnwagen des Opfers sichern«, beschloss er. »Wir brauchen zudem ganz dringend die Info, wo diese blöde Markisenkurbel fehlt. Das kann uns ein gutes Stück weiterbringen. Veranlasse das bitte!« Meiners leckte sich die Lippen. Er liebte es, seine Untergebenen herumzukommandieren. Als Erster Polizeihauptkommissar durfte er das auch. Alle mussten nach seiner Pfeife tanzen. Und dieses blöde Gespräch würde er schnell hinter sich bringen.

Es dauerte nicht lange, bis Dietrich zurückkam. »Alles erledigt«, sagte er. »Die Kollegen kümmern sich. Ich denke, wir sind in gut 90 Minuten zurück, dann können sie uns Bericht erstatten. Mit etwas Glück wissen wir bis dahin, wo eine Kurbel vakant ist.«

Meiners runzelte bei dem Ausdruck die Stirn, verbiss sich aber einen Kommentar und sagte: »Gute Arbeit, Dietrich. Auf geht's.« Er eilte voran zu ihrem Dienstauto, einem schwarzen VW Passat. Meiners ließ das Schloss schon von Weitem aufschnappen. Der Wagen gab beim Anlassen ein merkwürdiges Blubbern von sich, was er aber ignorierte und so schnell mit durchdrehenden Reifen anfuhr, dass Dietrich in den Sitz gepresst wurde. Wegen der großen Eile konnte Meiners darauf aber keine Rücksicht nehmen. Er ignorierte das Aufjaulen des Kollegen und gab unvermindert Gas. Erst als sie nach Wilhelmshaven einfuhren, musste er das Tempo drosseln.

Die von Waldes besaßen am Bontekai eine exklusive Eigentumswohnung, und Meiners quälte sich durch den Stadtverkehr dorthin.

Glücklicherweise fanden sie direkt vor dem Haus einen Parkplatz. Es war eine Mehrfamilienhausanlage mit einigen Stockwerken, alle Wohnungen verfügten über einen weiß getünchten Balkon. Hintenraus hatte man einen Blick auf den Bontekai und aus den oberen Wohnungen vielleicht auch einen auf den dahinterliegenden Jadebusen, auf jeden Fall aber auf den Deich.

»Hübsch feudal, der Bau!« Meiners schnalzte anerkennend mit der Zunge. »So eine Eigentumswohnung mit Hafenblick kann sich auch nicht jeder leisten. Wobei ich persönlich eine Stadtvilla vorziehen würde. So mit Holzveranda und parkähnlichem Garten. Der müsste natürlich von einem Gärtner bestellt werden«, redete er weiter.

Dietrich sah ihn mit befremdlichem Blick an. »Ich wusste gar nicht, was du für Träume hast, Chef.«

Meiners antwortete nicht. Es war ein Fehler gewesen, so etwas vor einem Untergebenen überhaupt zu erwähnen. Er stieg aus und knallte die Tür zu. »Sag mal, Dietrich, wohnt unser Ex-Kollege Fürchtenicht nicht auch hier in der Gegend?«, fragte er stattdessen.

Dietrich ließ sich zum Glück ablenken. »Jo, dahinten lang die Weserstraße runter und dann rechts ab. Dachwohnung mit Seitenmeerblick. Deshalb lebt er jetzt auf dem Möwenschiss. Ist im Sommer bestimmt zu warm da unter dem Dach.«

»Wir Polizeibeamten können uns so eine feudale Unterkunft wie hier auch nicht leisten«, sagte Meiners. »Auch keine Stadtvilla.«

Sie waren an der Haustür der Wohnanlage angekommen und suchten nach dem Klingelschild der von Waldes. Als Meiners es gefunden hatte, klingelte er gleich dreimal hintereinander.

»Muss das sein?«, fragte Dietrich. »Wir kommen doch mit einer schlimmen Nachricht, und ich finde es befremdlich, das Ganze wie einen Überfall aussehen zu lassen. Dreimal Klingeln erzeugt Angst.«

Meiners schüttelte den Kopf. Er gab sich cool. Das war die beste Möglichkeit, die eigene Unsicherheit zu verbergen. Dietrich durfte keinesfalls auch nur erahnen, wie sehr ihm vor dem Gespräch grauste. Leider glich seine Stimme in solchen Fällen oft dem Kläffen eines Hundes und nicht dem einer Dogge. Er klang dann eher wie ein Rehpinscher. »Mann, Dietrich! Verschon mich mit deiner Milchmädchenpsychologie! Wir haben etwas Wichtiges zu sagen, und das ziehen wir nun durch, alles klar? Man muss schon beim Klingeln die Dringlichkeit deutlich machen. Du hast noch viel zu lernen, mein Guter!«

Es summte, und die Tür öffnete sich, als sie dagegenstießen.

Meiners verzog das Gesicht. Der Hausflur roch wie viele Hausflure von Mehrfamilienhäusern. Immer ein bisschen nach Putzmitteln, immer ein bisschen nach Waschküche und immer ein bisschen nach den Essgewohnheiten ihrer Bewohner. Meiners mochte den Duft nicht, was ihn wieder in seiner Ansicht bestätigte, dass er ein eigenes Haus vorziehen würde, wenn er es sich leisten könnte.

Er steuerte direkt auf den Fahrstuhl zu, doch Dietrich schüttelte vehement den Kopf.

»Was ist?«, fragte er seinen Kollegen.

»Ich fahr nicht Fahrstuhl«, erwiderte er. »Kindheitstrauma. Bin mal stecken geblieben.«

Meiners stöhnte kurz auf, beharrte aber nicht darauf, den Lift zu nutzen.

Sie schleppten sich in den dritten Stock, wo ihnen Else von Walde schon mit schreckgeweiteten Augen aus der geöffneten Wohnungstür entgegensah. Sie trug einen leichten, weißen Hosenanzug zu einem pinkfarbenen Top. »Po... Polizei?«, stotterte sie. Dabei klimperte ihr mannigfaltiger Goldschmuck, mit dem sie überall behängt war.

Das Auftreten der beiden Polizisten machte sie sichtlich nervös. Klar, Dietrich trug Uniform, während Meiners stets in Zivil auftrat. Uniform war in seinen Augen was für Anfänger. Ein schwerer und undefinierbarer Parfümgeruch aus unterschiedlichen Duftkomponenten waberte zu ihnen. Meiners krauste die Nase. Der Geruch biss sich auf den Schleimhäuten regelrecht fest. Er befürchtete, ihn so schnell nicht wieder loszuwerden.

»Er ist tot, oder? Er ist es!«, rief Else von Walde gleich und schlug die Hände vors Gesicht. »Mein Mann. Es kann nur um meinen Mann gehen! Mit meinem Sohn habe ich eben noch telefoniert, er ist wohlauf.«

»Woher wissen Sie ...?«, fragte Meiners. Dass Frau von Walde sofort den richtigen Schluss zog, kam ihm eigenartig vor.

Else von Walde atmete einmal tief durch. »Es kam eben in den Nachrichten im Lokalsender. Ein Toter auf dem Möwenschiss, und ich kann meinen Mann seit heute Morgen nicht erreichen. Kommen Sie bitte rein.« Sie trat mit einer einladenden Handbewegung zur Seite. Schon dabei war zu erkennen, wie sehr sie zitterte.

Meiners ärgerte sich. Da waren ihnen die Medien also tatsächlich zuvorgekommen. So etwas sollte eigentlich nicht passieren. Wir hätten gleich einen Kollegen hierherschicken müssen, schoss es ihm durch den Kopf. Aber er sagte das nicht laut, schließlich war er der Boss und würde so schnell keine Fehler zugeben. Es war ohnehin zu spät und nicht mehr zu ändern.

Dietrich nahm beim Betreten der Wohnung die Polizeimütze ab und drehte sie verlegen zwischen den Händen. Sie folgten Else von Walde durch den breiten Flur in das große Wohnzimmer. Hier roch es frisch und angenehm, ein bisschen nach

Nordsee. Als sie ins Wohnzimmer traten, wusste Meiners auch, warum, denn Else von Walde hatte die Balkontür weit geöffnet.

Der Kommissar hielt kurz die Luft an, weil der Blick auf den Bontekai mit Hafen und dem dahinterliegenden Deich atemberaubend schön war. Er überdachte kurz seine Vorstellung, dass ein eigenes Haus der Traum aller Träume war. Hier musste man zumindest keinen Rasen mähen und keinen Gärtner bezahlen. Und der Hausflur … na ja, das war dann der Kompromiss, mit dem man leben musste. Irgendwas war ja immer.

»Kann ich Ihnen etwas anbieten?«, frage Else von Walde. Während sie sprach, klimperten wieder ihre zahlreichen Goldarmbänder am Unterarm. Das Zucken der Augen zeigte ihre Nervosität. Else von Walde war zwar zurechtgemacht, behängt wie ein amerikanischer Tannenbaum und geschminkt, als habe sie sich im Tuschkasten bei der Farbe vergriffen, aber all das täuschte nicht darüber hinweg, dass sie keine junge Frau mehr war.

»Nein danke, ich möchte nichts trinken, du, Dietrich?«

Sein Kollege schüttelte den Kopf. Beide konnten den Blick nicht vom Fenster lassen.

»Wir haben lange gebraucht, bis wir in dieser Stadt etwas Adäquates zum Wohnen gefunden haben. Es gibt nicht nur schöne Ecken in Wilhelmshaven«, erklärte Else von Walde und stellte sich neben die beiden Polizisten. »Schließlich musste auch unser Sohn bei uns Platz finden.«

»Sie haben einen Sohn?«, fragte Meiners sofort. »Ach ja, Sie erwähnten ihn eingangs.«

»Ja, unseren Frieder. Er ist so gern bei uns.« Elses Stimme kippte. »Auch wenn er natürlich sein eigenes Leben führt.«

»Wie alt ist er denn, Ihr Frieder?«, fragte Dietrich.

»Er ist erst 31. Da braucht er seine Mama noch.«

Meiners schaute Else von Walde befremdlich an. Er schluckte. »Und Ihren Mann, brauchte er ihn auch?«

»Natürlich«, kam es spitz zurück. »Schließlich ist es unser gemeinsames Kind, nicht wahr? Ein Wunschkind.«

Das klang alles so, als würde Frau von Walde von einem Dreijährigen sprechen. Aber Meiners biss sich auf die Zunge und wandte sich vom Fenster ab. Else von Walde war eigenartig, und das nicht nur, weil sie sich komisch gebärdete, was ihren erwachsenen Sohn anging.

»Wollen Sie denn gar nicht wissen, was genau mit Ihrem Gatten passiert ist?« Meiners musterte Else von Walde besorgt. Stand sie unter Schock, weil sie das noch nicht gefragt hatte? Oder wusste sie ohnehin, was passiert war?

»Ach so, ja. Natürlich«, gab sie fahrig zurück und ließ sich auf das weiße Ledersofa fallen. »Der Tote ist also tatsächlich mein Mann.« Sie seufzte schwer. »Was hat man ihm angetan? Und warum?« Sie schlug abermals die Hände vors Gesicht. »Ich will es eigentlich gar nicht wissen!«

Meiners nahm auf dem Sessel gegenüber Platz, Dietrich blieb hingegen am Fenster stehen und betrachtete noch immer das Treiben am Bontekai.

Hier war psychologische Professionalität geboten, sonst flippte die Frau womöglich aus. Meiners sprach sanft und akzentuiert. »Ja, Frau von Walde, der Verstorbene ist Ihr Mann. Er wurde gestern Nacht auf dem Campingplatz von einem bislang unbekannten Täter erschlagen. Bei der mutmaßlichen Tatwaffe handelt es sich um eine Markisenkurbel. Man fand sie in der Nähe des Tatorts. Motiv und Tathergang ermitteln wir noch und können momentan nichts weiter dazu sagen. Wir bitten dafür um Verständnis.«

»Mein Falko«, sagte Else von Walde mit dumpfer Stimme. Endlich wirkte sie wie eine trauernde Ehefrau, zumal sie heftig zu zittern begann. »Und ich hatte gestern noch einen so bösen Streit mit ihm! Ich bin danach wutentbrannt hierhergeflüchtet.«

»War Ihr Gatte gewalttätig?«, mischte sich nun Dietrich ein. »Weil Sie von Flucht reden.«

»Um Himmels willen, nein! Falko war aufbrausend, das ja, und sehr nachtragend. Aber gewalttätig? Nie und nimmer. In all den Jahren nicht.«

»Worum ging es denn bei dem Streit?« Meiners bemühte sich um einen freundlichen Tonfall, so, wie es die Situation erforderte. Obwohl er die Frau am liebsten geschüttelt hätte, damit sie endlich auf den Punkt kam. Herrgott, er musste ermitteln und hatte nicht ewig Zeit.

Else hob vorsichtig den Kopf. Sie weinte jetzt, und ihr Makeup löste sich auf. Über ihre Wangen liefen schwarze Schlieren.

Dietrich reichte ihr ein Papiertaschentuch, das er aus der Uniformjacke gezogen hatte. Else von Walde schnäuzte sich ausgiebig, ehe sie sagte: »Er glaubte, ich hätte was mit dem dicken Campingnachbarn. Der von der Parzelle neben uns. Er hat immer die Haarsträhne seitlich angeklebt und ähnelt Obelix. Auch von der Statur her. Sie kennen ihn sicher. Er war auch mal bei der Polizei.«

»Fürchtenicht?«, kam es ungläubig unisono von Dietrich und Meiners.

»Ja, genau der. Natürlich habe ich mit dem nichts. Aber Falko und ich haben uns in die Haare gekriegt, weil ich mit dem Kommissar ein bisschen, wirklich nur ein kleines bisschen, geflirtet habe. Nach dem Streit bin ich hierher in die Wohnung gefahren. Heute Morgen wollte ich mich mit meinem Mann versöhnen und habe die ganze Zeit versucht, ihn anzurufen.« Sie schluchzte kurz auf. »Zu spät. Nie wieder kann ich ihm klarmachen, welch treue Seele ich bin.«

Meiners war kurz versucht, die Hand auf ihre Schulter zu legen, aber das wäre ihm dann doch zu übergriffig vorgekommen. Außerdem war er unsicher, ob die Frau nicht log.

»Warum sind Sie nicht zum Möwenschiss gefahren, wenn Sie das Gespräch suchten?«, fragte Dietrich, was ihm von Meiners einen bösen Blick einhandelte. Es war bereits die zweite Zwischenfrage, und schließlich leitete *er* die Ermittlungen und führte dieses Gespräch an vorderster Front.

Else von Walde lachte kurz auf. »Da kennen Sie meinen Mann aber schlecht. Wenn der sauer ist, dann ist der sauer und redet nicht. Ich wollte vorab die Wogen ein bisschen glätten, damit eine Aussprache überhaupt in Fluss kommen kann.« Sie stutzte. »Ich rede in der Gegenwart, dabei muss es die Vergangenheitsform sein. Falko *ist* nicht, er *war* …«

Meiners überging den letzten Einwurf. Das war ihm alles zu affektiert. Er beschloss, das Gespräch abzukürzen, aber Else von Walde machte ihm einen Strich durch die Rechnung. Sie sprang plötzlich auf. »Kann ich Ihnen nicht doch etwas anbieten? Ich kann Sie schließlich nicht so hier sitzen lassen!«

Meiners hob abwehrend die Hände, sie mussten los und die Ermittlungen überwachen. Aber Else von Walde hantierte gleich darauf hektisch in der Küche herum.

Die Tätigkeit schien sie beruhigt zu haben, sie wirkte merklich gefasster, als sie die mit Käse und Salami belegten kleinen Häppchen vor den Kommissaren auf den Couchtisch stellte.

Meiners und Dietrich griffen nun doch beherzt zu, denn ihnen knurrte der Magen, und wer wusste schon, wann sie wieder etwas zu essen bekamen. Sie kauten genüsslich, und als alles verputzt war, wischte sich Meiners mit einer rot bedruckten Serviette den Mund ab.

Dietrich boxte seinen Chef sacht in die Seite. »Wir müssen uns jetzt wirklich wieder auf den Weg machen!«, raunte er ihm zu.

Meiners nickte. Sie konnten Else von Walde getrost allein lassen, das Schmieren der Schnittchen hatte sie beruhigt. Nun hatte er ihr nur noch die berühmt-berüchtigte Frage zu stellen: »Wo waren Sie denn zur Tatzeit, Frau von Walde? Ich muss Sie das fragen. Genau wie ich zum Abgleich Ihre Fingerabdrücke brauche. Und sei es nur, um Sie als Täterin auszuschließen. Dafür müssten Sie morgen aufs Kommissariat kommen. Bitte.« Meiners fand, dass seine Stimme einen wunderbar sanften Klang hatte, der Situation angemessen. Selbst wenn er innerlich wie auf heißen Kohlen saß.

Frau von Waldes Augen waren derweil rot unterlaufen, und ihre Nase tropfte. Dazu waren Kajal und Wimperntusche inzwischen völlig verwischt.

»Ich war hier, Herr Kommissar. Zeugen gibt es dafür nicht, aber ich habe gegen elf mit meinem Frieder telefoniert und ihm von dem unsäglichen Streit berichtet.« Sie tupfte sich die Augen.

»Der Mord ist später passiert. Vermutlich«, mischte Dietrich sich wieder ein und erntete dafür erneut von seinem Chef einen vernichtenden Blick.

»Dann hab ich kein Alibi.« Sie schluchzte wieder auf, legte das durchweichte Papiertuch auf den Tisch und fingerte ein eigenes Stofftaschentuch aus der Hosentasche. Damit schnäuzte sie ihre Nase. Anschließend war es vom Make-up braun. »Ich nutze keine Papiertaschentücher, wegen der Nachhaltigkeit«, sagte sie stotternd. »Und was die Fingerabdrücke angeht …«

»Ja?«

Sie schluckte und tupfte sich das rechte Auge.

»Was ist, Frau von Walde?«, hakte Meiners nach. Er reckte den Kopf vor, zuckte dann aber zurück, weil ihm diese Geste bei den Kollegen den Beinamen Windhund verpasst hatte.

»Sie erfahren es ohnehin. Ich muss bereits in Ihrer Kartei sein.«

»Warum?«, fragte Dietrich. »Haben Sie schon einmal eine Straftat begangen?«

Else von Walde nickte. »Ja, habe ich. Ich war in Untersuchungshaft. Aber nur für eine Nacht. Es bestand keine Fluchtgefahr.«

»Was haben Sie getan?«, fragte Meiners. Seine Stimme kläffte nun doch, wie peinlich. Dietrich schaute erschrocken zu ihm herüber.

Meiners schluckte und sah Else von Walde mit festem Blick an. »Nun?«

»Heiratsschwindel«, gab sie zu.

»Wann war denn das?« Dietrich trat einen Schritt näher. Diese Tatsache fand er sichtlich spannend.

»Vor ein paar Jahren«, druckste Else herum. »Falko und ich waren mal kurz getrennt, haben uns dann aber wieder zusammengerauft, wissen Sie. Ich war während der Trennungsphase finanziell nicht so gut gestellt, und dann sind mir ein paar … Ungereimtheiten unterlaufen.«

»Sie wissen schon, dass Sie das nicht gerade in gutem Licht darstellt?«, fragte Meiners.

»Das weiß ich«, hauchte Else von Walde. »Aber ich habe mir weder davor noch danach etwas zuschulden kommen lassen. Ich bin eine ehrliche Haut, und es wäre sicher falsch gewesen, es jetzt zu verschweigen.«

»Wir wären ohnehin dahintergekommen, wie Sie schon richtig bemerkt haben«, sagte Dietrich.

Meiners stand auf. »Halten Sie sich bitte zu unserer Verfügung, Frau von Walde. Wir werden Sie bestimmt noch einmal befragen müssen und Ihren Sohn auch.«

Sie begann haltlos zu weinen.

Beide Kommissare sahen sich hilflos an. Dietrich klopfte auf das Zifferblatt seiner Armbanduhr. »Wir müssen, Chef.«

Chef, das ging runter wie Öl! Meiners reckte sich, warf dann aber einen neuerlichen Blick auf Else von Walde. »Haben Sie jemanden, der sich um Sie kümmern kann? Oder sollen wir eine Kollegin vorbeischicken, die Erfahrung mit solchen Situationen hat?«, fragte er.

»Oh, nein, bitte keine Fremden in einer solch intimen Lage«, schluchzte Else von Walde. »Ich werde meinen Frieder anrufen. Ja, das werde ich tun. Er kommt dann sofort.« Sie sah Meiners und Dietrich noch einmal nachdrücklich an. »Sie finden allein hinaus?«

Die beiden Männer nickten und huschten kurz darauf durchs Treppenhaus nach unten. Meiners rieb sich die Hände. »Tja, da haben wir schon mal zwei Motive und zwei Verdächtige.«

»Hä?« Dietrich sah ihn verständnislos an.

»Fürchtenicht und die von Walde hatten vielleicht doch ein Verhältnis. Na, und die Alte hat kein Alibi, und sie ist eine potenzielle Verbrecherin. Hat also kriminelle Energie und könnte ebenfalls ihren Angetrauten beiseitegeschafft haben.«

Meiners schürzte nachdenklich die Lippen. »Dietrich, deine Theorie hinkt, und man merkt die mangelnde Erfahrung. Angenommen es stimmt mit dem Verhältnis, dann wäre Eifersucht das Motiv, und es wäre entweder die Ehefrau tot, weil der Mann sie im Streit erschlagen hat, oder Fürchtenicht als Nebenbuhler. Unser Opfer ist aber Falko von Walde. Finde den Fehler!«

Dietrich lief feuerrot an. »Vielleicht wollte sie ihren Mann loswerden und sich mit dem Neuen ein feines Leben mit Falko von Waldes Geld machen.«

Meiners schluckte und ärgerte sich zugleich, weil Dietrich recht haben könnte. Nur – die Alte und sein Ex-Chef? Eigentlich unvorstellbar. Am besten wiegelte er die Argumentation des jungen Kollegen weiter ab.

»Jo, möglich. Dann finde mal raus, wie das Erbe geregelt ist«, sagte Meiners. »Ohne Erbe hätte sie ihren Gatten ganz sicher nicht ins Jenseits befördert. Die Frau braucht Geld wie ein Fisch das Wasser. Zweifelsohne.« Dietrich würde damit erst einmal beschäftigt sein, das gefiel ihm.

»Das mache ich, Chef. Ganz ehrlich?« Dietrich rieb sich die Nase. »Ich könnte mir vorstellen, dass sie uns an der Nase herumführt. Die Frau hat es faustdick hinter den Ohren.«

9. Kapitel

Montag

12 Uhr

Gerda hatte ihre Fahrstunde vorhin mit Bravour gemeistert und auch das Rückwärtseinparken wunderbar hinbekommen. Nun räumte sie in Inos Küche alles Mögliche hin und her und wartete, dass er seinen Teller mit der Gemüsesuppe leerte. Die Suppe hatte sie gestern schon vorbereitet, und sie verbreitete in der Küche ihren würzigen Duft, der einem das Wasser im Mund zusammenlaufen ließ.

»Einmal quer durch den Sommergarten, dazu selbst gemachte Nudeln aus Hartweizengrieß. Etwas Köstlicheres bekommst du kaum«, resümierte Gerda. »Das schmeckt auch bei der Hitze, zumal es nicht so schwer im Bauch liegt. Und etwas Warmes muss einmal am Tag sein.«

Ino sah das genauso, und er liebte Gerdas Essen. Sie hielt es nicht wie Theda, die ständig ihre Brötchen und Teilchen in sich reinstopfte. Was man im Übrigen auch sah, denn sie wurde um die Hüften herum immer dicker. Gut, seine Gerda war auch nicht schlank, aber sie war immer rundlich gewesen und hielt ihr Übergewicht seit vielen Jahren, während Theda sich zu ihrem Nachteil veränderte. Ino fand, das war ein himmelweiter Unterschied. Dann schrak er zusammen. Hatte er eben tatsächlich »seine Gerda« gedacht?

»Bist du gleich fertig?«, fragte die nun ungeduldig. »Wir müssen zur Bäckerei und von dort aus sofort zum Möwenschiss.

Kurbelkontrolle! Bevor die Polizei uns alles aus der Hand nimmt. Wir sind schon viel zu lange vom Tatort fort!«

Ino war müde und hätte jetzt lieber eine Mittagsstunde gemacht. Schön im Schatten unter dem Kirschbaum, so wie es sich für einen älteren Herrn im Ruhestand gehörte. Er gähnte. Immerhin hatte er in der letzten Nacht verdammt mies geschlafen. Die Hitze in seinem Schlafraum, den er nur über eine Ausziehtreppe von der Stube aus erreichen konnte, war unerträglich. Sein Bett stand genau in der Dachschräge, und alles war schrecklich aufgeheizt.

Gegen zwei Uhr hatte er seine Decke samt Kopfkissen genommen und war nach unten aufs Sofa gegangen, aber auch da war wegen zwei blutrünstiger Mücken nicht an Schlaf zu denken gewesen. Natürlich hatte er sie nicht gefangen, weil die Mühle mit Anbau derart verwinkelt war, dass beide Viecher ausreichend Verstecke hatten finden können. Kaum aber hatte Ino das Licht gelöscht, war es wieder da … dieses leise und lästige Surren. Gegen fünf musste eine Stubenfliege ein Schlupfloch gefunden haben und hatte die beiden Mücken besucht. Ihr Klönschnack war unüberhörbar gewesen. Lautes Brummen gegen nerviges Summen. Grausam!

Und als er schließlich doch eingeschlafen war, hatte es sich auf furchtbare Weise gerächt, denn er war um drei Mückenstiche reicher. Zudem hatte sich die Fliege als Wadenbeißer entpuppt – das war eine spezielle Fliegenart – und ihn ebenfalls gebissen. Sonst saugten diese Insekten am liebsten am Weidevieh, aber seine hatte wohl durchaus auch Inos Blut gemocht.

Dann war er ohne Frühstück den beiden Frauen zum Möwenschiss nachgefahren und hatte mit ihnen am Strand gepicknickt. Das war in Summe mehr Stress, als er ertragen konnte.

Und nun wollte Gerda ihm die Mittagsstunde madig machen und irgendwelche kurbellosen Wohnwagen oder Wohnmobile auf dem Möwenschiss suchen. Das war so stümperhaft! Als ob die Bullen das nicht auch tun würden und sie als Rentercombo das schneller könnten!

Nur wusste Ino, dass er gegen Gerda und ihre Ideen keine Chance hatte.

Folgsam löffelte er seine Suppe, trank ein Glas Wasser und stand auf. »Dann lass uns losfahren, du gibst ja doch keine Ruhe. Mit etwas Glück kann ich mich anschließend noch etwas ausruhen.«

»Bitte den Teller wegräumen!«, forderte Gerda ihn auf. »Dazu hast du eine Spülmaschine, und es ist gar nicht so schwer, sie zu öffnen. Glaub es mir, es ist keine Hexerei!«

Ino tat auch das. »Und jetzt los?«

Gerda nickte. Gemeinsam bestiegen sie seinen Wagen und machten sich auf den Weg nach Horumersiel, wo Thedas Backstube lag.

»Bis 15 Uhr hab ich Zeit«, erklärte diese. »Dann muss ich wieder öffnen, damit ich die Feierabendbrötchen rechtzeitig fertig bekomme.« Sie setzte sich auf die Rückbank, und Ino fuhr weiter.

12:30 Uhr

Meiners Laune war auf dem Tiefpunkt. Sie waren viel zu lange bei Else von Walde geblieben. Dietrich lag mit seiner Annahme richtig. Auch er hatte das Gefühl, dass diese Frau sie an der Nase herumführte. Ob das wirklich stimmte, dass sie eine Heiratsschwindlerin war? Und gab es das tatsächlich, dass eine Frau ihren erwachsenen Sohn so behandelte oder, noch schlimmer: er sich so behandeln ließ? Auf diesen Frieder war er gespannt wie ein Flitzebogen. Vielleicht würde dieser ominöse Sohn etwas Licht ins Dunkel bringen.

Sie befanden sich auf der Landstraße zwischen Hooksiel und Horumersiel, kurz vor Kaisershof, als der Wagen zu stottern begann. Meiners gab Gas, doch das Auto wehrte sich mit einem lauten Knarzen und Buckeln. Dann gab es seinen Geist vollends auf, und ihm gelang es gerade noch, den Wagen auf den Randstreifen zu lenken, damit sie nicht auf offener Straße zum Stehen kamen.

»Upps« entwich es Dietrich, doch er biss sich sofort auf die Lippen, als er das genervte Gesicht seines Chefs sah.

»Ruf die Streife! Wir können hier nicht warten, bis sich das Auto dazu bequemt, wieder anzuspringen.«

Da es vorn aus der Motorhaube qualmte, sah es auch nicht so aus, als würde es das so rasch wieder tun.

»So een Schiet!«, stieß Dietrich hervor. Er stieg aus und telefonierte mit den Kollegen. »Sie kommen gleich mit dem Streifenwagen«, sagte er.

Meiners saß noch immer hinter dem Lenkrad und trommelte wütend mit den Fingerspitzen darauf herum.

»Es dauert aber, weil alle verfügbaren Kräfte im Einsatz sind und der Krankenstand hoch ist. Die Hälfte liegt mit Sommergrippe flach, Chef«, erklärte Dietrich.

»Ach was, den Kollegen ist es einfach nur zu heiß«, fluchte Meiners. »Von wegen Sommergrippe! Blödsinn.«

»Sie sind aber krankgeschrieben«, verteidigte Dietrich die Kollegen, doch sein Chef hörte gar nicht mehr zu.

Vor ihnen scherte derweil ein Auto ein, und als Meiners das Nummernschild erkannte, sprang er doch vom Fahrersitz.

»To 'n Düwel noch mal! Das sind Ino Tjarks und Konsorten!«

Und so war es auch. Erst kletterte Ino hinaus, und sogleich folgten ihm diese Gerda und Theda.

»Brauchen Sie Hilfe?«, fragte Gerda. »Sieht ja man bannig nach einer Panne aus.«

Meiners wollte schon heftig den Kopf schütteln und lauthals kundtun, dass er ganz sicher keine Hilfe von diesen alten Leuten brauchte, aber dann überlegte er es sich spontan anders. »Sind Sie auf dem Weg zum Möwenschiss?«, fragte er.

»Ja, und ich vermute, Sie auch.« Diese Gerda grinste ihn breit an. »Wobei Sie, wie sagt man so schön, auf Schusters Rappen weiterlaufen müssten. Aber nun sind wir ja da. Nicht die Polizei, dein Freund und Helfer, sondern InoTjarks&Co. In einem Wort, bitte!«

Meiners biss sich auf die Lippen. Es wurde immer schöner, aber er hatte keine Wahl, wenn er nicht endlos lange auf die Kollegen warten wollte. Kollegen, die keine Zeit für ihren eigenen Chef hatten.

»Wäre super, wenn Sie uns mitnehmen könnten«, rang er sich schließlich ab. »Zum Möwenschiss.«

»Dann bitte einsteigen!«, forderte Ino die beiden Beamten auf. »Aber Gerda sitzt vorn. *Ladies first*, nicht wahr?«

Meiners beauftragte Dietrich, den Pannendienst zu rufen und die Streife abzusagen.

»Müssen wir das hier nicht absichern?«, fragte der. »Warndreieck und so?«

»Stell eins hin und dann los. Wir sind schließlich von der Polizei und im Einsatz.«

Dietrich holte das Dreieck aus dem Kofferraum, schloss ab und trabte los. Derweil quetschte sich Meiners auf die Rückbank neben Theda, die bereits den rechten Platz hinter Gerda für sich gesichert hatte. »Hier ist mehr Fußraum«, sagte sie.

Meiners schwieg, denn den hätte er auch gern gehabt. Als sich Dietrich auch noch neben ihn setzte, kam er sich auch noch vor wie ein Klappmesser. Er hatte seine Knie fast im Gesicht. Auch Dietrich ging es nicht besser, zumal er noch längere Beine als Meiners hatte.

Ino Tjarks fuhr an, und schon knallten beide mit ihren Köpfen gegen die Decke des Wagens.

»Könnten Sie etwas vorsichtiger fahren?«, fragte Dietrich.

»Ino, mäßige das Tempo!«, sagte Gerda. »Ist eben ein alter Wagen, und die Stoßdämpfer sind nicht von der Qualität, die unsere Mitfahrer vermutlich gewohnt sind«, erklärte sie mit einem freundlichen Lächeln. Wie Meiners das hasste! Damit hatte die Alte ihn im Frühjahr schon bei der Mordermittlung im Fall des Kurdirektors rappelig gemacht.

Dann wandte sie sich an Dietrich. »Was gibt es denn Neues? Ich meine, bei dem jetzigen Mord?«

Dietrichs Ohren begannen zu leuchten. »Darüber darf ich mit Ihnen natürlich nicht sprechen. Sie sind schließlich nicht im Team.«

»Gut so, Dietrich. Diese Herrschaften sind zwar so freundlich, uns mitzunehmen, aber dennoch nicht befugt, sich in polizeiinterne Ermittlungen einzumischen«, kläffte Meiners. Er griff in die Tasche und suchte nach einem Hustenbonbon.

Gerda drehte sich um und reichte ihm eins, das sehr aufwendig in gelbes Papier verpackt war. In der Mitte prangte ein Leuchtturm, der Meiners bekannt vorkam. »Sie suchen sicher so etwas. Gegen eine heisere Stimme hilft die Nordseemischung ganz wunderbar, Herr Kommissar.«

Schon wieder wollte er spontan ablehnen, aber dann nahm er das Bonbon doch an und musste zugeben: Es schmeckte köstlich.

Dietrichs Telefon klingelte. »Der Gerichtsmediziner, also Hausi!«

Meiners runzelte die Stirn. Dietrich durfte den Lackaffen tatsächlich mit seinem Spitznamen ansprechen. Er selbst musste sich wohl oder übel auch noch an den Kerl ranwanzen, wenn er einen guten Stand haben wollte.

»Ja«, hörte er den Kollegen sprechen, und nun wurmte es ihn auch, dass dieser Dr. Hausmacher-Speckmann seinen Kollegen und nicht ihn angerufen hatte. Das war eine Missachtung der Kompetenzen! Auch darüber musste er mit dem Team sprechen. War gar nicht so einfach, Chef zu sein.

»Stell dir vor, Hausi!«, empörte sich Dietrich gerade, ungeachtet der Tatsache, dass diese Rentner-Möchtegern-Ermittlercombo mithören konnte und er eben noch klargestellt hatte, dass er nichts ausplaudern würde. »Stell dir vor, diese von Walde sagt, sie wäre mal als Heiratsschwindlerin angeklagt gewesen! Und sie vergöttert ihren erwachsenen Sohn. Man glaubt aber, der wäre drei, wenn man sie von ihm reden hört …«

Meiners riss Dietrich das Telefon aus der Hand und funkelte ihn wütend an. »Wie blöd muss man sein? Dienstgeheimnis, Feind hört mit!«, zischte er und blaffte dann Dr. Hausmacher-Speckmann an. »Um es ein für alle Mal klarzustellen: *Ich* bin hier der leitende Kommissar. Wenn es Ergebnisse gibt, dann bitte an mich. Unverblümt. Ohne Umwege. Bitte, was wollen Sie mir sagen?«

»Die Markisenkurbel ist definitiv die Tatwaffe, Herr EPHK Meiners.« Dann drückte der Gerichtsmediziner ihn weg.

12:45 Uhr

Ino fuhr auf den Parkplatz, und Gerda war froh, dass sie die beiden Polizisten gleich los waren. Aber immerhin hatten sie versehentlich etwas ausgeplaudert.

»So, wir sind da!«, sagte Ino.

Meiners und Dietrich fielen geradezu aus dem Auto und hasteten in Richtung Rezeption. Theda, Gerda und Ino stiegen wesentlich entspannter aus. Immer schön die Contenance wahren, dachte Gerda. Das gehörte sich für echte Friesen so. Wo kam man denn hin, wenn man in Hektik verfiel. Ein bisschen Geschwindigkeit war vertretbar, aber bitte keine übergroße Eile. Sie sah, wie Meiners und Dietrich die Rezeption betraten.

Auf dem Campingplatz trieben sich noch immer etliche Polizisten herum. Alle wirkten ungeheuer beschäftigt.

»Die suchen, zu welchem Wohnwagen diese Kurbel gehört«, sagte Gerda dann doch enttäuscht. »Ich vermute, wir sind zu spät.«

»Na, immerhin wissen wir jetzt, dass Else von Walde offenbar eine kriminelle Vergangenheit hat und auf finanziellen Erfolg programmiert ist.« Theda war sichtlich stolz darauf, wie elegant sie bestimmte Dinge inzwischen formulieren konnte. »Und ich habe hören können, wie der Gerichtsmediziner gesagt hat, dass die Kurbel tatsächlich die TW, also die Tatwaffe ist.«

Meiners stürzte gerade aus der Rezeption. Sein kariertes Oberhemd zeigte Schweißflecken. Dietrich folgte seinem Chef unmittelbar. Meiners drehte sich sofort zu seinem jüngeren Kollegen um und japste im Laufen: »Dietrich, welchen Bereich auf dem Platz haben wir noch nicht durchforstet?«

»Die Kollegen haben in unmittelbarer Nähe vom Tatort begonnen. Als Nächstes wäre nun der Kastanienweg dran«, gab Dietrich bereitwillig Auskunft. »Da, wo der Ermordete seine Parzelle hat.«

Meiners fuhr herum. »Warum suchen die Dösbaddel denn da erst jetzt? Hallo? Herr, lass Hirn regnen!«

»Meiners, ich war mit dir in Wilhelmshaven, und wir hatten diese Autopanne. Bitte lass deinen Unmut jetzt nicht an mir aus!« Dietrichs Ohren glühten, und seinem Chef verschlug es die Sprache.

»Jetzt ist er sauer, weil dieser Grünschnabel es wagt, ihm zu widersprechen«, flüsterte Theda. »Auch wenn er natürlich recht hat.«

Meiners war aber offenbar richtig in Fahrt gekommen und kümmerte sich nicht um den Einwand. »Worauf wartest du denn noch, Dietrich? Falte sie zusammen und sorge dafür, dass der Hase läuft. Und zwar in die richtige Richtung.«

Dietrichs Ohren glühten noch ein bisschen mehr. Er biss sich auf die Unterlippe. Man sah ihm seine Wut förmlich an.

In Gerda regte sich Mitleid mit diesem armen jungen Mann. Wer einen Chef wie Meiners hatte, brauchte keine Feinde.

Sie waren dermaßen in ihren Disput verstrickt, dass sie die drei gar nicht mehr beachteten.

Allerdings war das auch keine große Herausforderung, weil es auf dem Möwenschiss ohnehin zuging wie in einem Bienenstock. Es war eben nicht nur der Tote. Auch dass nun alle Camper kontrolliert wurden, war überaus aufregend. Das Entsetzen vom Morgen war spürbar einer gewissen Abenteuerlust gewichen. Für die meisten war es inzwischen unglaublich spannend, was hier abging.

Gerda, Ino und Theda spazierten über den Platz, schauten sich mal hier und mal da um, denn tun konnten sie momentan gar nichts.

»Lass uns zurückfahren«, schlug Ino schließlich vor. »Wir müssen eine Strategie haben, wenn wir ermitteln wollen. So wird das nichts.«

Gerda sah ihn erstaunt an. Das waren ganz neue Töne, aber es gefiel ihr.

»Okay, dann ab nach Tjarkshusen zur Lagebesprechung!«, willigte sie ein. »Aber erst werfen wir noch einen Blick auf die Parzelle des Toten. Nur zur Sicherheit.«

Sie liefen zurück zum Hauptweg. Plötzlich kam den dreien aus dem Kastanienweg ein leichenblasser Mann an der Seite der beiden Kommissare entgegen. Er hätte sich von der Gesichtsfarbe her direkt neben Falko von Walde legen können.

»Meine Kurbel war heute Morgen noch da! Ich hab doch die Markise ausgefahren«, schimpfte er lauthals. »Irgendwer will mir was anhängen! Wahrscheinlich der Mörder selbst!«

»Herr Minkner, geben Sie sich keine Mühe«, sagte Meiners. Er wirkte sehr zufrieden, und weil er sich offenbar in seinem Erfolg suhlte, bemerkte er Ino, Gerda und Theda nicht.

»Täter geben zu Beginn grundsätzlich nicht zu, was sie angestellt haben, aber glauben Sie mir, ich weiß, was ich tue, erfahren, wie ich bin!« Ungerührt wurde Minkner weitergeschleppt.

Jetzt bemerkte Dietrich sie. Er zupfte seinen Chef am Ärmel, aber der prahlte lieber weiter vor dem Tatverdächtigen mit seinem Können.

Als die beiden Polizisten mit Minkner auf den Hauptweg abgebogen waren, trollten sich Gerda, Ino und Theda in den Kastanienweg, wo ihnen Dirk Hauken entgegenkam. »Die Polizei hat jetzt einen Verdächtigen, habt ihr das gesehen? Das ist Jörg Minkner, der hat seinen Stellplatz auch im Kastanienweg. Zwei Plätze schräg gegenüber von Falko von Walde. Minkners Kurbel ist weg. Ist das aufregend!« Hauken kritzelte schnell etwas in sein Notizbuch, das inzwischen offenbar nur noch wenige freie Seiten hatte.

»Sind wir schon per Du?«, schoss es aus Ino heraus. Er kannte den Typen schließlich gar nicht, und Gerda wusste, dass er solche Verbrüderungen hasste.

»Klar, wir sind Ermittelnde in einem Boot«, sagte der Autor lächelnd. Er kaute auf dem Ende seines Bleistifts herum. »Aber was ist, wenn Jörg Minkner nicht lügt und ihm jemand die Kurbel gestohlen hat, damit er selbst nicht in Verdacht gerät?« Er biss versehentlich ein Stück Holz ab und spuckte es aus. »Wenn ich der Mörder wäre, würde ich so handeln.«

»Sie sind aber nicht der Mörder, oder?«, platzte Ino heraus. »Äh, du …« Gerda verpasste ihm sofort einen Stoß mit dem Ellenbogen.

»Angeblich hat es gestern einen Streit gegeben«, fuhr der Krimiautor ungerührt fort. »Weil der Dicke da vorn ein Verhältnis mit Else von Walde gehabt haben soll. Das erzählt man sich so. Aber nichts für ungut, ich mach mich dann mal vom Acker, weil ich meine Ideen ausführlich fixieren will.« Er rauschte davon.

»Ein ungehobelter Bursche«, grollte Ino.

Gerdas Blick wanderte hingegen zu dem Mann, von dem Dirk Hauken eben gesprochen hatte. Den kannte sie doch!

»Das gibt es doch gar nicht! Harrijasses nej, der hat von unserem Kommissar gesprochen!«

»Wie, von unserem Kommissar?«, fragte Ino ein bisschen dümmlich. Aber dann sah er, was Gerda meinte.

Theda klappte der Mund auf und zu. »Der Fürchtenicht?«, sagte sie dann.

»Der Fürchtenicht«, bestätigte Gerda. »Aber der soll ein Verhältnis mit von Waldes Frau haben? Das kann ich nicht glauben.«

»Dann war er es aber, den wir wegen Else von Walde beschatten sollten«, meinte Theda. »Herr von Walde sprach von seinem Campingnachbarn! Dass es ausgerechnet dieser Kommissar ist, konnte schließlich keiner wissen. Das ist echt ein dickes Ding.«

»Jo«, sagte Ino und erwähnte gar nicht mehr, dass er eigentlich zurück nach Tjarkshusen fahren wollte. Traugott Fürchtenicht aber saß lässig unter der ausgefahrenen Markise.

»Bullen kann man generell nicht trauen«, meinte Ino. »Die tun immer so aalglatt und sind oft Verbrecher!«

»Und der Mörder ist immer der Gärtner«, sagte Theda. »Erzähl keinen Blödsinn, Ino. Herr Fürchtenicht ist ein netter Mensch. Das kann alles überhaupt nicht angehn.«

»Da bist du aber die Einzige, die so denkt«, erwiderte Ino.

»Nun hört sofort auf zu streiten. Das ist jetzt nicht der richtige Augenblick«, maßregelte Gerda sie. »Ich kann mir allerdings auch nicht vorstellen, dass der Kommissar etwas damit zu tun hat, vor allem deshalb, weil ein solcher Mann wissen würde, wie man Spuren professionell beseitigt.«

Ino stieß Gerda an.

»Was ist denn?«

»Überleg mal, was du eben gesagt hast! Ich glaube, wir haben unseren Täter.« Er deutete auf Fürchtenicht. »Du hast nämlich recht. Er weiß, wie man Spuren beseitigt, und er weiß auch, wie andere in den Fokus der Ermittlungen gerückt werden können. Er ist schließlich Profi!«

Gerda spitzte die Lippen. So langsam kam Ino in Fahrt und drückte sich auch korrekt aus. Wie es sich für einen echten Detektiv gehörte. Das gefiel ihr. Dann aber sah sie ihn ungläubig an. »Du meinst das ernst? Der Kommissar ist der Mörder?«

»Jo«, antwortete er knapp. »Betrachte doch mal die Leute auf dem Möwenschiss! Alle sind aufgeregt wie Hühner auf der Flucht vor dem Schlachter. Nur der dicke Kommissar tut so, als ginge ihn das alles gar nichts an. Da stimmt doch was nicht.«

Gerda überlegte eine Weile. »Weil er doch was mit Else von Walde hatte?«

»Keine Ahnung, ob das stimmt, aber durch seine Gleichgültigkeit benimmt er sich ganz schön auffällig, finde ich.«

Gerda runzelte die Stirn. Diese Gedankengänge behagten ihr so gar nicht.

Theda hingegen war Feuer und Flamme. »Das stimmt. Aber schau, an seiner Markise hängt eine Kurbel. Er hat eine.«

»Und was ist, wenn dieser Krimifritze auch recht hat?«, flüsterte Ino. »Dann ist gestern Nacht etwas passiert, was einem Kommissar auch im Ruhestand nicht passieren dürfte, oder? Er könnte dem Minkner die Kurbel tatsächlich geklaut haben. Immerhin hat der Typ behauptet, dass seine Kurbel am Morgen noch da war. Kann sein, dass der nicht lügt.«

»Es ist allerdings auch nicht ausgeschlossen, dass Fürchtenicht einfach nichts mehr mit Verbrechen am Hut haben will«, flüsterte Gerda. »Und dass er deshalb so unbeteiligt wirkt. Oder so tut.«

»Bestimmt geht ihm das alles mächtig unter die Haut«, sagte Theda in heiserem Tonfall.

Ino nickte. »Jo. Guckt euch mal seinen Fuß an. Der wippt. Daran merkt ihr, wie angespannt der Knabe in Wahrheit ist.«

Theda schüttelte entrüstet den Kopf. »Der nette Kommissar? Nie im Leben. Nie im Leben!«

Sie wurden unterbrochen, weil sich Sir Archie zu ihnen gesellte. Er wirkte trotz der Katastrophe auf seinem Campingplatz völlig entspannt, aber auch das konnte täuschen.

»Nun haben sie einen Tatverdachtigen«, sagte er. »Dann ist morgen wieder Ruhe, und alle können Urlaub machen. Sind nur zwei Familien abgereist. *Well*, der Rest sieht es als willkommenes Abenteuer. Wann bekommt man auch schon mal ein Verbrechen so hautnah mit?« Er winkte ab und wanderte weiter.

»An seiner Stelle wäre ich ein wenig konsternierter«, sagte Theda.

»Sag mal, hast du ein Fremdwörterlexikon auswendig gelernt?«, maulte Ino sie an. »Im Frühjahr wusstest du nicht einmal, was promiskuitiv bedeutet.«

»Das ist ja auch ein schweres Wort«, verteidigte Theda sich. »Ich bin sonst schon ziemlich gebildet! Ich schaue Abend für Abend in mein Fremdwörterbuch.«

Ino gab es auf. »Für uns gibt es hier momentan nichts mehr zu tun«, sagte er. »Wo die Kurbel fehlt, hat die Polizei auch ohne uns herausgefunden. Es spricht also nichts gegen ein Schläfchen im Garten.«

Gerda stieß ihn an. »Stopp! Wir wollten doch eine Strategie entwickeln. Nicht schlafen! Bis 15 Uhr hat Theda Zeit, und bis dahin gründen wir erst einmal unser Detektivbüro InoTjarks&Co und überlegen, wie wir weiter vorgehen wollen.«

»Aber nicht in einem Wort«, wandte Theda ein. »Ich meine, unseren Namen.«

»Und warum bitte schön nicht?«, fragte Gerda.

»Weil es schlechtes Deutsch ist. Man schreibt es auseinander«, beharrte Theda.

Ino seufzte nur. »Mir alles egal. Solange ich der Boss bin.«

»Aber in den Social Media macht man das. Mit einem Hashtag«, beharrte Gerda. »Das muss zusammengeschrieben werden!«

Theda grunzte. »Schiet 'n Didi mit dem Hasch-Dingsbums! Wir schreiben das auseinander, wie es sich gehört.« Dann wechselte sie abrupt das Thema. »Wollen wir uns Fürchtenicht nicht zu erkennen geben?« Sie ordnete bereits ihr rotes Haar und zog die Lippen nach.

»Nein!«, bestimmte Gerda. »Wenn wir später etwas ermitteln wollen, ist es besser, er weiß nicht, dass wir es wissen.«

»Hä?«, fragte Theda. »Was soll das heißen? Was wissen wir?«

»Dass wir wissen, dass er der Nachbar ist«, klärte Ino sie auf. »Und dass er ein Verdächtiger ist.«

Theda rieb die Lippen aneinander, um die Farbe zu verteilen.

»So viel dazu, dass ... Er ist auch gar nicht verdächtig. Nicht für mich!«

10. Kapitel

Dienstag

9 Uhr

Ino lag im Bett und dachte über den gestrigen Tag nach. Noch verspürte er wenig Lust, aufzustehen.

Am Ende war alles recht entspannt gewesen. Zuerst hatten sie im Garten die Detektei gegründet, wofür Theda schon alles vorbereitet hatte. Wobei »eine Detektei gegründet« die Übertreibung des Jahrhunderts war! Von wegen Eintrag in ein Register oder was man tat, wenn man eine Firma ins Leben rief. Nichts war rechtlich abgesichert. Theda hatte lediglich ein Logo entworfen, die Visitenkarten und drei Ausweise mit dem Namen der Detektei auf dickem Papier selbst gedruckt und zurechtgeschnitten und in Horumersiel verteilt. Sie meinte, dass allein würde ihnen von nun an sämtliche Türen öffnen.

Ein bisschen war es Ino vorgekommen, als würden sie wie die Teenies einen Ponyclub gründen oder so etwas wie TKKG. Alles nur Kinderkram, aber wenn die beiden Damen es so wollten …

Thedas Logo zeigte eine Möwe mit schwarzer Sonnenbrille und einer Lupe am Flügel. Sie hatte es von einem Nachbarssohn mit einem Grafikprogramm erstellen lassen und war sehr stolz darauf. Auf den Ausweisen und den Visitenkarten stand:

Ino Tjarks & Co, Detektei Tjarkshusen

Das in Kombination mit der eigenartigen Grafik sah sehr infantil aus, und Ino war keineswegs davon überzeugt, dass es ihnen auch nur im Geringsten nützen würde.

Er hatte aber geschwiegen. Auch als Theda eingestanden hatte, dass sie die getrennte Schreibweise deshalb favorisierte, weil sie beim Entwurf nicht daran gedacht hatte, dem Nachbarssohn die Zusammenschreibung mitzuteilen. Beim nächsten Druck wollte sie es ändern. Die Gründung ihrer »Detektei« war also schnell vonstattengegangen, zumal Theda ihre Feierabendbrötchen hatte backen müssen und loswollte. Nicht dass Ino darüber sauer oder enttäuscht gewesen war, aber bei dem Bohei, den Theda und Gerda im Vorfeld veranstaltet hatten, war er doch von einer größeren Zeremonie ausgegangen.

Für das Nachdenken über die Strategie, wie sie weiterermitteln wollten, war keine Zeit mehr geblieben – auch etwas, was Ino sehr begrüßte.

Er war mit Tiger lange am Deich spazieren gegangen. Dabei hatte er nicht nur die Nordseeluft genossen, sondern auch eines der großen Frachtschiffe gesehen, die den Jade-Weser-Port in Wilhelmshaven neuerdings immer häufiger anliefen. Das Schiff war so riesig gewesen, dass Ino tatsächlich die Maße gegoogelt hatte. 399 Meter lang und 60 Meter breit – ein Hammer! Hauptsache, die Schiffe behielten ihre Fracht bei sich. Nicht wie vor ein paar Jahren, als Container in die Nordsee gekippt waren und man am Langeooger Strand Überraschungseierfiguren aufsammeln konnte. So was brauchte hier an der Küste kein Mensch.

Ino reckte und streckte sich. Genug nachgesonnen.

Endlich hatte er mal eine Nacht wieder tief und fest geschlafen, weil es sich abgekühlt hatte. Draußen herrschte inzwischen eine steife Brise, und dicke Wolken verdunkelten den Himmel.

Er ruckelte sich mit dem Rücken höher. So liebte er es. Langsam in den Tag hinübergleiten. Ganz ohne Hektik. Ohne Tote. Und ohne etwas ermitteln zu müssen. Er hoffte, dass Meiners den Täter schnell fand und Ruhe im Karton war.

In der Küche hörte er Gerda rumoren. Sie rief ihn, als die ersten Kaffeeschwaden durch die Mühle waberten. »Ino, raus aus den Federn! Es gibt neue Erkenntnisse im Mordfall von Walde!«

Er seufzte. Nun hatte der Tag gerade so gut begonnen, aber Gerda ermittelte schon am frühen Morgen mit Hochdruck, obwohl es für sie doch gar nichts zu ermitteln gab. Wie nervig.

»Was denn für Erkenntnisse?«, rief er, während er sich aus dem Bett quälte. »Muss erst duschen!«

»Das mach du mal. Ich bereite uns das Frühstück zu, und dann können wir darüber klönen, was passiert ist. Dazu solltest du sehr konzentriert sein!«

Oje, das klang gar nicht gut. Theda und Gerda übertrieben es wirklich. Gestern hatte Ino die leise Hoffnung gehegt, dass sie die Mordsache von Walde der Polizei überließen, weil sie doch nichts erreichen würden und es sie schlussendlich auch nichts anging. Immerhin hatten die Bullen Jörg Minkner am Wickel und ganz bestimmt die besseren Karten, einen Mord aufzulösen. Und ob die Ehefrau nun Heiratsschwindlerin war oder nicht, konnte ihnen doch schnurz sein. Es tat im Mordfall bestimmt nichts zur Sache. Ino würde es nicht bekümmern, wenn er die Dame gar nicht erst kennenlernen musste. Was sollte ihnen folglich eine Strategie nützen?

Er rasierte sich, duschte in Ruhe und genoss den prickelnden Strahl auf seinem Rücken. Dann trocknete er sich ab und schlüpfte in Jeans und Hemd.

Gerda hatte Kaffee eingegossen und frische Brötchen aus Thedas Laden auf den Tisch gestellt. Dazu gab es ihre unschlagbar leckere Erdbeerkonfitüre, Dauerwurst vom Deichschwein und den Käse vom Biobauern Hero Melchers.

Was würde Ino nur ohne Gerda machen? Sie war, wie sie war,

und so würde er auch ihre Miss-Marple-Ambitionen einfach hinnehmen.

Er lächelte Gerda scheu an und drückte ihre Hand. Vorsichtig strich er mit seinem Zeigefinger über ihre Wange, zuckte aber sofort zurück. Was tat er da? Das war doch Gerda. Seine Freundin. Und Haushälterin. Nicht seine Geliebte!

Gerda lief feuerrot an. »Moin, Ino. Setz dich!«

Er ließ sich auf den Stuhl fallen und griff zu einem der aufgeschnittenen Brötchen. »Was gibt es denn so Dringendes?«

»Wir haben einen neuen Auftrag«, sagte Gerda.

»Falko von Walde ist doch nicht mehr.« Er nahm etwas von der Butter, die wunderbar cremig war. »Also, er ist tot und kann keine Aufträge mehr vergeben.« Ino verzog das Gesicht.

Gerda lachte auf. »Nun guck nicht so. Nein, es ist kein toter Klient, der etwas von uns will. Das wäre ja makaber, eine solche Geisterermittlung.«

»Sondern? Hat uns nun die Ehefrau und Witwe beauftragt, den Mörder ihres Gatten zu finden? Nee, im Ernst, Gerda, ich kann so einen Stress echt nicht mehr ab.« Ino belegte das Brötchen mit der Wurst und schenkte sich Kaffee ein. »Warum gibt es heute Kaffee und keinen Tee?«

»Weil du wach werden sollst. Morgen gibt es wieder Tee mit Kluntjes. Versprochen.« Gerda wusste genau, dass er eine moi Tass Tee dem Kaffee am Morgen entschieden vorzog. Zumindest, wenn er ihn standesgemäß mit Kluntjes und dem Wulkje aus kleinen Tassen trinken durfte.

Sie legte beruhigend ihre Hand auf seine. »Ino, ich verstehe, dass du das Ermitteln anstrengend findest. Aber den neuen Auftrag können wir unmöglich ablehnen. Das wäre völlig unsozial. Und richtig fies.«

»Warum ist es unsozial, wenn ich als Rentner einfach ein Rentner bin und absolut keine Lust habe, mich mit Verbrechern abzugeben?« So ganz ging das nicht in Inos Kopf. »Außerdem hast du meine Frage noch nicht beantwortet. Wer bitte schön hat uns einen Auftrag erteilt?«

Gerda wackelte bedächtig mit dem Kopf. »Das ist eine heikle Angelegenheit. Aber es ist nicht die Ehefrau, die angefragt hat, sei beruhigt.«

Ino atmete erleichtert aus. Das klang schon etwas entspannter. Sollten Gerda und Theda doch irgendwen beschatten, wenn sie Spaß daran hatten. Er musste schließlich nicht zwangsläufig dabei sein und konnte in Tjarkshusen so tun, als würde er hier die Basis halten. »Nun sprich bitte nicht in Rätseln. Ich kombiniere mal, dass du nicht mehr den Mord aufklären willst.« Er bemühte sich, nicht allzu erleichtert zu klingen.

»Falsch kombiniert, es hängt damit zusammen, Ino. Irgendwie.« Gerda biss vom Brötchen ab. Sie hatte sich für den Biokäse entschieden und schloss nun die Augen, als sie genüsslich kaute.

Ino rührte beunruhigt seinen Kaffee um, der mit der Biomilch schön sahnig war. »Nun sag schon, wer euer, nein unser Auftraggeber ist!«

»Fürchtenicht. Kommissar Fürchtenicht. Er braucht unsere Hilfe.« Gerda sprach mit vollem Mund ein bisschen undeutlich, aber Ino hatte sie dennoch sehr gut verstanden.

»Er braucht *was?* Ach, Gerda, da musst du dich verhört haben. Der Mann braucht alles. Freundlichkeit. Anstand. Abstand. Ruhe. Aber sicher nichts von uns.«

Gerda hatte den großen Bissen inzwischen hinuntergeschluckt.

»Doch, er braucht unsere Hilfe. Ich bin nicht auf den Kopf gefallen und versteh noch ganz gut, was jemand zu mir sagt.«

Ino winkte ab. »Gerda, das kann gar nicht sein. Fürchtenicht ist selbst Kommissar. Oder besser Ex-Kommissar. Was will der von uns Stümpern? Der will uns doch nur hochnehmen und lacht sich vermutlich gerade scheckig, weil wir ihm auf den Leim gehen.«

»So kannst du das nicht sagen. Er ist wirklich in Not. In großer Not. In riesengroßer Not«, setzte Gerda noch einen Stiefel drauf. »Und das Wort Stümper will ich mal nicht gehört haben, mein Lieber.«

»Lass uns erst in Ruhe frühstücken«, schlug Ino vor. Ohne gut gespeist zu haben, war das alles unerträglich für ihn. Und so konnte er sich etwas sammeln, denn er befürchtete, dass sich seine Vermutungen von gestern bestätigten. Fürchtenicht hing in der Sache mit drin.

»Woher weißt du das alles überhaupt? Hat er dich angerufen?«

»Nicht mich, aber Theda. Sie ist leicht zu finden über die Bäckerei.«

Ino grinste innerlich. Gerda scharrte zwar mit den Füßen und hätte es sichtlich besser gefunden, Ino gleich zu erzählen, was genau der ehemalige Kommissar von ihnen wollte, aber sie gab seinem Wunsch nach einem ruhigen Frühstück nach und tat so, als würde sie das Mahl genießen.

Doch schon bald war es für sie offenbar nicht mehr auszuhalten, und sie sprang auf. »Tiger hat schon gefrühstückt. Berta und Lina sind ebenfalls versorgt. Nun mach bitte hinne, wir müssen los. Wenn es dich nicht interessiert, was Fürchtenicht von uns will, dann bleib eben hier. Macht sich aber für den Boss der neuen Detektei nicht so gut, wie ich finde. Schlimm genug, dass Theda nicht mitkommen kann, weil sie keine Aushilfe in der Bäckerei hat.«

Ino hatte keine Lust, sich antreiben zu lassen. Das konnte er am frühen Morgen so gar nicht ab. Was sagte Gerda sonst immer? Keine Eile – und nun war sie derart hektisch, dass es nervte. Und anstrengend war. Er seufzte. »Gut, dann erzähl schon, was er von uns will. Auch wenn ich noch frühstücke.« Ino konnte sich den Kommissar nicht hilflos vorstellen. Fürchtenicht war ein harter Hund. Der brauchte bestimmt keine Unterstützung.

»Er steht unter Verdacht, den Mord an von Walde begangen zu haben«, erklärte Gerda.

Ino senkte die Hand, mit der er eben noch das Brötchen hatte zum Mund führen wollen. »Wie ich vermutet habe«, rutschte es ihm heraus. »War es doch nicht die Kurbel dieses Nachbarn? Jörg Minkner oder wie der hieß. Warum steht der Kommissar unter Verdacht?« Ino musste zugeben, dass es ihn jetzt doch ein ganz kleines bisschen interessierte.

»Dieser Jörg konnte beweisen, dass Fürchtenicht ihm seine Kurbel widerrechtlich entwendet hat. Er hat da wohl eine Namensmarkierung. Und so konnte die Polizei das Ding bei Fürchtenicht sicherstellen.«

Gerda verwendete wieder ihr Fachvokabular, mit dem sie Ino sonst auf die Palme brachte. Aber nun lachte er wider Willen laut auf. »Der Kommissar a. D. hat ihm die Kurbel geklaut, damit nicht auffällt, dass seine eigene fehlt?« Ino ließ das Brötchen auf den Teller fallen.

Gerda nickte. »So sieht es aus.« Sie holte tief Luft und fuhr dann fort: »Man hat ihn eben auf seiner Parzelle verhört und Rücksprache mit der KTU gehalten.« Sie lief zur Höchstform auf. »Die Tatwaffe stammt definitiv aus seinem Besitz. Er hätte es besser wissen sollen. Schließlich sind die Kommissare alle erkennungsdienstlich erfasst. Daran hat er wohl nicht gedacht.«

»Bist du sicher, dass das so ist?«, fragte Ino.

»Nö, aber hab ich mal gelesen«, murmelte Gerda. »Jedenfalls ist er nun ein BS.«

»Er ist ein *was?*« Ino nahm erst einmal einen Schluck Kaffee.

»Ein BS.«

»Was soll das sein?«

»Ino, das ist Polizeideutsch. Wir müssen uns sprachlich anpassen, wenn wir ernst genommen werden wollen. Er ist ein Beschuldigter!«

»Dann sag das doch einfach«, grummelte er.

Gerda aber ließ sich nicht beirren. »Jedenfalls war er zur TZ am TO. Nun wird er wohl einen DS bekommen, die VN war ungünstig für ihn. Es braucht nur ein Z gegen ihn auszusagen, dann könnte er Pech haben, und es erfolgt ein HB.«

»Gerda!«, herrschte Ino sie an. »Rede bitte vernünftig mit mir! Ich verstehe deine merkwürdigen Abkürzungen nicht. Weil ich Friese bin und kein Bulle. Will übrigens auch keiner sein«, fügte er mürrisch hinzu.

Gerda setzte sich wieder an den Tisch. »Ino, du solltest deinen neuen Beruf etwas ernster nehmen und dich fortbilden. So wie Theda und ich das auch getan haben. Sicher müssen wir des Öfteren mit der Polizei kooperieren, und da sollten wir ihre Sprache nicht nur verstehen, sondern auch anwenden können. Also üben wir das jetzt.«

Nun sprang Ino auf und hieb mit der Faust auf den Tisch. »Gerda, ich mache ja alles mit, aber ich rede grundsätzlich nicht in einem solchen Kauderwelsch. Also: Was. Hast. Du. Da. Eben. Gesagt?« Er setzte sich wieder, trank den Kaffee aus und schenkte gleich nach. Dann griff er nach dem Brötchen. Mit halbleerem Magen konnte er das wirklich nicht ertragen. Er fixierte Gerda und verspeiste das Brötchen langsam.

»Ich habe gesagt, dass man den Kommissar verdächtigt, weil ihm nicht nur die Tatwaffe gehört, sondern er auch zur Tatzeit in der Nähe des Tatorts war. Wenn auch nur ein Zeuge sagt, dass er ihn in der Nähe vom Minigolfplatz gesehen hat, könnte es sein, dass ein Haftbefehl erfolgt.« Gerda klang nun doch etwas kleinlaut. »Ich rede von jetzt ab mit dir Deutsch. Aber mit der

Polizei konferieren dann Theda und ich, weil wir ihre Sprache verstehen. Das muss sein.«

»Meinetwegen.« Ino stand auf und stellte Teller, Besteck und den Becher in die Spülmaschine. »Wir können los.« Er schnalzte mit der Zunge, und Tiger erhob sich.

»Gut.« Gerda sah in ihre große, braune Handtasche. »Mein Mobiltelefon habe ich, um Theda über jeden Schritt zu informieren.«

9:30 Uhr

Meiners stand mit vor der Brust verschränkten Armen vor dem Wohnwagen seines ehemaligen Chefs. Zum Glück war sein Fahrzeug gestern noch abgeholt und über Nacht wieder fit gemacht worden, sodass er heute Morgen damit zum Möwenschiss hatte fahren können. Wäre es anders gewesen, hätte er den Kollegen ordentlich Dampf unter dem Hintern gemacht. Aber so was von!

Meiners hatte sich dazu entschlossen, Fürchtenicht angesichts der katastrophalen Lage beim Vornamen zu nennen. Das schaffte Verbindung und Vertrauen. Und so etwas war jetzt sehr wichtig für alle Parteien. »Traugott, es sieht wirklich nicht gut für dich aus. Vermutlich ist von Walde mit deiner Kurbel erschlagen worden. Du aber hast versucht, Beweise zu fälschen, und als wäre das nicht genug, warst du auch noch vorgestern Nacht unterwegs. Das hat Sir Archie gesehen. Nun gib die Tat zu. Du weißt, so was wird positiv bewertet.«

»Ich habe Falko nicht ermordet«, sagte Traugott mit fester Stimme. »Man hat meine Kurbel gestohlen und sie dann als Tatwerkzeug missbraucht. Und an dem Abend war ich beileibe nicht der Einzige, der noch auf dem Möwenschiss unterwegs war.«

Meiners schüttelte über so viel Sturheit den Kopf. Sein Chef war schon immer ein harter Brocken gewesen, aber nun schoss er sich selbst ins Knie. »Traugott, noch einmal: Du hast deinen Nachbarn bestohlen, um die Tat zu vertuschen!«

Sein Ex-Chef schwieg, senkte aber den Kopf.

Meiners bohrte weiter. Irgendwie musste der Mann doch zu knacken sein. »Du hattest heftigen Streit mit von Walde. Das haben deine Campingnachbarn erzählt.«

Traugott gab sich lässig. »Wer hatte den nicht? Streit mit von Walde war normal. Der Mann hat sich mit allem und jedem angelegt. Frag doch mal rum! Ich kenne keinen auf dem ganzen Campingplatz, mit dem er nicht im Clinch lag. Einschließlich seiner mit Gold behängten Gattin. Nein, da bin ich weiß Gott nicht der Einzige.«

»Aber den anderen fehlt die Kurbel nicht«, konterte Meiners und war sehr stolz auf seine Schlagfertigkeit. Er setzte noch einen drauf. »Zwar geben alle Befragten zu, dass er nicht mit allen auf dem Platz gut Freund war, aber wirklichen Streit hatte er wohl nur mit dir. Und dann so einen, der schon mal mit einer Überreaktion enden kann. Es ging immerhin um eine Liebschaft, wie man hier so erzählt. Und alles am Tag, bevor er in der darauffolgenden Nacht umgekommen ist.«

»Das stimmt nicht! Jedenfalls der Teil mit der Liebschaft ist an den Haaren herbeigezogen!« Traugott sprang von seinem Campingstuhl auf, der anschließend mit einem Knacken zusammenklappte. Mit zitternden Fingern stellte er ihn wieder auf, bevor er sagte: »Ich hatte nichts mit der alten Fregatte. Und für die würde ich den Ehemann ganz bestimmt nicht umbringen. Dann hätte ich die Frau ja an den Backen. Um Gottes willen. Harrijasses nej!«

Meiners sog die Luft tief ein. Fürchtenicht schadete sich schließlich selbst, wenn er so stur blieb. Ihm half nur ein Geständnis. »Noch einmal: Was hast du gestern zwischen 11 und 1 Uhr in der Nacht gemacht?« Meiners wandte sich an Dietrich, dessen Ohren schon wieder grellrot unter der Polizeimütze leuchteten. »Mitschreiben, Kollege. Alles mitschreiben. Könnte wichtig sein.«

Dietrich nickte beflissen und kritzelte auf seinem Block alles mit. Dabei brach ihm der Bleistiftstummel ab. Hilflos sah er zu seinem neuen Chef, der vor Wut puterrot anlief. »Personal schicken die mir hier«, motzte Meiners gleich los.

»Ich habe drinnen einen Anspitzer«, sagte Traugott.

Dietrich schaute ihn an und formte ein lautloses »Danke«.

»Avanti, die Herren!«, kläffte Meiners. Er musste schleunigst mehr Zug in die Truppe bringen. Diese Combo um ihn herum hatte von wahrer Polizeiarbeit wohl noch nie etwas gehört. Aber er würde das schon bald in den Griff bekommen, ganz sicher.

Traugott ging in seinen Wohnwagen, und es klang, als wühlte er in einer Schublade. Nach etwa drei Minuten kam er mit einem Monstrum an Anspitzer wieder heraus. »Musst an der Kurbel drehen, Dietrich«, sagte er zu dem jungen Polizisten. Er duzte die alten Kollegen noch immer, wie zu Dienstzeiten. Warum sollte er das ändern?

Dietrich bekam das Anspitzen nicht so rasch hin, wie Meiners es gern gehabt hätte. Schließlich riss er ihm das Ding aus der Hand und spitzte den Stift selbst an. »So, können wir dann wieder? Wir sind in einer polizeilichen Vernehmung, nicht in der Malstunde.«

Dietrich beugte sich mit dem gespitzten Stift wieder über seinen Block.

Meiners versuchte, den Faden wiederzufinden. Verdammt, wo war er stehen geblieben?

»Du wolltest wissen, was ich zur Tatzeit gemacht habe«, half Fürchtenicht ihm auf die Sprünge. »Ich bin spazieren gegangen.

Weil meine Kurbel weg war, habe ich es am Platz wegen der Hitze nicht mehr ausgehalten. Ich bin dann zum Strand, hab mich in eine Kuhle in den Dünen gesetzt. Das Meer beobachtet. Die Frachter, die sich durch die beiden Fahrrinnen schieben. Na ja, dann bin ich eingeschlafen, als die Hitze nachgelassen hat. Gegen zwölf bin ich zurück zum Möwenschiss gelaufen. Da saß Sir Archie noch auf seinem Stuhl und döste vor sich hin.«

»Und wann ist dir Herr von Walde begegnet? Gleich darauf? Oder schon vorher?«

Traugott sog die Luft einmal tief ein. »Gar nicht, Meiners. Gar nicht.« Zuerst berichtete er Meiners vom Streit im Watt und auch noch einmal von Elses Gebaren, auch wenn Jörg und Wilko es ihm schon erzählt hatten. »Ich habe ihn jedenfalls nach unserem Streit im Watt nicht mehr gesehen«, schloss er und zuckte dann zusammen. »Nun, das ist nicht ganz richtig. Er ist noch mit Else zum Stellplatz gekommen. Dort haben sie sich weiter in den Haaren gehabt, und sie ist abgehauen. Ich glaube, er wollte ihr nach.« Er seufzte laut auf.

Meiners war kurz versucht, seinem Ex-Chef zu glauben, aber es passte nicht. Die Indizien sprachen schlichtweg gegen seine Unschuld.

»Meiners, nun lass mich in Ruhe mit dem Mist. Ich hab nichts angestellt. Vielleicht solltest du die Frau vorladen. Die hat Haare auf den Zähnen und ihm ganz schön oft Hörner aufgesetzt«, schlug Fürchtenicht vor. »Und ich bin sicher, dass Else von Walde nun ziemlich reich – oder wie ihr sagen würdet: sehr gut situiert – sein wird. Habt ihr schon geprüft, wer von Falkos Tod profitiert?«

Meiners schaute fragend zu Dietrich, der eifrig nickte.

»Gut, das besprechen wir später in Ruhe.«

Dietrichs Stift schabte übers Papier.

»Sie hat doch jetzt sicher was von seinem Reichtum«, redete Traugott weiter und kratzte sich am Kopf. Er sprach ungewöhnlich schnell, was Meiners stutzig machte. Vor allem, da Traugott Fürchtenicht sonst kein Mann der großen Worte war. »Vielleicht war es aber auch umgekehrt, Meiners, und sie war die reiche Frau, bei der er sich ins gemachte Nest gesetzt hat, und sie wollte ihn loswerden, weil er ihr auf den Senkel ging mit seiner Eifersucht. Finde es heraus! Oder du fragst deine Tarot-Karten oder den Buddha-Plätscherbrunnen.«

Dietrich konnte sich ein Lachen kaum verkneifen, riss sich dann aber zusammen und bemühte sich um Haltung.

»Nicht so vorlaut, Herr Ex-Kollege«, wies Meiners ihn zurecht, weil er es absolut nicht abkonnte, wenn sich einer schlauer gebärdete als er. Und wenn sich jemand über seine esoterische Ader und seine Bürogestaltung lustig machte. Er brauchte nun mal Yoga, Zen-Meditation und seinen Buddha, um den stressigen Alltag als Kriminalhauptkommissar bewältigen zu können. Andere trieben Sport oder spielten Ballerspiele.

»Du hältst dich zu unserer Verfügung und verlässt die Stadt nicht!«, leierte Meiners dann seinen Spruch runter.

»Welche Stadt?«, fragte Traugott sofort. »Wilhelmshaven oder den Platz Möwenschiss?«

Meiners verdrehte die Augen. »Friesland und deinen Wohnort Wilhelmshaven. Ich will dich nicht suchen müssen, wenn die Schlinge sich zuzieht.« Er winkte Dietrich, der Stift und Block verstaute. Mit einem Blick zur Uhr sagte er dann: »Auf zur Gerichtsmedizin. Die Obduktion ist in einer Stunde angesetzt.«

Auf dem Rückweg kamen ihnen dieser Ino und Gerda entgegen. Meiners ahnte Schlimmes.

11. Kapitel

Dienstag

10 Uhr

Else von Walde hatte einen Becher Kaffee vor sich stehen und schaute aus dem Fenster zum Bontekai. Nun war Falko also schon seit der Nacht auf Montag tot, und sie konnte es noch immer nicht fassen. Else hatte nach dem Besuch der Kommissare gleich bei ihrem Sohn Frieder angerufen, und der war, so schnell es ging, nach Wilhelmshaven gekommen. Es war das erste Mal, dass er nicht mit in den Urlaub gefahren war. Weil Falko gemeint hatte, ein bisschen mehr Zweisamkeit täte ihm und ihr gut, und weil er genauso der Ansicht war, es wäre Frieder durchaus zuzumuten, wenn sie mal allein verreisten.

Else war da allerdings ganz anderer Meinung gewesen. Schließlich war ihr Sohn alleinstehend und brauchte die Familie noch. Gleichgültig, wie alt er schon war.

Jetzt, da Falko nicht mehr lebte, konnte Frieder aber wieder mit in den Tabbert ziehen. So lange, bis alles geklärt war. Else wusste allerdings nicht, ob das schon erlaubt war oder ob die Polizei auch im Wohnwagen noch nach etwas suchte. Was auch immer sie dort finden wollten.

Else musste wieder weinen. Falko würde ihr fehlen. Es gab einfach keinen Mann, mit dem sie so wunderbar streiten konnte. Ja, Streit war für Else belebend. Sie wischte sich die Tränen mit einem Stofftaschentuch weg. Auf der anderen Seite konnte ihr Mann sie nun nicht mehr mit seiner nervtötenden Eifersucht quälen. Das war schon sehr anstrengend gewesen, und manchmal hatte sie wirklich Angst vor Falko gehabt. Er konnte furchtbar wütend werden. Allein wie er diesen Ex-Kommissar ins Watt geschubst hatte. Eine peinliche Situation!

Jeden Tag hatten sie sich gekabbelt – und nun?

»Frieder«, sagte sie leise. »Frieder ist mein Trost.« Momentan schlief ihr Sohn allerdings noch. Er war müde von der einstündigen Anreise gestern.

»So früh wollte ich nicht Witwe werden«, murmelte Else und strich sich durchs Haar. Leider konnte man sich im Leben nicht alles aussuchen. Immerhin war sie finanziell abgesichert und brauchte den Euro nicht umzudrehen. Falko hatte mit seinem Software-Unternehmen gut verdient, und auch seit seinem Rückzug aus der Firma konnten sie wunderbar von einem dicken Polster leben. Ihre Aufgabe in der Ehe war es gewesen, sich um Frieder zu kümmern, Falko ein Heim zu gestalten und es zu pflegen. Und sie hatte immer gut auszusehen, das kostete ab einem bestimmten Alter viel Zeit. Else verglich es mit der Restaurierung eines Altbaus. Dementsprechend kostspielig war es auch, denn es war notwendig gewesen, ab und zu etliche Euro für Schmuck und Kleidung auszugeben. Trotz allen Streits hatte ihr Gatte das immer verstanden.

Else nahm einen Schluck Kaffee, um den Kloß im Hals hinunterzuspülen. Sie hoffte trotz allem, dass ihr Leben weiter gleichförmig verlaufen würde. Sie hatten sich gegenseitig als Alleinerben eingesetzt, Frieder würde erst nach ihrem Tod das Vermögen bekommen. Aber natürlich würde Else ihren Sohn schon zuvor unterstützen. Er war so sensibel, und sie wollte ihm keine volle Arbeitsstelle zumuten. Das war heutzutage doch sehr anstrengend für die jungen Menschen. Und es war oft nicht zu vertreten, was man bei der Arbeit von ihnen verlangte.

Else sah auf die Uhr. Noch eine halbe Stunde, dann würde sie ihren Frieder aufwecken. Derweil wollte sie ihm etwas kochen. Damit sie hernach gemeinsam um den Vater trauern konnten.

Sie fand die Idee gut, zusammen mit ihrem Sohn wieder zum Campingplatz zu fahren. Also wählte sie die Nummer des Kommissars und fragte nach, ob sie in den Wohnwagen im Kastanienweg ziehen durften. Meiners schien im Auto zu sitzen.

»Ja, das können Sie, Frau von Walde. Da sind wir durch, es ist ja kein Tatort.«

»Danke«, hauchte Else. Das war doch mal eine gute Nachricht. Auf Möwenschiss würden sie zur Ruhe kommen. Mutter und Sohn. Ohne Vater. Campen beruhigte.

Else stand auf und begann mit der Essenszubereitung. Nudeln mit Basilikum-Tomatensauce wollte sie machen. Frieder war Vegetarier. Dazu einen Kopfsalat mit Joghurt-Sahne-Dressing. Heute würde nicht darüber diskutiert werden, warum Frieder nicht wie ein richtiger Kerl ein Stück Schweinesteak aß.

Else würde das alles so vermissen! Aber Falko war nicht mehr da.

12 Uhr

Traugott Fürchtenicht saß vor seinem Wohnwagen wie ein Häufchen Elend. Gerda und Ino waren schon eine ganze Weile bei ihm, aber es half ihm nicht weiter. Er hatte sich selbst zu tief in den Dreck geritten.

»Herr Fürchtenicht, es sieht wirklich nicht so aus, als hätte sich das Blatt für sie zum Guten gewendet«, meinte Gerda soeben.

Der Ex-Kommissar hob den Kopf. »Nein, das hat es nicht. Der Kollege, äh, ehemalige Kollege, war eben hier. Ich darf nur nach Wilhelmshaven fahren und muss mich sonst auf dem Möwenschiss aufhalten. Soll mich zur Verfügung halten. Sie sind jetzt auf dem Weg nach Oldenburg zur Obduktion.«

»Und nun?«, fragte Ino. »Das war es dann wohl, und wir können gehen. Oder was sollen wir machen?«

Fürchtenicht zuckte mit den Schultern. »Keine Ahnung. Mir sind die Hände gebunden. Deshalb habe ich gehofft, Sie können mir weiterhelfen und sich mal umhören. Also, wer mir womöglich die Kurbel gestohlen hat und so. Sie sind in der Lage, das inkognito zu tun. Klar weiß Meiners, dass Sie sich, sagen wir mal, gern in die Polizeiarbeit einmischen. Aber er nimmt das nicht besonders ernst. Von daher haben Sie freie Bahn!«

Gerda nickte bestätigend. Ihr Blick schweifte zum gegenüberliegenden Stellplatz. Dort war erst am Morgen gemäht worden, und es roch noch nach frischem Gras. »Ist die Parzelle noch länger frei oder schon bald vermietet?«

»Ich weiß nicht«, sagte Fürchtenicht bedauernd. »Da müssen Sie Sir Archie fragen.«

»Genau das habe ich vor«, sagte Gerda und rauschte von dannen. »Bin gleich zurück!«

»Was willst du tun?«, rief ihr Ino hinterher, aber sie winkte nur ab. Er würde es wohl ein paar Minuten allein mit dem Ex-Kommissar aushalten, dachte sie und steuerte schnurstracks die Rezeption an. Dort musste sie eine Weile warten, denn zwei Wohnwagen standen vor dem Möwenschiss, die Anreisenden bekamen ihre Parzellen zugewiesen, und der Schriftkram musste erledigt werden.

Endlich war Gerda dran. Sir Archie schaute sie über den Rand seiner Nickelbrille an. Sein strohblondes Haar stand vom Kopf ab, und seine wulstigen Lippen formten sich zu einem geschäftstüchtigen Lächeln. »*Well*, was kann ich für dich tun, Gerda?« Er duzte immer alle Besucher und Gäste. Gerda beschloss, auch auf Förmlichkeiten zu verzichten, zumal sie sich aus Horumersiel vom Kirchenchor her kannten, wo sie neuerdings eingetreten war. Nun war allerdings Sommerpause. Sir Archie sang im Tenor, und das sehr gut. Gerda lächelte ihn an.

»Ich würde gern eine Parzelle im Kastanienweg buchen. Ist eine frei?«

Sir Archie tippte auf der Tastatur herum. »Welche denn? Und ich muss wissen, fur wie lange.«

»Am liebsten hätte ich die gegenüber von Herrn Fürchtenicht. Und auf unbestimmte Zeit. Ich weiß noch nicht, wie lange ich für die Erm…, äh, für meine Erholung brauche.«

»*Very good*«, murmelte Sir Archie. Er klemmte seine fleischige Zunge in den Mundwinkel und schüttelte den Kopf. Dabei verrutschte seine Nickelbrille. Er schob sie wieder zurecht und sagte: »Das ist leider ausgeschlossen. Sie ist ab morgen gebucht.« Er sah Gerda an. »Du kannst nur woanders hinziehen. Hast du ein Zelt, ein Wohnmobil oder einen Wohnwagen? Wegen der Parzellengroße.«

»Wohnwagen«, sagte Gerda, auch wenn sie noch gar nicht wusste, mit welchem Gefährt sie auf den Möwenschiss ziehen wollte. So weit war ihr hervorragender Plan in der Kürze noch nicht gediehen, aber dafür würde sie schon eine Lösung finden.

Zunächst galt es, das Problem mit dem Stellplatz zu lösen. Wie sollte sie anständig ermitteln, wenn sie zu weit von Fürchtenicht entfernt campen musste? In Gerda arbeitete es. »Und wenn du dem anderen Gast eine alternative Parzelle gibst? Zum Beispiel die gegenüber von Herrn Kramann?«

Sir Archie pustete die Luft aus. »Miss Gerda! Die Parzelle hat der Kunde drei lange Wochen gebucht. Drei Wochen! Ein gutes Geschaft. Er wollte genau die. Oder fast.«

»Sir Archie …« Gerda legte den Kopf schief. »Bitte! Ich buche für vier Wochen.«

Jetzt glitt ein Grinsen über das Gesicht des Platzwartes. Vier Wochen war eben ein noch besseres Geschäft. »*Deal!*« Der Platzinhaber gab die Daten gleich ein, nachdem er Gerdas vollständigen Namen und die Adresse abgefragt hatte. Dann druckte er die Reservierungsbestätigung aus. »Da unterschreiben, *please!*«

Gerda zögerte kurz, als sie den Preis sah. »Das ist doch nur ein Drei-Sterne-Platz«, sagte sie. »Warum kostet es so viel wie ein Hotel, wo ich doch mein Bett selbst mitbringe und sogar das Klo?«

»Hauptsaison«, antwortete Sir Archie ungerührt. »Da kann ich keine Ausnahme machen. Wenn du mochtest, kannst du schließlich unsere Sanitaranlagen kostenfrei nutzen. Nur die Dusche hat Duschmarken. Die kann ich dir für 50 Cent pro Duschvorgang uberlassen.« Er griff in die Schublade. »Reichen erst einmal zehn Stuck? Dann bekomme ich noch funf Euro, *please.*«

Gerda gab ihm ihre EC-Karte und konnte die hohe Summe noch immer nicht fassen. Sie tippte ihren Pin ein, hielt aber bei der letzten Zahl inne. Das wollte sie nicht zahlen. »Und wenn ich den Platz daneben, also den gegenüber der von Waldes, auch noch buche, gibt es dann Rabatt?«

»Ich gewahre so etwas nicht«, sagte Sir Archie. »Hauptsaison.«

»Ach, komm!« Gerda verlegte sich aufs Betteln. »Die Parzellen stehen doch schon eine Weile leer. Die meisten wollen lieber näher am Pool und am Strandzugang sein. Und für deinen anderen Kunden bleiben im Kastanienweg noch zwei andere Plätze. Also: Ich nehme beide, und du gewährst mir einen adäquaten Preisnachlass.« Gerda war mit ihrer Wortwahl sehr zufrieden. Adäquater Preisnachlass klang super. Es schien Sir Archie auch zu beeindrucken, denn er gab weitere Daten ein. Dann hob er den Kopf und sah sie an. »*Well.* Ich gebe dir Nachlass. Wenn du beide Parzellen fur vier Wochen nimmst. Nur beim Duschen nicht. Das musst du voll zahlen. Die Munzautomaten sind unbestechlich, *yes.*«

Gerda nickte. Das ging einfacher als gedacht. Bei näherer Überlegung war es ihr nämlich trotz der hohen Kosten ungünstig erschienen, Ino sich in Tjarkshusen selbst zu überlassen. Er konnte auf diese Weise wunderbar neben ihr wohnen und auch ein bisschen campen.

Wobei sie ihm das Thema Campen sehr charmant und sehr behutsam nahebringen musste. Offen blieb auch, wie sie zwei Wohnwagen organisieren sollte. Aber egal, sie konnten diesen Auftrag nicht ablehnen, auch wenn finanziell vermutlich nichts dabei heraussprang. Aber es war Ehrensache, Fürchtenicht zu helfen. »Hunde sind aber erlaubt, oder?«, fragte sie noch. Ohne Tiger würde Ino ganz sicher nicht mit auf den Möwenschiss ziehen.

»Ja, wenn der Besitzer ihn anleint. *Well*, frei laufende Hunde sind laut Platzordnung unerwunscht. Und die Hinterlassenschaften mussen selbstverständlich weggeräumt werden. Dann ist ein Vierbeiner kein Problem. Was ist jetzt? Soll ich das einbuchen? Kastanienweg, Stellplätze 4 und 6? Plus Duschmarken fur funf Euro?«

Gerda nickte. »Ja, bitte!«

Sir Archie druckte die neuen Formulare noch einmal aus, und Gerda unterschrieb. Danach bezahlte sie die neue Rechnung. Ihre Hand zitterte leicht, denn nun gab es kein Zurück. Ihnen blieben vier Wochen, den wahren Täter zu finden. Und ihr eine halbe Stunde, um Ino davon zu überzeugen, dass er ab jetzt Camper war und auf dem Möwenschiss undercover Urlaub machte.

12. Kapitel

Dienstag

14 Uhr

Meiners hatte schon wieder schlechte Laune, als er in sein völlig überhitztes Büro in Wilhelmshaven zurückkehrte. Die Sonne knallte voll auf das Fenster in Südlage.

Er hasste Obduktionen. Diesen furchtbaren Geruch von Formalin, die aufgesetzte Fröhlichkeit des Gerichtsmediziners, der seine wahre Freude am Herumschnippeln an den Leichen hatte … ach alles.

»Der neue Doc ist echt cool«, sagte Dietrich eben.

»Cool nennst du das? Ich finde, er hat Ähnlichkeit mit einem Singschwein.« Meiners schalt sich sofort innerlich für seine Worte. Natürlich wusste Dietrich nicht, was ein Singschwein war. So etwas hatte nur er als Kind besessen. Ein rosa Schweinchen, das nach einem Knopfdruck auf den Bauch »Highway to hell« sang.

Zum Glück fragte Dietrich nicht nach, sondern sagte: »Allein diese Lässigkeit von Hausi! Wie sagte er noch: ›Es ist um so vieles toller, hier zu operieren als in einem OP. Es ist nicht so heiß und die Stimmung echt besser!‹«

Meiners verdrehte die Augen. Er fand solche Scherze überaus makaber, aber Dietrich und er hatten wohl nicht denselben Humor. Wobei Meiners zugeben musste, dass er selbst überhaupt sehr wenig Humor hatte. »Nun denn, lass uns arbeiten. Du hast vorhin im Auto gesagt, dass Else von Walde nach eigener Aussage alles erbt und somit von Falkos Tod am meisten profitiert. Korrekt?«

Meiners ließ sich auf den Schreibtischstuhl fallen und betrachtete seine Eso-Landschaft. Was für ein trauriges Bild! Sein singender Buddha gab keinen Ton mehr von sich.

»Ja, so hat sie es gesagt. Wir könnten es noch überprüfen, nicht dass sie versehentlich einen Mörder schützt. Jemand, der Gewinn aus dem Tod zieht und sich nun dahinter versteckt, dass alle glauben, Else ist die Mörderin.«

»Finde es raus!«, forderte Meiners ihn auf. »Das ist dein gottverdammter Job, Dietrich!«

Sein Kollege verließ mit gesenktem Kopf das Büro.

Meiners erhob sich, wechselte die Batterien, aber auch das brachte nicht den gewünschten Erfolg. Sein Buddha schwieg.

Das war ein verdammt schlechtes Omen für die Ermittlungen. Der Buddha war sein Ruhepol. Sein Zeichen, dass er stets alles im Griff hatte. Und nun war er … tot. Na ja, irgendwie.

Meiners stellte zumindest den Brunnen an, und das Plätschern beruhigte ihn ein wenig. Genau wie die Yoga-Drachen, die ihn wie immer freundlich anlächelten. Es gab folglich noch Hoffnung.

Bei der Obduktion war nichts Neues herausgekommen, und so konnte er sich fast sicher sein, den richtigen Mörder am Wickel zu haben.

Er glaubte nicht, dass Dietrich einen weiteren Erben ausfindig machte, weshalb Meiners die nun vermutlich reiche Witwe auch noch im Auge behalten musste. Allerdings war sie offenbar zur Tatzeit nicht auf dem Möwenschiss gewesen. Fürchtenicht war somit derzeit der Hauptverdächtige. Er konnte durchaus aufbrausend sein, und er hatte Streit mit Falko gehabt. Der war wahrscheinlich eskaliert. Vielleicht war auch noch Alkohol im Spiel gewesen. Traugott vertrug aber nichts. Bei der letzten

Weihnachtsfeier seiner Laufbahn hatte er schon nach zwei Gläsern Wein ziemlich gelallt, und als noch ein Ouzo dazugekommen war, hatte Traugott sofort ein Taxi rufen müssen.

Meiners rieb sich die Hände. Er hatte den Fall so gut wie gelöst, auch wenn es etwas heikel war, den ehemaligen Chef als Täter präsentieren zu müssen. Weshalb er alles noch mal sachlich überdachte.

Klar, dass an der Kurbel Fürchtenichts Fingerabdrücke zu finden waren. Es war schließlich seine und deshalb nur bedingt aussagekräftig, falls ihm doch jemand die Kurbel gestohlen haben sollte. Der Täter konnte Handschuhe benutzt haben. Wobei es schon höchst verdächtig war, dass Fürchtenicht versucht hatte, die Tat Jörg Minkner unterzuschieben. Die beiden würden in diesem Leben sicher keine Freunde mehr werden.

Meiners hätten Zeugen weitergeholfen, um den Strick fest zuzuziehen. Jemanden, der Fürchtenicht am Minigolfplatz gesehen hatte, doch alle Befragungen waren bislang erfolglos geblieben. Dass sein Ex-Boss gegen 24 Uhr an der Rezeption vorbeigelaufen war, reichte ebenfalls nicht, denn auch die hatten andere passiert. Auf dem Möwenschiss war noch ziemlich viel Betrieb gewesen. Der Minigolfplatz aber lag ein bisschen abseits. Es wäre von Vorteil gewesen, wenn man seinen Verdächtigen dort angetroffen hätte. Schließlich konnte es auch stimmen, dass er sofort von der Rezeption zu seinem Stellplatz gegangen war. Meiners raufte sich das Haar.

Es klopfte, und Dietrich trat wieder ein.

»Und? Erbfolge final geklärt?«, fragte Meiners sofort. Dann wäre das wenigstens erledigt.

Dietrich nickte. »Ja. Es gibt ein Testament, und darin ist ausschließlich seine Frau als Erbin vermerkt. Es ist laut Frau von Waldes Aussage bei einem Anwalt hinterlegt, und sie hat erlaubt, dass wir Einblick erhalten, wenn wir das wünschen.«

Dietrich runzelte die Stirn. »Es gibt nur einen seltsamen Passus: Wenn sie innerhalb der nächsten drei Jahre einen anderen hat, erbt nicht sie, sondern die Theatergruppe Maskenball in Horumersiel. Das Geld wird also erst nach dieser Frist ausgezahlt.« Dietrich kratzte sich am Kopf. »Falko von Walde hat aber gar keine Beziehung zu dieser Theatergruppe. Im Gegenteil. Seine Frau hat mir erzählt, dass er nur selten in ein Theater ging und es eher gehasst hat. Er hat sich dort immer gelangweilt und ist eingeschlafen. Weil er so laut geschnarcht hat, war ihr es peinlich, und so ist sie nur ab und zu allein oder mit Frieder hingegangen. Aber immer nach Oldenburg ins Staatstheater oder zur Landesbühne nach Wilhelmshaven. Nie zu einer Aufführung vom Maskenball.«

»Und warum vererbt er dann alles unter Umständen diese Gruppe?«

»Else von Walde sagt, weil er sie treffen wollte. Sie kriegt nichts, wenn sie sich nicht benimmt, aber eine Theatergruppe, die er gar nicht mag. Die sind echt merkwürdig, die von Waldes. Allesamt.«

Da musste Meiners seinem Kollegen zustimmen. Er nickte. »Gut, dann wissen wir jetzt mehr. Ich denke, das mit dem Theater war vermutlich trotzdem eher eine Drohung von ihm. Schlussendlich ist Else von Walde nicht durchgebrannt, nicht mal mit unserem Ex-Chef.«

Ein junger Polizist stand im Flur und klopfte zaghaft an die halb geöffnete Tür. »Hier ist so ein Typ …« Er räusperte sich. »Der will was loswerden zum Mord auf dem Campingplatz.«

Meiners rieb sich die Hände. »Dann mal zu!« Wunderbar, es ging offenbar weiter.

Ein junger Mann mit blondem Lockenkopf steckte den Kopf zur Tür rein. Er trug ein merkwürdiges kariertes Käppi, das irgendwie britisch aussah. »Moin, darf ich eintreten?«

Meiners nickte, als er Dirk Hauken erkannte. »Jo, *Sie* sind also der Zeuge, der was zum Mordfall auf dem Möwenschiss sagen kann.«

Der Mann nickte. Er trug außer dem Käppi Jeans und ein blaues T-Shirt, darüber eine braune Lederjacke.

»Nehmen Sie Platz!« Meiners wies auf den Stuhl vor seinem Schreibtisch.

Der junge Mann sah sich allerdings erst einmal erstaunt um. »So was habe ich in einem Polizeibüro nicht erwartet«, sagte er und zeigte auf den in Wellenmuster geharkten Zen-Garten, die Yoga-Drachen und den Plätscherbrunnen, der eben seine viertelstündliche Melodie spielte.

»Normalerweise singt auch der Buddha«, erklärte Meiners.

Dietrich zog warnend die Brauen hoch, was sein Chef aber geflissentlich ignorierte.

»Rattenscharf«, sagte der Mann. Dann streckte er dem Kommissar die Hand hin. »Auch wenn wir uns schon kennen. Noch einmal so richtig förmlich: Ich bin Dirk Hauken. Krimiautor.«

Meiners zuckte zurück. »Für Krimirecherche ist weder der richtige Zeitpunkt noch der rechte Ort«, sagte er. »Wir ermitteln in einem Mordfall.«

Dirk Hauken setzte sich auf den Stuhl vor Meiners Schreibtisch. »Deswegen bin ich hier. Ich möchte dazu eine Aussage machen.« Er zog das Käppi vom Kopf und legte es auf die Tischplatte. »Hab ich mir im Internet bestellt. Ist so ein bisschen wie die von Sherlock Holmes.«

»Ja, super, aber das wollen sie vermutlich nicht aussagen«, sagte Meiners. »Kommen Sie bitte zur Sache. Wie Sie sich bestimmt vorstellen können, ermitteln wir mit Hochdruck und haben wenig Zeit für Small Talk und Verkleidungen.«

Dirk Hauken nahm das Käppi vom Tisch und strich sich die blonden Locken zurück. »Ich urlaube auf dem Möwenschiss, weil ich einen Küstenkrimi verfassen will. Dabei beobachte ich natürlich, was ringsum vor sich geht. Dass mir nun gleich eine Leiche vor die Füße gelegt wird, kann man trotz der zugegebenermaßen traurigen Umstände durchaus als Geschenk sehen, nicht wahr?«

»Kommen Sie auf den Punkt«, wies Meiners ihn zurecht. Ihn nervte dieses Ausschweifende.

»Ich wollte meine Beobachtungen eigentlich den Detektiven mitteilen, denn sie sind ziemlich erfahren, aber dann dachte ich, ich gehe doch besser zur Polizei.«

»Das war auf jeden Fall die richtige Entscheidung«, sagte Meiners. »Ich halte nichts von dieser Rentnercombo.«

Hauken presste die Lippen fest zusammen. »Okay, dann jetzt meine offizielle Aussage: Ich habe den Campingnachbarn von Falko von Walde nach Mitternacht in der Nähe des Minigolfplatzes gesehen.«

Meiners richtete sich auf. »*Wen* haben Sie gesehen?«

»Den Nachbarn, der so komisch heißt. Dieser dicke Mann, der direkt neben den von Waldes campt und der angeblich mal Polizist war.«

»EPHK, Erster Polizeihauptkommissar«, berichtete Meiners. »Den Posten habe ich nun inne.« Er streckte die Brust raus.

Anschließend holte er ein Formular aus der Schublade und nahm die Personalien von Dirk Hauken erneut auf. Er stammte aus Vechta und war von Beruf eigentlich Versicherungskaufmann. »Da hab ich mit viel Kriminalität zu tun«, erzählte er, »und bin deshalb darauf gekommen, Krimiautor zu werden.«

»Nun, das hier ist aber eine Spur härter. Da geht es nicht um Kohle, sondern um Menschenleben«, erwiderte Meiners. »Nun bitte genau: Was haben Sie beobachtet?« Er sah Hauken scharf an. Dessen Gesichtsfarbe changierte abwechselnd von Rot nach Weiß, so als müsse er genau überlegen, was er nun sagte, um sich nicht selbst in irgendetwas reinzureiten. Doch kurz darauf hatte er sich wieder im Griff, und seine Stimme klang fest, als er sagte: »Ich konnte wegen der Hitze nicht schlafen. Deshalb bin ich noch einmal zum Waschhaus gegangen. Und da läuft mir dieser Mann über den Weg. Er hatte eine gebückte Haltung. Und er schien es eilig zu haben. Sehr eilig. Ich tippe auf ein überaus schlechtes Gewissen. Also, wenn das meine Figur im Roman wäre: Er wäre der Täter. So würde ich jemanden beschreiben, der ordentlich Dreck am Stecken hat.« Dirk Hauken lehnte sich mit vor der Brust verschränkten Armen zurück. »Vermutlich hatte er zuvor den Mord begangen und war nun auf dem Weg zu seiner Parzelle.«

Meiners stutzte. »Sie haben Fürchtenicht also am Waschhaus gesehen und nicht am Minigolfplatz.«

Dirk Hauken geriet ins Schwitzen. »Na ja, ich habe ihn gesehen, als er da vorbeigelaufen ist. Und ich bin ziemlich sicher, dass er vom Minigolfplatz kam. So viele Wege gibt es auf dem Möwenschiss schließlich nicht, und er kam ganz sicher nicht aus der anderen Richtung. Also nicht von der Rezeption.« Hauken knetete seine Finger. Irgendetwas stimmte mit ihm nicht.

»›Ziemlich sicher‹ ist keine klare Aussage. Sicher oder nicht sicher?«, hakte Meiners sofort nach. Ach, was liebte er es, Leute in die Zange zu nehmen, vor allem, wenn es so effektvoll zur Verunsicherung führte wie jetzt bei diesem Hauken!

Der knirschte mit den Zähnen. »So gut wie auf jeden Fall. Kann ich jetzt gehen?«

»Erst nehmen wir das schriftlich auf.«

Nachdem die Formalitäten erledigt waren, verabschiedete sich Hauken rasch. Die Tür fiel scheppernd hinter ihm zu.

Meiners sah ihm nachdenklich hinterher.

»Zum Waschhaus führen vier Wege«, holte Dietrich ihn aus seinen Gedanken zurück. Er faltete den Platzplan, den er sich vom Möwenschiss mitgenommen hatte, auseinander. »Fürchtenicht kann also aus drei Richtungen gekommen sein, wenn Hauken die eine ausschließt.«

»Wo führen die anderen hin?«

»Ein Gang führt zum Kastanienweg, einer zum Pool und dem danebenliegenden Minigolf und der andere zur Pappelallee.«

»Wohnt Traugott nicht im Kastanienweg?«, fragte Meiners seufzend.

»Jo!«

»Also wieder nichts.«

»Es sei denn, er kam wirklich vom Minigolfplatz. Wegen der gebückten Haltung, von der unser Krimiautor gesprochen hat.«

Meiners grübelte. »Wegen einer Haltung kann ich schlecht meinen ehemaligen Boss festnehmen. Für den Staatsanwalt müssen die Fingerabdrücke reichen und die Aussage, dass Fürchtenicht vermutlich in Tatortnähe war.«

»Ich durchforste dann noch einmal den Bericht der KTU. Vielleicht haben wir etwas übersehen, was uns aus der Sackgasse hinauskatapultiert«, sagte Dietrich und verließ das Büro.

Meiners blickte noch lange auf die geschlossene Tür und rieb sich im Stillen die Hände. Er hatte einen großen Fisch an der Angel. Einen großen Kriminalbeamtenfisch. Einen EPHK-Fisch. Und er würde ihn an Land ziehen. Und einbuchten. So wie es sich für einen Mörder geziemte.

14 Uhr

Gerda hatte lange gezögert, ehe sie sich zur Parzelle zurückgetraut hatte. Ihre Befürchtung, Ino würde ihr den Kopf abreißen, hatte sich bewahrheitet. Er war sofort abgehauen und hatte sie bei Fürchtenicht zurückgelassen.

»Nun haben Sie meinetwegen Ärger«, sagte der Ex-Kommissar kleinlaut. Er hatte für Gerda auf dem Elektrogrill ein Würstchen gegrillt und ihr einen Tee gekocht. Nun wusste er offenbar nicht so genau, was er noch mit ihr anfangen sollte. Gerda war unsicher, ob es besser war, auf Inos Rückkehr zu warten oder ein Taxi zu rufen.

Im Stillen war sie davon überzeugt, dass Ino gleich wieder auftauchen würde. Er kam immer, wenn er genug geschmollt hatte. Nur zog es sich dieses Mal länger hin als sonst.

Endlich schoss er um die Ecke. Kaum stand er vor Gerda, sprudelte es aus ihm hervor: »Was meinst du, wie stinkig Theda ist, wenn sie mitbekommt, dass du und ich allein auf dem Campingplatz Urlaub machen!«

Theda! Sie war schon so immer recht eifersüchtig gewesen. Als ob Ino sich für Frauen interessierte! Ino liebte nur sich, Tiger und die Schafe. Dann kam die Mühle und dann Gerda. Da war nichts mit Liebe! Hatte man das kapiert, konnte man mit Ino auskommen. Diese erstickenden Anmachversuche von Theda waren nichts für einen Freigeist wie Ino. Außerdem baggerte sie viele Männer an, weil sie sich für unwiderstehlich hielt.

»Sie kann nicht mit auf dem Möwenschiss wohnen«, entgegnete Gerda. »Theda muss in Horumersiel in der Bäckerei die Basis halten, weil sie durch ihre Kunden ein Ohr am Geschehen hat. Außerdem kann sie ihre Bäckerei nicht so lange allein lassen. Folglich müssen wir in den sauren Apfel beißen und das hier übernehmen.« Gerda lächelte gewinnend, aber so richtig kam das nicht bei Ino an.

Fürchtenicht schwieg die ganze Zeit. Er schien mit seinen Gedanken ganz woanders zu sein. Schließlich stand er auf. »Ich hol uns mal ein Bier.«

Kurz darauf kam er mit drei Jever Pils zurück, köpfte sie und reichte jedem eine Flasche.

»Skol!«

»Skol!« Gerda war froh über die Ablenkung. Bier stimmte Ino meist ein wenig gnädiger.

»Was guckst denn du so bedröppelt?«, fragte er, als er einen kräftigen Schluck genommen hatte. »Weil ich nicht vor Freude meinen Namen tanze?«

»Ich denke nach«, redete Gerda sich heraus. »Es wird Regen geben. Guck mal zum Himmel.«

»Der Regen ist insofern uninteressant, weil ich ein festes Haus habe, das ihn abhält. Als Camperin musst du das natürlich anders sehen«, gab Ino zurück. Dann aber klang er versöhnlicher. »Nun mal raus mit der Sprache, wie du dir den Spaß im Detail so vorgestellt hast. Mit dem Anmieten von zwei Stellplätzen ist es nicht getan.«

Gerda seufzte und zeigte mit zitternden Fingern zu den beiden gegenüberliegenden Parzellen. »Schau, die sind frisch gemäht und wunderbar gelegen. Sie sind toll!«

Ino hob abwehrend die Hände. »*Ich* soll mit dir campen, das habe ich verstanden. Aber ich habe meine Mühle. Dann Tiger und die Schafe! Wo denkst du hin? Noch nie habe ich Urlaub gemacht. Noch nie Tjarkshusen auch nur eine Nacht verlassen. Na, bis auf die eine Nacht, als sie mir die Hühneraugen wegoperiert haben. Ich bin da geboren und werde in Tjarkshusen auch in die ewigen Jagdgründe eingehen. Was bitte soll ich auf einem Campingplatz?«

Das war für Ino eine verdammt lange Rede gewesen. Und sie zeigte, wie aufgewühlt er war.

»Der Mühle schadet es nichts, wenn sie mal stillsteht, und außerdem kannst du ja ab und zu hinfahren, wenn Theda Getreide brauchen sollte. Tiger darf mit hierher, das habe ich geklärt. Auf Bertha und Lina können die van der Fisks aufpassen, die Kinder lieben deine Schafe, und sie werden diesen Sommer ohnehin nicht verreisen, das hat Martin mir kürzlich erzählt, als ich ihnen ein paar Buschbohnen vorbeigebracht habe.«

Ino klappte den Mund auf und zu wie ein an Land geworfener Fisch. Aber es kam kein Laut heraus. Gerda nutzte seine Sprachlosigkeit für einen finalen Satz.

»Und wir sind auf diese Weise doch in der Lage, wunderbar undercover zu ermitteln und Herrn Fürchtenicht zu helfen.«

Ino schoss von seinem Campingstuhl hoch, der sofort unter ihm zusammenklappte. »Undercover, das passt doch nicht! Ich glaub, mein Schaf pfeift Jazz. Du hast doch mit Theda hier laut herumposaunt, dass wir Profis sind und als Detektive arbeiten. Was glaubst du wohl, was die jetzt alle denken, wenn wir uns hier einnisten? Ach, die machen Urlaub? So einen Blödsinn habe ich lange nicht gehört, Gerda! Jeder wird wissen, was wir vorhaben. Jeder! Also können wir auch in Tjarkshusen bleiben, oder etwa nicht?«

Gerda zog einen Schmollmund. »Hier sind wir vor Ort. Das ist das Wichtigste.«

Ino lief mit großen Schritten auf der Parzelle auf und ab. Dann baute er sich vor Gerda auf. »Und nun das nächste Problem. Weder ich noch du haben einen Wohnwagen. Oder willst du auf deine alten Tage noch zelten?«

Nun wurde Gerda doch kleinlaut. »Na ja, das Problem müssen wir noch lösen«, gab sie zu. »Aber notfalls können wir im Auto schlafen. Auf der Rückbank.«

Ino schnaubte und setzte sich wieder. »Du hast aber noch gar kein Auto, Gerda! Du machst erst den Führerschein. In meinem kann man nicht zu zweit schlafen. Selbst wenn ich mich allein auf die viel zu schmale Rückbank lege, werden meine sämtlichen Wirbel auf Wanderschaft gehen und sich neu und schmerzhaft anordnen. Warum hast du überhaupt zwei Stellplätze genommen?«

Gerda schluckte. »Weil wir beide auf keinen Fall auf einem Grundstück wohnen können, Ino Tjarks. Wir sind nicht verheiratet, und das schickt sich nicht. Da bin ich ganz altmodisch.« Sie neigte sich zu Ino hinüber und tätschelte seine Hand, die die Bierflasche fast krampfartig umschloss. »Und mach dir keine Sorgen: Ich besorge uns zwei Campingdomizile. Ab morgen leben wir für vier Wochen auf dem Möwenschiss. Komm, mien Jung! Es gibt viel zu tun, damit das klappt.«

»Dann ist das ja geklärt«, sagte Fürchtenicht erleichtert. »Aber was meinen Sie: Wollen wir uns nicht duzen? Jetzt, wo wir so eng zusammenarbeiten werden?« Er streckte ihnen die Hand hin. »Ich bin Traugott.«

Gerda und Ino schlugen ein. Gerda mit einem breiten Lächeln, Ino eher widerwillig. Danach verabschiedeten sie sich von Fürchtenicht.

Gerdas Herz klopfte bis zum Hals. Sie wusste ja selbst nicht, wie sie das alles anstellen wollte. Und Inos schlechte Laune würde über sie hereinbrechen, wenn sie allein waren. Sie hätte ihn wirklich vorher fragen müssen, aber jetzt war es zu spät.

13. Kapitel

Dienstag

16 Uhr

Theda langweilte sich. Heute kamen merkwürdigerweise verdammt wenig Kunden. Ob es am Wetterumschwung lag? Die Sonne hatte sich verabschiedet und war hinter dichten grauen Wolken verschwunden. Das passte zu ihrer Stimmung, denn sie langweilte sich nicht nur, sie war auch richtig sauer. Gerda hatte ihr vorhin eine knappe WhatsApp geschrieben. Natürlich im altertümlichen Telegrammstil:

> Bin wie verabredet mit Ino zum Möwenschiss – Stopp
> Werden dort campen, erkläre später – Stopp – Melden uns – Stopp
> Campingrüße – Stopp

Aber was war seitdem? Nichts. Kein ausführlicher Bericht. Kein Anruf. Und keine Antwort auf ihre gefühlte fünfzigste WhatsApp. So konnte man nicht effektiv zusammenarbeiten, und das würde sie auch mal kundtun! Ja, sie hatten übernehmen sollen, weil Theda die Bäckerei nicht allein lassen konnte, aber das bedeutete ja nun nicht, dass man sie völlig ausgrenzte! Und was sollte das überhaupt, dass Gerda nun mit Ino auf dem Möwenschiss campte? Urlaub mit ihm, oder wie war das zu verstehen? Nein, das passte Theda alles nicht in den Kram.

Sie rückte die Horumersieler Deichspringer, ein Blätterteiggebäck mit Puddingfüllung, wohl schon zum zehnten Mal zurecht, als endlich die Ladenglocke ging. Die alte Griese schob sich rein. Sie war zwar Stammkundin, aber Theda mochte sie nicht. Zum einen war sie ein furchtbares Tratschweib, zum anderen hatte sie Ino mal die Bullen auf den Hals gehetzt, weil sie ihn als Exhibitionisten bezeichnet hatte. Dabei wollte Ino doch nur Erdbeeren im Garten pflücken und hatte dabei lediglich seinen Bademantel an.

»Moin, Frau Griese!«, begrüßte Theda sie dennoch freundlich und setzte ihr gewinnendes Verkäuferinnenlächeln auf. Auch wenn man Kunden nicht mochte, war man ihnen ein gewisses Maß an Höflichkeit schuldig.

»Moin, Frau Graalfs.« Die Griese ächzte laut auf und ließ sich auf einen der Stühle fallen, die Theda um einen kleinen Bistrotisch stehen hatte. Hier konnten die Kunden einen Kaffee oder ein Kännchen Tee trinken. Letzteren machte sie immer mit Stövchen, Kluntjes und Sahne fertig. So wie es sich in Friesland gehörte.

»Was gibt es? Warum sind Sie so fix und fertig?«, fragte Theda. »Käffchen?« Tee mochte die Griese nicht, das wusste Theda. Und meist hatte sie keine Zeit und tat stets überaus geschäftig, obwohl sie doch ausschließlich sich selbst zu versorgen hatte. Was sie den ganzen Tag trieb, außer sich mit anderen Leuten zu beschäftigen, wusste Theda nicht. Ab und zu fuhr sie mit ihrer altersschwachen grünen Ente herum, wobei Theda sich jedes Mal fragte, wie sie die überhaupt noch durch den TÜV bekommen hatte. Das Auto hatte die Griese genau wie ihr Hollandrad mit Sonnenblumen bemalt.

Jetzt nickte sie wider Erwarten und steuerte sofort auf den Tisch zu.

»Ich muss mich setzen, Frau Graalfs. Also, was nun schon wieder in Horumersiel los ist, geht auf keine Kuhhaut«, stieß sie hervor. Ihr Pfefferminzatem, der vom ewigen Lutschen ihrer Fishermans Friends herrührte, flutete den Laden. »Man muss tatsächlich überlegen, ob man bei so viel krimineller Energie lieber das Weite sucht und wegzieht. Was meinen Sie?«

»Ich koche erst einmal einen Kaffee, dann klönen wir!«

Theda wandte sich um, betätigte den Vollautomaten, und sofort vermischte sich das Aroma von frisch gemahlenem Kaffee mit dem des Gebäcks und verdrängte den Pfefferminzduft.

»Sie reden von dem Mord auf dem Campingplatz?«, fragte sie und holte eine Untertasse vom Regal. Mal sehen, was die Griese wusste. Oft mehr als sonst wer im Dorf. Sie war wirklich schlimm.

Die Griese nickte mit zusammengepressten Lippen. »Jo, das ist so furchtbar, will ich mal sagen.«

»Ein Teilchen dazu?«, fragte Theda, die ein gutes Geschäft witterte. »Die Horumersieler Deichspringer sind extrem lecker heute. Mit Bio-Zutaten von Hero Melchers gebacken, das Mehl von Ino neulich frisch gemahlen.«

Auch jetzt nickte die Griese.

Was ist bloß mit der los?, fragte Theda sich. »Was wissen Sie denn von dem Mord, wenn es Sie so aufwühlt?«

Die Griese seufzte bedeutungsschwer. »Ich kannte den Verblichenen.« Dann nickte sie ohne Unterlass. So wie diese Hündchen mit Drahthals, die die Heckscheiben von Autos älterer Menschen zierten.

Theda zog überrascht die Brauen hoch. Das klang interessant. »Woher?«

»Aus der Schule. Also schon ziemlich lange.« Die Griese nickte immer noch, und Theda war versucht, ihr den Kopf festzuhalten, aber dann hätte die Griese vermutlich ungehalten reagiert und gar nichts mehr gezwitschert. Mit etwas Glück erfuhr Theda aber hier auf ihrem Außenposten genau die wichtige Information, die den Fall klären konnte.

»Und? Hatten Sie noch Kontakt zu ihm?« Theda stellte ihr die Kaffeetasse hin. »Wenn es Sie so aufwühlt, gehe ich davon aus, dass er nicht eingeschlafen war.«

Die Griese schnaubte wie ein wütendes Pferd. »Kontakt ist übertrieben. Aber in Horumersiel läuft man sich zwangsläufig über den Weg, das wissen Sie doch, Frau Graalfs.« Sie atmete einmal tief ein. »Ich muss erst was essen. Sonst wird mir bei all dem Elend und der Schlechtigkeit der Welt noch übel.«

Theda legte rasch einen Horumersieler Deichspringer auf einen Teller und drapierte liebevoll eine Himbeere daneben. »Lassen Sie es sich schmecken!«

Sie setzte sich dazu, das verschaffte mehr Nähe.

Die Griese vertilgte das Teilchen mit wenigen Bissen, was Theda sehr verärgerte. Schließlich war es eine Delikatesse, die man würdigen und genießen sollte. Aber was konnte man von einem Weib wie der Griese auch an Esskultur erwarten? Die Kundin war nur wenige Jahre älter als sie selbst, aber sie machte irgendwie einen senileren Eindruck.

Geduldig wartete Theda, bis die Griese auch ihren Kaffee getrunken hatte, musste aber zwischendurch aufstehen und zwei Kinder bedienen, die Brötchen kauften, und einen älteren Herrn, der sich lange nicht zwischen ihrem Schwarzbrot und dem Horumersieler Teigklotz, einem Sauerteigbrot mit hohem Roggenanteil, entscheiden konnte.

Dann war der Laden wieder leer, und die Griese hatte den Kaffee ausgetrunken.

»Schnäpschen?«, fragte Theda jetzt. Alkohol würde die Zunge der Dame lockern, und ein Schnäpschen ging immer. »Geht aufs Haus.«

»Dann ja«, sagte die Griese.

Theda hatte für solche Eventualitäten immer eine Flasche klaren Schnaps in dem Kühlschrank, der sich in einem Raum neben der Backstube befand. Eilig füllte sie zwei Gläser und setzte sich zu der Griese an den Tisch. »Prost.«

»Prost!« Die andere schüttelte sich leicht. Nicht jeder vertrug den kräftigen Alkohol, aber Theda lehnte Schnittenschnaps wie Plum oder anderes süßes Zeug ab. Wenn einen Lütten, wie man die kleinen Schnäpse in Friesland liebevoll nannte, dann richtig und kein Alibizeugs. Schnaps musste im Hals brennen, und hinterher musste man sich vor Ekel schütteln. Alles andere war uneffektiv.

»Und Sie sind mit unserer Leiche tatsächlich zur Schule gegangen?«, fragte sie schließlich.

Die Griese nickte wieder bedeutungsschwer. Es schien, als wäre sie zu keiner anderen Geste fähig. »So ist es. Aber da lebte er noch, Frau Graalfs. Und wie er lebte!« Sie fasste sich an den Kopf. »Man soll ja über Tote nicht schlecht reden, aber im Fall von Falko kann ich mich an diese Regel einfach nicht halten, wissen Sie.« Sie leckte sich die Lippen, und Theda schenkte vorsichtshalber noch einmal nach. Es schadete nichts, sich in einer solch prekären Situation auch mit dem Feind zu verbünden. Denn eine Freundin war die Griese nun wirklich nicht.

Sie zögerte auch nicht, sich den zweiten Kurzen in den Hals zu kippen. Theda nippte nur. Sie konnte ihren Kunden schlecht mit einer Fahne gegenüberstehen. »Was hat er denn getan, dieser Falko von Walde, dass Sie so schlecht auf ihn zu sprechen sind?«

Die Griese machte eine ausladende Handbewegung und fegte dabei fast das Geschirr vom Tisch. Immerhin hörte sie mit dem Nicken auf. Die Kaffeetasse kippte um und war gerade noch zu retten, aber eine braune Lache breitete sich auf dem Tischtuch aus. Theda griff hinter sich und warf ein paar Servietten darauf. Sie wollte Frau Grieses Mitteilungsbedürfnis jetzt nicht wegen solcher Nebensächlichkeiten stoppen. »Ist ja nur noch ein Rest drin gewesen«, sagte sie. »Was war denn nun mit Herrn von Walde?«

»Der war ein Ar…« Die Griese schlug sich erschrocken auf den Mund. »Aber das darf man nicht sagen, wenn er verstorben ist. So mitten aus dem Leben gerissen! Über Tote darf man nichts Schlechtes sagen, das gehört sich nicht.«

»Wenn er ein gemeiner Mensch war, dann ist es in Ordnung, Frau Griese«, versuchte Theda sie zu beruhigen. Wichtig war jetzt einzig und allein, herauszufinden, warum genau Falko von Walde ein Arsch gewesen war. Sie schenkte der Griese vorsichtshalber noch einen Lütten ein. Ohne zu zögern kippte die Griese auch den weg. »Er war so gemein zu mir, das können Sie sich nicht vorstellen! Ich habe später die Klasse seinetwegen verlassen müssen.«

»Er hat sie gemobbt?«

»Ja, so sagt man das heutzutage. Früher hieß das anders. Schikane, sagte man.«

»Was hat er denn getan?«

Die Griese schluckte und schien wirklich berührt zu sein. »Ich war dick und hatte eine Zahnspange. Das fand Herr von und zu lustig. Und seine Freunde fanden das auch.«

»Es hört sich an, als ob Sie noch immer sehr darunter leiden.« Theda war um einen mitfühlenden Tonfall bemüht. So etwas erklärte natürlich, warum die Griese solch ein Besen war, aber es entschuldigte es nicht.

»Ja, bis heute wache ich in der Nacht auf, weil ich davon geträumt habe«, bestätigte sie auch sofort, und ihr Tonfall wurde weich.

Theda griff nach ihrer Hand. »Und – hatten Sie noch Kontakt zu ihm? Das war eben etwas vage. Oder liefen Sie sich nur ab und zu über den Weg?«

»Ich habe nie aufgehört, ihn zu beobachten«, gab die andere zu. »Er hat in Horumersiel eine kleine Zweitwohnung, deshalb ist er mir öfter begegnet.«

Das erklärte auch, warum er Kunde in Thedas Bäckerei gewesen war.

»Wozu hat er die Wohnung denn gebraucht?«, fragte Theda.

»Um seinen Sohn unterzubringen«, sagte die Griese. »Der war ihm doch ständig im Weg, weil seine Frau ihn so verhätschelt hat. Falko musste dann in der Wohnung wohl öfter nach dem Rechten sehen. Und er hat sich ab und zu dorthin zurückgezogen, wenn Else von Walde zu anstrengend wurde.«

Theda runzelte die Stirn. Dafür, dass die Griese eben gesagt hatte, sie wäre ihm nur hin und wieder über den Weg gelaufen, war sie erstaunlich gut informiert.

»Sie kennen ihn also doch besser?«, fragte sie vorsichtig und schenkte ein Schnäpschen nach.

Die Griese kippte es weg. »Ja, ich habe ihn, wie gesagt, beobachtet. Die Wohnung liegt nur zwei Seitenstraßen von meiner entfernt. Und in der Nachbarschaft erzählt man so einiges. Auch bei der Frauengymnastik. Und der Mann hat Tischtennis bei uns im Verein gespielt. Also, nicht dass Sie denken, ich lausche, aber man bekommt doch etliche Dinge mit. Selbst wenn man gar nicht will.«

»Natürlich«, bestätigte Theda. Sie hörte in der Bäckerei auch genug Tratsch, und oft war etwas Wahres dran.

»Was erzählt man sich denn im Verein so?«, hakte sie nach.

Die Griese hickste und schlug sich wieder die Hand vor den Mund. »Es ging um Unterschlagung, glaube ich. Mehr kann ich nicht sagen. Hab da nicht nachgefragt.«

Theda beließ es zunächst dabei, notierte die Info aber in Gedanken. Das war ein wundervoller Ansatzpunkt.

Die Griese erzählte weiter, ihre Worte kamen inzwischen aber merklich schleppender.

»Dann ist der Mann oft genug in der Zeitung, und man kann sich auch ein paar Sachen anlesen.« Sie holte tief Luft und schob Theda auffordernd das Schnapsglas rüber. Die begriff sofort und schenkte nach.

»Ich trink ja sonst nix, und ich vertrage auch gar keinen Alkohol«, sagte die Griese. Das hinderte sie allerdings nicht daran, auch diesen Schnaps wegzukippen, als wäre er Wasser.

Vermutlich würde Theda sich später überlegen müssen, wie sie die Frau heil nach Hause bekam. Ermittlungen im Mordfall hatten eben ihren Preis. Jetzt war erst einmal wichtig, dass sie redete.

Die Griese schüttelte sich, nachdem der Schnaps vertilgt war. »Gut schmeckt der Kram ja nicht, aber er macht das Leben erträglicher. Denn von einem Schulkameraden Albdrücken zu haben ist das eine. Das andere ist: Ich bin Falko von Walde kürzlich auch noch allein begegnet. Also, nicht nur so im Vorbeilaufen.«

»Wo war das?«

»Am Strand von Horumersiel.«

Theda spitzte die Lippen. Das Ganze wurde langsam interessant. »Und hat er Sie erkannt?«

Die Griese griff nun selbst nach der Schnapsflasche und schenkte sich ein. Ihre Stimme klang inzwischen schleppend. Weiteren Alkoholgenuss sollte Theda wohl lieber unterbinden. Kurzerhand schnappte sie die Flasche und brachte sie zurück in den Kühlschrank.

»Natürlich hat er mich erkannt«, fuhr die Griese fort. »Und er hat gesagt, ich wäre noch immer so ein altes Flaggschiff, das kein Eigner wieder flottkriegen würde! Stellen Sie sich das mal vor, Frau Graalfs! So eine Unverschämtheit. Das sagt man doch nicht zu einer Dame!«

Zu einer Dame nicht, zu einem Weib wie der Griese vielleicht schon, dachte Theda, erwiderte aber lieber nichts. Die Griese war ledig, und keiner in Horumersiel wunderte sich darüber.

»Und was haben Sie dann gemacht?«, hakte Theda nach.

Die Griese hickste. Es würde wirklich problematisch sein, sie nachher mit ihrem Hollandrad nach Hause fahren zu lassen.

»Nix, Frau Graalfs. Nix. Er hat mit seiner Aussage schließlich einen weiteren wunden Punkt getroffen. Bei mir gab es nienich einen Keerl. Nienich!« Sie lallte den letzten Satz. Theda holte ihr lieber ein Glas Wasser. Vielleicht verdünnte das den Alkohol im Griese-Bauch.

Beherzt trank sie auch das.

Meine Güte, ist die ab vom Padd, dachte Theda. Aber genau das war es, was die Sache interessant machte. Die Griese hatte Falko von Walde verachtet, und er war alles andere als freundlich mit ihr umgesprungen. Wie hatte Gerda das kürzlich noch genannt? Despektierlich. Genau. Gerda kannte immer so tolle Worte. »Das, was er gesagt hat, war despektierlich«, meinte Theda. »Ganz despektierlich. Da gebe ich Ihnen recht. Zu hundert Prozent! Wirklich despektierlich«, wiederholte sie und war stolz darauf, wie rund und lässig ihr das neue Wort über die Lippen kam. Ganz so, als hätte sie es selbst erfunden.

»Finden Sie? Ja, dann muss es wohl so sein. Das Schlimmste ist, Frau Graalfs, aber sagen Sie es nicht weiter …« Die Griese sah Theda fest an.

»Ich schweige wie die Leiche von Falko von Walde«, gelobte sie sofort, und die Griese nickte wieder.

»Das Schlimmste ist, dass er nicht ganz unrecht hat: Mich wollte kein Mann haben, Frau Graalfs. Kein einziger Mann. Ich habe noch nie einen Antrag bekommen. Dabei habe ich mich sogar beim Radio und in der wöchentlichen Kuppelshow beworben und mich dort vorgestellt. Nicht ein Anruf!« Sie trank noch einen Schluck Wasser. »Und in der Tagespresse habe ich Chiffre-Anzeigen geschaltet. Ein Mann hat zurückgeschrieben, aber der war schon achtzig, und das war mir dann doch zu alt. Ich will nicht jetzt schon in die Altenpflege gehen, ohne je … Sie wissen schon.«

Theda nickte verständig. Das war ein hartes Los. Theda selbst war wenigstens mal verheiratet gewesen. Wenn auch nur für zwei Wochen, aber so war sie immerhin in den Genuss eines Antrags und einer Hochzeit gekommen. Ja, die Feier war klein gewesen, nur sie, ihr Angetrauter und die Trauzeugen, die sie auf der Straße aufgelesen hatten, aber sie war eine echte Frau, keine alte Jungfer, wie man das in ihrer Generation sagte. Ein bisschen Mitleid hatte sie mit der Griese schon.

Wer aber auf den einstigen Peiniger traf, dann auch noch beleidigt wurde, indem er in die Schwachstelle stach, der hatte ein handfestes Motiv, denjenigen zu töten. Und noch etwas passte zu den Vorgängen auf dem Campingplatz: Mit Fürchtenicht war die Griese auch nicht gut Freund, nachdem er sie wegen ihrer Anzeige gegen Ino nicht ernst genommen hatte. Theda stellte sich also vor, wie die Griese heimlich auf den Möwenschiss geschlichen war. Ihrem Feind, dem Kommissar, die Kurbel geklaut hatte, um ihm als Rache richtig eins reinzuwürgen. Dann war sie ihrem anderen Widersacher gefolgt. Sicher hatte wie bei Hitchcock ein Kauz gruselig gerufen. Nebelschwaden krochen bei hellem Mond über die Wiesen, weil es an der See nachts immer feucht war. Irgendwo kläffte ein vernachlässigter Hund. Und schließlich waren sie allein. Die Griese und ihr Peiniger. Leise musste sie sich angeschlichen haben und dann – zack! Die Tat war vollbracht. Nun noch schnell die Kurbel auf dem Minigolfplatz verschwinden lassen. Und nichts wie weg!

Theda seufzte vor Wohlbehagen. Sie hatte versehentlich den Mord aufgeklärt! Wie wundervoll war das?

Die Griese war's, dachte sie. Fall gelöst. Nun fehlte nur noch ein Geständnis, und Ino brauchte nicht mit Gerda auf dem Möwenschiss campen. Sie war genial! Es würde ein Leichtes sein, das alles aus der Griese herauszukitzeln.

»Gut, Herr von Walde hat Sie also richtig provoziert«, versuchte Theda sie in die richtige Richtung zu locken.

»Ich habe ihm die Beulen- und die Lungenpest an den Hals gewünscht.«

Theda unterbrach die Griese. »Gut, Sie mochten ihn also nicht.«

»Nein. Er war ein schlechter Mensch.« Die Stimme der Griese gewann an Kraft. Das Wasser half wohl ein bisschen. Oder ihr Hass. Theda war sich nicht sicher, aber es war auch müßig, das zu analysieren. Wichtig war einzig, was die Griese sagte.

»Und ich bin froh, dass es Falko nicht mehr gibt, das sage ich Ihnen, Frau Graalfs. Ich hoffe, er schmort in der Hölle. So einen will der liebe Gott doch nicht in seinem Wolkenhimmel haben. Das wäre einer, der den Kindern extra kaputtes Spielzeug zu Weihnachten schickt. Ja, so einer ist der von Walde.« Nun hickste sie doch noch einmal.

»Aber Sie haben ihm nichts getan?«, fragte Theda vorsichtshalber nach. Besoffene und Kinder sagten bekanntlich immer sie Wahrheit. Warum nicht auch sie?

Die Antwort kam zögerlich. »Nein, aber ich hätte es gern. Ich hab wohl kaum einen Menschen so sehr gehasst. Außer dem Kommissar vielleicht. Also der, der jetzt nicht mehr da ist.«

»Fürchtenicht?«, fragte Theda und holte die Schnapsflasche doch noch einmal. Nicht dass die Quelle vor ihr versiegte. Einer ging bestimmt noch.

Rasch schenkte sie ein, legte der Griese aber auch noch ein belegtes Brötchen hin. Sie sollte plaudern, aber ihr sollte nicht schlecht dabei werden.

Die Griese trank den Lütten und biss anschließend kräftig ins Brötchen. »Ja, so hieß der. Der hat mich doch gar nicht ernst genommen, als ich ihm diesen Tjarks gemeldet habe. Er hat mich ausgelacht. Mich! Die doch keiner Fliege was zuleide tut.

Und die eine anständige Staatsbürgerin ist. Da macht man sich Sorgen, und der Kommissar nimmt einen nicht ernst.« Sie kaute eine Weile auf dem Brötchen. »Eine Frechheit ist das. Wissen Sie, Frau Graalfs, ich kann echt fünsch werden, wenn man mich hochnimmt. Nun ist alles gesagt. Von der Mücke bis zur Maus. Aus.«

Was war denn das für ein dummer Spruch?

Theda wartete, bis die Griese zu Ende gespeist und getrunken hatte, und hoffte, dass sie doch noch etwas sagte, aber ihre Mitteilsamkeit schien zu Ende zu sein. Sie wischte die Krümel vom Tisch, entschuldigte sich noch einmal für den umgestoßenen Kaffeerest und stand auf. »Ich glaub, ich geh dann mal.« Sie schwankte und musste sich am Tisch festhalten.

In Theda aber ratterten die Gedanken. Ihr war eben noch eine weitere Frage eingefallen. »Sind Sie denn eigentlich genauso alt wie das Opfer?« Sie hatte die Griese nämlich erheblich älter geschätzt. Ihr graues Haar trug sie stets zu einem Dutt gebunden, und ihre Falten bildeten einen Mäander aus tiefen Furchen. Dazu ihr stets knielanger brauner Faltenrock mit den Stützstrümpfen … Falko von Walde war ein völlig anderes Kaliber gewesen als die Griese. Er machte noch richtig was her. Menschen alterten eben sehr unterschiedlich, und wenn die Griese nichts auf ihr Äußeres gab … Theda fuhr sich durchs rote Haar. Sie ging regelmäßig zum Friseur und setzte auf Farbe. Denn Farbe war Lebenskraft.

Die Griese schaukelte noch ein paar Mal vor und zurück, hatte dann aber die Mitte gefunden und konnte Theda antworten. »Zwei Jahre bin ich älter. Und musste mich von so einem Grünschnabel mobben, nein schikanieren lassen.« Sie machte einen Schritt auf die Tür zu, aber auch das war ein schwieriges Unterfangen, denn sie traf zuerst auf die Glastheke. »Upps!« Sie grinste und zeigte zur Tür. »Da wollte ich eigentlich hin.« Sie senkte den Kopf wie ein Stier kurz vor dem Angriff und stolperte in die richtige Richtung. Dieses Mal bekam sie den Türgriff zu fassen.

»Soll ich Ihnen ein Taxi rufen?«, fragte Theda besorgt, aber die Griese schüttelte heftig den Kopf. »Um Gottes willen! Ich kann noch gut Rad fahren. Aber nun wissen Sie, dass ich das Opfer besser kannte, als es mir lieb ist. Und« – sie drehte sich mit einem dümmlichen Grinsen zu Theda um – »ich habe im Dorf gehört, dass sie den blöden Fürchtenicht verdächtigen. Zwei Fliegen mit einer Klabbe«, nuschelte sie. »Ich habe zwei Fliegen mit einer Klabbe geschlagen.« Sie schwankte hinaus. Theda trug ihr das gekaufte Brot nach und sah besorgt aus, als Frau Griese in Schlangenlinien die Straße entlangfuhr. Hauptsache, sie kam nicht auf die Idee, jetzt ihre Ente zu bewegen. Das hätte in einem Desaster geendet.

14. Kapitel

Dienstag

16 Uhr

Ich muss Theda gleich schreiben, dass wir noch nicht weitergekommen sind, unser Einsatz auf dem Campingplatz aber in trockenen Tüchern ist«, sagte Gerda, als sie auf dem Rückweg waren. Sie stieß Ino an, der seinen Blick aber stur geradeaus hielt.

Er sprach, seit sie allein waren, kein Wort mit ihr. Was hatte sie sich bloß dabei gedacht, ihn auf dem Möwenschiss einzumieten? Ino hatte noch nie gecampt und wollte auf seine alten Tage auch nicht damit beginnen. Er und ein Wohnwagen! Schlimmer ging's nimmer.

Er stoppte ruckartig vor seiner Mühle in Tjarkshusen. Eben kam Martin van der Fisk aus dem Haus.

»Ach, wie praktisch«, sagte Gerda, die Inos schlechte Laune einfach ignorierte. Sie war eine Spur zu aufgekratzt und versuchte krampfhaft, gute Laune zu verbreiten. »Dann kann ich ihn ja gleich fragen, ob er ab morgen unsere Häuser hütet. Wir müssen schließlich, so schnell es geht, mit unserem Einsatz beginnen.«

»Ich komm nicht mit. Nicht zum Campen. Nicht zu Martin. Nirgendwohin«, rang Ino sich nun störrisch ab. »Ich geh rein. In mein Zuhause. Punkt.«

Gerda umklammerte noch immer den Türgriff. »Dann musst du selbst kochen. Auch Theda wird nicht einspringen und dich betüdeln. Das wäre unkollegial, denn wir haben viel zu tun«, sagte Gerda ungerührt. »Wir sind ein Team, und als solches muss man zusammenarbeiten. Und wenn das bedeutet, dass man eine Weile in zwei Wohnwagen hausen muss, um nah am Mordgeschehen und am Klienten zu sein, dann ist das eben so.«

»Zwei Wohnwagen, die du noch gar nicht hast«, berichtigte Ino sie. »Und bis morgen auch sicher nicht auftreiben wirst, mien Deern.«

»Ich besorge welche, verlass dich drauf.« Gerdas Stimme wackelte, wie Ino mit Genugtuung feststellte. Sie tat sicherer, als sie war, das merkte er genau.

»Wenn ich was will, dann kriege ich es auch«, setzte Gerda mit Inbrunst nach.

Ino seufzte. Hatte man das nicht mal dieser britischen Prinzessin nachgesagt? Aber verdammt noch mal: Gerda war keine Prinzessin! Und doch beschlich ihn das ungute Gefühl, dass sie es tatsächlich schaffen könnte, zwei Caravans zu organisieren.

Gerda hüpfte bereits aus dem Wagen und winkte Martin van der Fisk zu.

»Moin, Gerda«, hörte Ino. »Was gibt es?«

Ino stieg ebenfalls aus. Er wollte aber gar nicht mitbekommen, was Gerda gerade verhackstückte. Es würde ihm ohnehin nichts anderes übrig bleiben, als sich allem zu beugen und mit auf den Platz zu ziehen, wenn Gerda das Unmögliche gelang. Und wenn er zudem nicht die nächsten vier Wochen von Essen auf Rädern oder Rührei leben wollte, sollte er sich lieber ein paar Gedanken darüber machen, was er auf den Möwenschiss mitnehmen wollte. Insgeheim nahm Ino sich vor, in Kürze einen Kochkurs zu besuchen, damit Gerda kein Druckmittel mehr hatte.

Er tat doch schon so verdammt viel, damit sie zufrieden war: ein bisschen mehr im Haushalt machen. Ihr unter die Arme greifen, wenn sie sich mal wieder als Miss Marple fühlte. Sie für die Führerscheinprüfung abfragen und mit ihr ein neues Auto kaufen …

Aber alles musste er sich wirklich nicht gefallen lassen. Und in einen Wohnwagen zu ziehen war eine Schippe zu viel.

Ino ging in seine Mühle und schmetterte die Haustür hinter sich zu. Sofort schoss Tiger auf ihn zu und begrüßte ihn freudig.

»Ja, meine Gute, leider wartet für die nächsten Wochen ein anderes Domizil auf uns. Erheblich kleiner. Glaub mir, ich habe mich gewehrt, aber gegen Gerda komme ich einfach nicht an.«

Tiger gab nur ein leises »Wuff« von sich.

Ino seufzte ergeben. Komisch, dass er sich im Rat im Wangerland so gar nichts bieten ließ und immer die richtigen Argumente fand, aber bei Gerda stets einknickte.

»Ich will, dass sie bleibt«, murmelte er. »Und ich will, dass sie mich mag«, fügte er hinzu.

Danach überlegte Ino, was man für vier lange Wochen auf einem Campingplatz benötigte. Außer einer Zahnbürste und einem Handtuch. Konnte man dort waschen? Er war so kläglich unerfahren mit dieser Materie, weil es jenseits seines Vorstellungshorizontes gelegen hatte, jemals in solch eine Bredouille zu geraten.

Ino warf seinen Schlüssel mit Schmackes in den Korb, den er auf einem alten Mühlstein platziert hatte. Er schlurfte in die Küche und holte sich ein Bier aus dem Kühlschrank. Damit setzte er sich auf sein Ostfriesensofa und kraulte Tiger versonnen hinter den Ohren. So wollte er leben. So war es gut. Keine Leichen. Niemanden beschatten und schon gar keine Morde aufklären.

Ino hoffte inständig, dass die van der Fisks keine Lust hatten, auf die Schafe achtzugeben und ihre Postkästen zu leeren. Vielleicht irrte sich Gerda, und sie hatten doch eine Reise geplant. Immerhin waren Ferien, und die Rotznasen brauchten eine

Luftveränderung. Auch in dem Fall käme er sauber um diese Campingaktion herum.

Kurz darauf aber rauschte Gerda herein und strahlte übers ganze Gesicht. »Klappt alles, ist das nicht moi? Vor allem Tertius ist völlig begeistert, dass er ein paar Wochen Schäfer sein darf.«

»Hauptsache, meine Tiere verstehen danach nicht nur noch Latein«, brummte Ino. Die Begeisterung seiner Nachbarn für das alte Römerreich fand er schon immer befremdlich. Allein dass sie ihre Kinder durchnummeriert hatten und wie ihr Haus von innen ausgestattet war! Als ob man sich in einem römischen Tempel befand.

»Gibt aber noch eine wunderbare Nachricht«, plauderte Gerda munter weiter.

»Noch eine? Ich kann es kaum erwarten«, brummte Ino. »Nur raus mit der Sprache.« Er nahm rasch einen weiteren Schluck Bier und hoffte, seine Stimme hatte nicht zu sarkastisch geklungen.

»Ino, stell dir vor: Martin hat einen alten Wohnwagen in seiner Remise rumstehen. So eine richtig feine Knutschkugel mit ausklappbarem Dach. Es gibt darin auch eine Miniküche und eine Bank, die du zum Bett umbauen kannst. Perfekt für unser Vorhaben. Er bringt ihn morgen gleich zum Möwenschiss. Ich kümmere mich darum, ihn zuvor anständig zu bestücken. Bett beziehen, Kühlschrank auffüllen und so was. Dann bist du schon mal untergebracht. Ich sag doch, dass ich alles hinbekomme.«

»Und du schläfst im Zelt, das er auch noch auf dem Dachboden liegen hat, oder was? So ein richtig feines und durchlöchertes und stinkendes Ding? Dazu auf einer wunderbaren Luftmatratze mit Kopfteil? Wie gemütlich!« Ino schmollte. Alles, was er sich gewünscht hatte, löste sich soeben in Luft auf. Die van der

Fisks hatten nicht nur Zeit und Lust, auf Tjarkshusen und seine Restbewohner aufzupassen, nein, sie freuten sich überflüssigerweise auch noch darauf. Und zudem hatten sie zu seinem persönlichen Unglück einen Wohnwagen versteckt, den sie doch gar nicht brauchten. Es war wie verhext!

Gerda strahlte noch immer. »He, du hörst mir ja nicht zu Ende zu, Ino! Ich muss in keinem einfachen Zelt nächtigen. Martin hat für mich auch da eine tolle Lösung. Ich bekomme ein Ausklappzelt für das Autodach. Von seinem Kumpel.«

Ino wurde hellhörig. »Ein Zelt auf dem Autodach? Wie soll denn das funktionieren?«

»Es wird auf deinem Auto installiert und ausgeklappt. Das ist wieder sehr modern. In der DDR hatten die früher aber auch solche Zelte, und da stammt es auch wohl her. Es ist bestimmt nicht das neueste Modell, aber deine Knutschkugel ist schließlich auch schon in die Jahre gekommen. Genau wie wir! Dann passt alles wunderbar.«

»Ganz wunderbar«, bestätigte Ino und verdrehte die Augen. Nun wurde er, was sein Alter anging, schon mit einem altersschwachen Wohnwagen oder einem alten Zelt verglichen. Es kam offenbar doch noch schlimmer.

Gerda sprudelte vor Freude fast über. »Ich wohne also auf deinem Dach. Quasi eine überdachte Terrasse, von wo ich den totalen Überblick über das gesamte Geschehen habe.«

Dass Gerda sich auch immer alles schönreden musste! Sie war aber noch nicht fertig. »Und – jetzt kommt das Beste: Martin hat sogar einen Campingkocher mit Zubehör und ein Kochzelt. Denn wenn man drinnen kocht, riecht es ja doch ein bisschen, und auf diese Weise können wir das umgehen. Das stellen wir neben deinem Wohnwagen auf, und so ist es kein Problem, sogar bei schlechtem Wetter wunderbare Gerichte zuzubereiten. Es wird dir an nichts fehlen.«

Ino seufzte nur. Das Leben überrollte ihn gerade ein bisschen zu sehr.

Gerda aber ließ sich nicht beirren und redete einfach weiter. »Ich rufe jetzt Theda an und berichte ihr von den neuen Umständen. Also, dass alles in der Spur ist und unsere Mission Camping tatsächlich starten kann. Unsere Kollegin sitzt bestimmt schon auf heißen Kohlen. Nicht dass sie noch beleidigt ist, weil es aussieht, als ob wir einen Alleingang machen.«

Gerda griff zum Handy und wählte die Nummer. Erst erzählte sie, was Sache war, dann hörte sie Theda zu und griff hinter sich an die Kommode. Als sie die Bäckerin weggedrückt hatte, stieß sie hervor: »Es gibt völlig neue Erkenntnisse und eine überraschende Wende.«

Inos Bier war wegen so vieler furchtbarer Neuigkeiten leider schon leer. »Und was?«

»Unsere Mörderin könnte auch die Griese gewesen sein.«

18 Uhr

Meiners kaute am Ende des Kugelschreibers und sah Dietrich an, den er eben in sein Büro zitiert hatte. Jawohl, zitiert, denn er hatte einen Entschluss gefasst, der bei seinen Kollegen vermutlich sehr unpopulär war. Aber als Chef konnte er auf Befindlichkeiten keine Rücksicht nehmen. Nicht wenn es um Mord ging. Er konnte und wollte nicht warten, bis es einen Haftbefehl gegen Fürchtenicht gab. Das dauerte ihm alles viel zu lange.

»Wir müssen heute Abend noch einmal zum Möwenschiss. Es besteht für mich nach langer Überlegung, nach der Befragung des Zeugen Hauken sowie den Indizien samt Fingerabdrücken kein Zweifel daran, dass unser Ex-Kollege Fürchtenicht der Mörder ist. ›Ziemlich sicher‹, wie Hauken sich ausgedrückt hat, ist so gut wie sicher. Auf jeden Fall müssen *wir* auf Nummer sicher gehen.« Er lachte kurz auf bei diesem genialen Sicher-Wortspiel. Vielleicht sollte auch er Autor werden!

»Wir müssen schnell einen Haftbefehl haben, Dietrich.«

»Gegen unseren Ex-Boss? Aber das ist heikel, findest du nicht? Meines Erachtens wäre es besser, ihn auf dem Campingplatz zu lassen und so lange zu beobachten, bis er den entscheidenden Fehler macht.«

»Den hat er schon gemacht, als er die Markisenkurbel vom Nachbarn gestohlen hat«, erwiderte Meiners. »Wenn er nicht unser Ex-Boss wäre, säße er längst ein, da sei sicher. Wir dürfen uns nicht blenden lassen. Fürchtenicht ist auch nur ein Mensch, und er macht Fehler. Vielleicht sogar einen tödlichen.«

Dietrich presste die Lippen zusammen. Ihm ging diese Entscheidung sichtlich gegen den Strich. »Dann machen wir es so. Auch wenn ich nicht einverstanden bin. Objektiv betrachtet hast du recht.« Dietrich salutierte, aber allein seine Worte verärgerten Meiners.

»Ich bin hier der Boss, und ich diskutiere nicht. Traugott Fürchtenicht ist eine Gefahr für die Allgemeinheit. Er hat versucht, Beweismittel beiseitezuschaffen, und ist mit großer Wahrscheinlichkeit zur Tatzeit in der Nähe des Tatortes gesehen worden. Was willst du noch mehr, POK Dietrich?« Er betonte das POK ein bisschen mehr, damit sein Untergebener merkte, wie unbedeutend er und seine Meinung waren. »Ich kann keinen Tatverdächtigen frei herumlaufen lassen.«

Der eine Yoga-Drache fauchte bedrohlich, und Dietrich schoss erschrocken herum.

»Batterie alle«, erklärte Meiners.

»Mir macht das Ganze trotzdem Bauchschmerzen«, erwiderte Dietrich noch einmal, und seine Ohren glühten. Woher nahm der Typ bloß sein Selbstbewusstsein? »Fürchtenicht ist zwar ein schwieriger Typ, aber ganz bestimmt kein Mörder. Da passt was nicht. Ich halte ihn für integer.« Er kratzte sich am Hinterkopf. »Vielleicht lenkt jemand bewusst den Verdacht auf ihn? Alter Rachefeldzug oder so?«

Meiners fuhr von seinem Stuhl hoch. Er wollte jetzt keine Diskussion. Schlimm genug, dass er seinen Buddha nicht allein repariert bekommen hatte und dass der Yoga-Drache immerzu fauchte, anstelle freundlich zu lächeln und zu summen. Beides versetzte Meiners in Dauerstress. Und nun hinterfragte sein Untergebener auch noch in einer Tour seine Überlegungen. Er war wirklich gestraft. »Wir fahren jetzt zum Möwenschiss und setzen Fürchtenicht fest. Hier wird das Vögelchen schon singen. Er ist auch nicht unbegrenzt belastbar, glaub mir das, Dietrich.«

Meiners griff nach seiner Jacke und winkte seinem jungen Kollegen, der ihm mit gesenktem Kopf folgte.

Draußen hatte ein unangenehmer Nieselregen eingesetzt, der die Luft noch weiter herunterkühlte. Meiners schlug den Jackenkragen hoch und legte einen Schritt zu. Heute würde er den Coup seines Lebens machen. Den alten Chef festzunehmen war für ihn eine echte Genugtuung!

15. Kapitel

Dienstag

18 Uhr

Frieder von Walde hatte sich noch nicht dazu durchringen können, seinen Spaziergang in Wilhelmshaven zu beenden und zu seiner Mutter nach Hause zu gehen. Sie plante, unbedingt zurück auf den Möwenschiss zu fahren, aber bislang hatte er sich dagegen erfolgreich gewehrt, und sie waren in der Wohnung geblieben. Heute Abend wollte seine Mutter allerdings vorausfahren und dort auf ihn warten. Jetzt genoss er erst mal den Gang am Südstrand. Allein.

Es würde komisch sein, in der Nähe des Ortes zu leben, wo der eigene Vater erschlagen wurde. Frieder bekam bei dem Gedanken, jetzt im Tabbert zu wohnen, eine ungute Gänsehaut. Nur würde er sich nicht lange gegen seine Mutter durchsetzen können. Es wurde immer das getan, was sie wünschte.

Frieder seufzte und spazierte lieber noch ein bisschen über die Südstrandpromenade. Der Regen hatte soeben nachgelassen, aber die nächsten dunklen Wolken zeigten sich bereits. Die Urlauber und Badegäste störte das offenbar nicht, denn sowohl am Strand unterhalb der Mauer als auch auf der Promenade tummelten sich die Menschen.

Im letzten Jahr war er nicht mehr so oft bei seinen Eltern gewesen, weil sein Vater ein Machtwort gesprochen hatte. Seine Mutter hingegen hatte das als den Rauswurf eines Vogeljungen aus dem Nest bezeichnet.

So bequem es zuvor gewesen war: Inzwischen konnte Frieder der neu gewonnenen Freiheit durchaus etwas abgewinnen, obwohl seine Wut auf den Vater zu Beginn immens war.

Frieder kaufte sich in der Eisdiele ein Eis, Vanille mit bunten Streuseln und einem Klecks Sahne obenauf, und schlenderte weiter. Er brauchte einen klaren Kopf, und den bekam er zu Hause nicht. Man konnte mit seiner Mutter kein vernünftiges Gespräch mehr führen. Sie schien seinen Vater tatsächlich zu vermissen, auch wenn Frieder die Ehe eher unglücklich erschienen war. Auf jeden Fall konnte er es momentan nicht gut neben ihr aushalten.

Er selbst weinte seinem Alten keine echten Tränen nach. Sie hatten weder eine Hass- noch eine Liebesbeziehung gehabt. Es war gar nichts. Oft hatte er seine Kumpels und später die Kommilitonen beneidet, weil sie Väter hatten, die stolz auf ihre Söhne waren. Seiner hatte 24 Stunden am Tag Kohle verdient, und wenn er diesen Vorgang einmal unterbrach, dann dafür, Frieder aus der Symbiose mit seiner Mutter zu befreien oder ihn als Mensch infrage zu stellen. Als er schließlich in den vorzeitigen Ruhestand gewechselt war, hatte sich die Situation nur unwesentlich verändert. Er saß im Aufsichtsrat, und wenn er freihatte, war er mit allem Möglichen beschäftigt, nur nicht mit der maroden Beziehung zu seinem Sohn. Immer dieselben üblen Sprüche!

»Du bist kein richtiger Kerl, Frieder. Du bist und bleibst ein Mamakind, das nie erwachsen wird.«

Wie konnte ein Vater so sein? Frieder beschleunigte den Schritt. Und seine Mutter? Die hatte stets den Spagat gemeistert, irgendwie alles unter einen Hut zu bekommen. Ob sie auch unter seinem Vater gelitten hatte?

Vermutlich, aber sie wollte eben die Familie erhalten.

Frieder hatte seine Familie immer als krank empfunden. Aber es war bequem gewesen, alles so zu nehmen, wie es war.

Immerhin bescherte es ihm ein sorgenfreies Leben, da nahm man so einige Dinge gern in Kauf. Und jetzt schämte Frieder sich, weil er sich durch den Tod seines Vaters wie befreit fühlte.

Es war ein merkwürdiges Gefühl, seinen Vater nie mehr zu sehen. Er war einfach weg, weil er mit einer Markisenkurbel erschlagen worden war. Wer zum Teufel kam auf diese Weise zu Tode? Niemand konnte sich vorstellen, so zu sterben, und ausgerechnet seinen Vater traf ein solcher Tod. Aber irgendwie passte es auch, so extravagant, wie er durchs Leben gegangen war. Immer alles vom Feinsten, das fing schon beim Wohnwagen an. Dann die Klamotten: wie Graf Rotz! Mit Einstecktuch und so.

Frieder stolperte, weil er von einer Frau angerempelt wurde.

Sie fiel gegen die Strandmauer, konnte sich aber mit den Händen abfangen und aufrichten. Dann sah sie ihn mit einem verschwommenen Blick an. Merkwürdig, die Alte kannte er doch. Irgendwo hatte er sie schon mal gesehen. Ja, richtig, in Horumersiel! Sie fuhr dort immer mit einem Hollandrad herum, auf das sie gelbe Sonnenblumen gemalt hatte. Manchmal saß sie auch in einer grünen Ente. Und sie wusste stets Bescheid über alles und jeden.

Heute umwaberte sie allerdings eine tüchtige Fahne, das war Frieder früher nie aufgefallen.

Vom Strand her drangen Kinderstimmen, und Frieder sah zwei Blondschöpfe zwischen den bunten Strandkörben hin und her hüpfen. So hatte er es früher auch gemacht, als er mit seinen Eltern in Horumersiel zum Baden gegangen war. Damals, als die Welt der von Waldes noch in Ordnung schien. Nebenan im Strandkorb hatte eine Frau gesessen. Ein bisschen dicker und immer mit giftigem Blick. Mit demselben Blick, der ihn auch jetzt durchbohrte.

»Du bist doch Frieder«, schoss es prompt aus ihr heraus. Sie zeigte mit dem Finger auf ihn und kniff die Augen wütend zusammen. »Ja, du bist Frieder von Walde.« Noch immer hatte sie Mühe, die Balance zu halten.

»Frau Griese?«, entfuhr es ihm.

Ein Ball flog über die Mauer und ploppte neben ihnen auf.

»Ach, nun scheppert's.« Sie stellte sich gerade hin und drückte den Rücken an die Mauer der Promenade, was ihr zu einer gewissen Standfestigkeit verhalf.

»Sie sind betrunken«, stellte Frieder fest. »Was machen Sie hier?«

»Ich kann schließlich Auto fahren«, sagte sie. »Oder halten sie mich für eine senile Frau?«

Für senil nicht, dachte Frieder. Aber für ziemlich besoffen. Laut sagte er: »In Ihrem Zustand hätten Sie nicht fahren sollen. Also: Was machen Sie denn hier?«

Die Griese atmete einmal tief ein. »Ich wollte zu deiner Mutter. Ihr kein Beileid wünschen. Und dafür musste ich zuvor ein bisschen Seeluft tanken und mir bei einem Spaziergang die richtigen Worte zurechtlegen.« Jetzt grinste sie etwas dümmlich. »Wenn so ein Kerl wie dein Vater weg ist, kann man dankbar, aber nicht traurig sein.«

Frieder biss sich auf die Lippen. Es war besser, sich niemals mit Betrunkenen anzulegen. Die Frau wusste doch gar nicht, was sie da erzählte.

So pietätlos konnte kein nüchterner Mensch sein, dass man dem Sohn des kürzlich ermordeten Vaters eine solche Frechheit an den Kopf warf. Auch wenn jeder wusste, dass sein Vater nicht Frieders bester Freund gewesen war.

»Ich glaube, Sie fahren jetzt nach Hause und schlafen erst einmal Ihren Rausch aus«, schlug er vor. »Aber Sie sollten ein Taxi nehmen und sich nicht selbst hinters Steuer setzen.« Er machte einen Schritt auf die Griese zu und wollte sie am Arm packen, doch sie wehrte ihn ab. Diese Bewegung ließ sie erneut merklich schwanken.

»Das könnte dir so passen, was? Dass du mich mundtot machst«, keifte sie ihn an. »Ich kann Auto fahren, und ich kann deiner Mutter auch sagen, was ich von deinem Vater denke. Er war ein schlechter Mensch. Ein überaus schlechter und rücksichtsloser Mensch! Ich bin froh, dass er tot ist.«

Sie raufte sich das Haar und hatte jetzt etwas Hexenhaftes an sich.

»Haben Sie etwas mit dem Tod meines Vaters zu tun?«, fragte Frieder. »Sie sind so voller Hass …«

»Ich wünschte, ich hätte es getan und –« Die Griese stoppte mitten im Satz und verengte ihre Augen. »Du hast recht, Frieder von Walde! Ich habe ihn getötet.« Nun erhob sie ihre Stimme. »Ich. Bin. Eine. Mörderin!« Sie sah sich um. Mittlerweile waren etliche Passanten stehen geblieben. »Ja, guckt nur alle wie Kuh vom Dorf!«, schrie die Griese. »Ich habe seinen Vater auf dem Gewissen. Und ich bin stolz darauf!«

Einer der Passanten zückte das Handy, und kurz darauf hörte man Martinshörner.

18:30 Uhr

Traugott hatte ein verdammt mieses Gefühl. Zwar hatte ihn Gerda eben angerufen und darüber informiert, dass sie tatsächlich ab morgen auf dem Möwenschiss wohnen und ihn natürlich rausboxen wollten, weil sie ganz bestimmt den wahren Täter finden würden. Zumal sie angeblich schon eine weitere Tatverdächtige hatten. Nur nützte es ihm gar nichts, wenn doch Marius Meiners sich auf ihn, den alten Kommissar, eingeschossen hatte. Die Beweislage sprach gegen ihn, und wenn sich nur einer finden würde, der beobachtet hatte, dass er kurz am Minigolfplatz vorbeispaziert war … Er selbst hätte als Ermittler die gleichen Schlüsse gezogen. Ein Haftbefehl wäre ihm in dem Fall sicher. Nur hatte er in der Mordnacht am späteren Tatort weder etwas gesehen noch gehört. Von daher fand er es vorteilhafter, nichts von diesem Spaziergang zu erzählen, zumal Traugott eigentlich sicher war, dass ihn niemand bemerkt hatte.

Plötzlich vernahm er ein Motorengeräusch, und im nächsten Moment fuhr Else von Walde schwungvoll aufs Nachbargrundstück. Zum Glück saß ihr nerviger Sohn nicht mit im Wagen. Das war ein Typ, den Traugott per se nicht leiden konnte. Von Beruf Sohn und nach außen hin Computerfachmann. Wobei sich seine Computerkenntnis auf irgendeine Hackerorganisation beschränkte. Was und wen sie im Netz hackten, wusste Traugott nicht. Von Internetkriminalität hatte er keine Ahnung.

Es war aber bestimmt nur eine Frage der Zeit, bis auch Frieder von Walde kam. Er und seine Mutter hatten eine merkwürdige Verbindung. Er war nicht oft auf dem Möwenschiss gewesen, aber wenn er da war, fand Traugott die gesamte Familienkonstellation eigenartig.

Die Beziehung zwischen Falko und seinem Sohn war hingegen nicht ungetrübt gewesen. Er hatte einen echten Mann aus ihm machen wollen – was auch immer Falko darunter verstanden hatte. Wie oft waren die lauten Stimmen zu ihm auf den Platz geschallt, weil Falko und Else wieder und wieder darüber gestritten hatten!

Else von Walde hatte inzwischen das Handy zwischen Ohr und Schulter geklemmt und hielt deswegen den Kopf schief. Sie entlud das Auto und winkte kurz zu Traugott rüber.

Er sah bewusst weg. Hätte sie ihn nicht derart angebaggert, säße er nicht in der Falle und müsste sich auch nicht gegen die Anschuldigungen der Kollegen verteidigen, denn es hätte den Streit im Watt nicht gegeben.

In seinem Ohr gellte noch immer Elses Stimme. »Hallo, Traugott. Mein Lieber, wie schön, dass wir uns hier mal allein treffen!«

»Ich will nichts von dir. Du bist verheiratet.«

Das hatte sie aber nicht abgeschreckt, sondern eher aufgestachelt. Plötzlich war sie ihm viel zu nah gekommen und hatte seine Hand umklammert. Ekelhaft.

Kurz danach waren da andere Hände gewesen. Pranken, die sich um seinen Hals legten. Ein kräftiger Körper, der ihn in die Knie zwang. Und mit dem Allerwertesten im Watt landen ließ.

Traugott schüttelte sich. Er sah noch immer die geballte Faust seines Campingnachbarn vor sich, der er nur deshalb hatte ausweichen können, weil er sich wie eine Robbe, oder eher wie ein Walross, im Schlick zur Seite gedreht hatte.

Aber wer sah hinterher aus wie ein Schwein? Er selbst.

»Danke für nichts, Else«, murmelte er.

»Was hast du gesagt?« Seine Nachbarin lugte über die Parzellengrenze, eine Kühltasche in der Hand. Das Telefonat hatte sie offenbar beendet. Hörte das Weib denn alles?

»Nichts, Else. Ich sitz hier nur so rum.«

Else stellte die Tasche ins Gras und näherte sich mit wiegendem Gesäß. Den Gang hatte sie sich bestimmt von Marilyn Monroe in einem Film abgeschaut, nur wirkte es bei ihr nicht besonders überzeugend. Auch der Augenaufschlag sah eher dümmlich aus.

»Ich habe gehört, die Polizei denkt, dass du meinen Falko umgebracht hast. Ich wollte dir nur versichern, dass ich das nicht glaube. Du bist selbst Bulle gewesen. Und Falko, na ja, Falko war ja generell eher unbeliebt. Auch in seiner Firma. Und im Sportverein. Weißt du eigentlich, wie viele von der Tischtennisgruppe ihn hassten?« Sie tupfte sich die Augen, obwohl gar keine Tränen zu erkennen waren.

Traugott zuckte nur mit den Schultern. So sehr interessierte ihn das alles nicht. Er wusste nur: Er hatte Falko von Walde nicht getötet, und der wahre Mörder stand offenbar kein bisschen im Fokus. Da konnte er wohl tun und lassen, was er wollte.

»Ja, so viele Menschen mochten Falko nicht«, resümierte Else mit schwerer Stimme. Ihr Tonfall war weiß Gott nicht der einer trauernden Witwe. »Er war oft zu unbeherrscht, mein Falko. Damit musste man umgehen können. Ein Narzisst, wie er im Buche steht.«

»Narzissmus hat nichts mit Unbeherrschtheit zu tun«, konnte sich Traugott nicht verkneifen. Else sollte mal nicht so gebildet tun. Es stand ihr nicht.

»Ach, egal. Er war eben schwierig. Gleich kommt unser Sohn. Er wollte noch ein wenig in Wilhelmshaven spazieren gehen. Ihn nimmt das alles furchtbar mit. Ich bin froh, wenn er hier ist. Dann können wir gemeinsam trauern. Das wird uns helfen, mit dem schweren Verlust zurechtzukommen.« Sie wandte sich zum Gehen. »Und mach dir nichts draus, Traugöttchen. Das Leben ist am Ende immer gerecht.«

Mit einem Ruck nahm sie die Kühltasche wieder hoch und brachte sie ins Vorzelt.

Traugott wollte eben aufatmen, als zwei andere Menschen um die Ecke bogen. Und die beiden hätte er lieber nicht mehr gesehen.

Meiners und Dietrich bauten sich vor ihm auf. »Fürchtenicht, wir nehmen dich fest wegen des Mordverdachts an Falko von Walde!«

16. Kapitel

Mittwoch

10 Uhr

Gerda war schon seit dem frühen Morgen damit beschäftigt, den kleinen Wohnwagen bewohnbar zu machen. Sie hatte gestern bereits damit begonnen, ihn zu reinigen, aber es war doch mehr zu tun als gedacht. Er war ein bisschen in die Jahre gekommen, aber Ino musste ja nicht für immer darin hausen, und sie konnten ihn umsonst nutzen. Da durfte man nicht wählerisch sein.

Gerda bearbeitete die Sitzpolster mit dem Teppichklopfer und schrubbte den Fußboden. So langsam bekam der Wohnwagen einen anderen Duft. Jetzt noch rasch das frisch bezogene Bettzeug reinbringen, und dann ging es ans weitere Packen. Sie musste alles so eingeräumt bekommen, dass es auf dem kleinen Raum auch sinnvoll war. Gar nicht so einfach, wenn man es gewohnt war, sich auszubreiten. Aber schließlich gelang ihr das Kunststück.

Den Zeltaufbau hatte Ino, wenn auch widerwillig, auf seinem Auto montiert. Die Zeltplane roch etwas muffig, und Gerda hoffte, dass die Luftmatratze hielt und nicht zu unbequem war. Hierbei handelte es sich um ein unmodernes Gebilde von einem merkwürdigen Rot, was man heute sicher nicht mehr produzieren würde. Es gab tatsächlich ein dickes Kopfteil, das Gerda aber nicht ganz aufpusten wollte, damit sie keine Nackensteife bekam.

»Sag mal, geht ihr denn nicht ans Handy?« Thedas schrille Stimme schallte durch Tjarkshusen.

»Wieso, was ist denn?«, fragte Gerda und schaute aus dem Wohnwagen. »Wir bereiten gerade unseren Camping-Einsatz vor, da haben wir keine Zeit, zu telefonieren. Ich glaube, mein Handy liegt zu Hause in der Küche. Was gibt es denn so Dringendes, dass du sogar hierherkommst?«

»Ich habe wichtige Neuigkeiten zu verkünden! Leute, wir haben ein Detektivbüro, das bedeutet aber auch, dass alle Mitarbeiter erreichbar sein müssen. Und nun haben sie Fürchtenicht gestern Abend verhaftet!«

»Festgenommen«, berichtigte Gerda sie. »Das heißt festgenommen. Du musst dich mehr in die Polizeisprache einfinden.«

Theda winkte ab. »Ist doch egal. Unser Klient sitzt jetzt total in der Klemme. Hat er euch nicht Bescheid gegeben?«

Gerda schüttelte missmutig den Kopf. »Nein, hat er nicht. Vielleicht durfte er nur noch mit seinem Anwalt telefonieren. Aber woher weißt du es denn?«

»Ganz Horumersiel spricht davon. Der halbe Campingplatz hat es gesehen, und natürlich haben die Leute es herumerzählt. Wie peinlich, dass wir davon aus zweiter Hand erfahren mussten und nicht von unserem Klienten selbst.«

Da musste Gerda ihr recht geben. Sie lief schnell ins Haus und checkte ihr Handy, aber Traugott hatte nicht versucht, sie zu erreichen.

»Harrijasses nej«, murmelte sie. »Ob er nicht an uns und unseren Ermittlungserfolg glaubt?« Sie lief zurück zu Theda, die ihre Arme in die Hüften gestemmt hatte. »Ein bisschen mehr Vertrauen in unsere Arbeit hätte dem Mann gut angestanden. Da will man helfen …« Gerda zuckte mit den Schultern. Sie würden trotzdem zum Campingplatz fahren und den wahren Mörder suchen!

»Wir müssen was tun«, sagte auch Theda. »Jetzt erst recht!«

»Jo, das ist richtig«, bestätigte Gerda. »Deshalb geht es gleich los zum Möwenschiss, und dann fühlen wir den Campern da mal ordentlich auf den Zahn. Der Ehefrau. Dem Sohn, wenn er da ist. Den Nachbarn. Das war zu hundert Prozent eine Beziehungstat. Davon bin ich überzeugt, denn ich habe nicht gehört, dass man dem Mann etwas gestohlen hat. Und du, Theda, kümmerst dich weiter um die alte Griese. Sie hat momentan das stärkste Motiv. Außerdem vertraut sie dir, immerhin hat sie dir schon verdammt viel erzählt.«

Theda nickte stolz. »Genau, das habe ich richtig gut gemacht!« Dann stöhnte sie laut. »Dass der Meiners aber auch derart voreingenommen ist und so schnell zuschlägt! Er muss doch in alle Richtungen ermitteln. Das ist Pflicht der Polizei. Sagen die im *Tatort* auch immer, hab am Wochenende genau aufgepasst!«

»Dann tun *wir* das eben, wenn die Polizei nicht weiß, wie sie vorgehen muss«, meinte Gerda. So hatte sie Ino gegenüber wieder ein wunderbares Argument an der Hand.

Theda schaute in den Wohnwagen und hob den Daumen. »Sieht schick aus für eine so alte Gurke. Aber schlafen möchte ich darin nicht. Pass man auf, dass du dich deswegen nicht mit Ino überwirfst! Das ist nix für ihn.«

Niemals hätte Gerda ihrer Konkurrentin um Inos Gunst gesteckt, welch heftigen Streit sie deswegen mit ihm gehabt hatte. Sie winkte mit einem Lächeln ab.

»Du kennst doch Ino. Klar, er war zunächst nicht begeistert, aber er ist einer von uns und macht natürlich mit!«

Dabei beließ sie es. Theda war mit ihren Gedanken sowieso schon wieder woanders, zumal Ino von der Mühle herüberschlenderte. Er hatte die Hände tief in die Hosentaschen gesteckt, wirkte aber nicht mehr so bockig wie am Vortag.

Gerda wandte sich wieder Theda zu, die jetzt weitere Neuigkeiten verkündete. »Ich wollte gestern übrigens noch das Alibi der Griese hinterfragen und bin nach Feierabend zu ihr nach Hause spaziert. Aber die ist, betrunken, wie sie war, tatsächlich noch mit ihrer Ente nach Wilhelmshaven gefahren. Hat mir eine Nachbarin erzählt. In Schlangenlinie! Das war keine gute Idee.« Thedas Stimme senkte sich beim letzten Satz. Sie wirkte ein bisschen schuldbewusst.

»Na, schon wieder am Planen?«, begrüßte Ino die beiden. Auch er warf einen Blick in den Wohnwagen. »Sieht schon ganz gut aus. Da muss ich jetzt wohl durch.«

Gerda lächelte ihn an. Sie war froh, ein leichtes Blitzen in seinen Augen zu entdecken. Beruhigt setzte sie das Gespräch mit Theda fort. »Hast du was damit zu tun? Ich meine, dass die Griese getrunken hat.«

»Jaaaa«, gab Theda zu. »Ich musste doch ihre Zunge lockern, da ist es für eine Ermittlerin manchmal notwendig, zu außergewöhnlichen Methoden zu greifen«, erklärte sie geschwollen.

»Klarer Schnaps«, sagte Ino. »Du hast sie mit Schnaps abgefüllt.«

»Jo, das hilft immer. So ein paar Lütte, schön eisgekühlt durch die Kehle gespült, und die Vögel beginnen zu singen«, verteidigte Theda sich. »Wenn die Griese morgen wieder Brötchen holt, ist sie fällig. Dann muss sie mit einem Alibi rausrücken.«

»Ach, Theda. Es geht eben immer nur eins nach dem anderen. Wir alten Leute können nichts überstürzen. Ich finde unser Engagement schon sehr genial. Immerhin gehen wir für die Wahrheitsfindung sogar campen!« Gerda klopfte die Fußmatte aus.

Thedas Mundwinkel zogen sich skeptisch nach unten. »Ich finde es zwar übertrieben, dass ihr gleich zusammen dort Urlaub macht, aber wenn ihr meint …«

»Wir machen keinen Urlaub, Theda! Wir arbeiten und ermitteln. Das darfst du nicht durcheinanderbringen. Du hast deinen Stützpunkt eben in der Bäckerei, und so ergänzt es sich alles wunderbar.«

Theda rang sichtlich mit sich selbst, beschloss dann aber offenbar, das Thema nicht weiter zu vertiefen. Sie winkte Gerda verschwörerisch zu sich heran. »Ich habe noch mehr erfahren: Die Griese hat angedeutet, dass unsere Leiche Stress im Tischtennisverein hatte. Es ging angeblich um Unterschlagung. Damit bin ich noch nicht viel weiter, aber es gab wirklich Ärger. Das konnte ich heute einem meiner Kunden entlocken. Er hat außerdem gesagt, dass Falko von Walde richtig viele Feinde gehabt haben soll.«

»Da kannst du mal sehen, wie wichtig dein Bäckereistützpunkt ist«, betonte Gerda. »Von welchen weiteren Feinden hat er denn gesprochen?«

»Von vielen. Falko soll sich wohl mit jedem angelegt haben. Beim Tischtennis. Im Job. Es gab zudem ständig Krach auf dem Möwenschiss, weil er sich nie an die Platzordnung gehalten hat. Das ist beim Camping offenbar eine Todsünde. Zumindest in Bezug auf einige Camper. Wir müssen tatsächlich eine Menge Leute durchleuchten.« Theda strich sich eine Haarsträhne zurück und zwinkerte Ino dabei mit schräg gestelltem Kopf zu. Der beachtete sie allerdings nicht, sondern untersuchte lieber die Reifen des Caravans. »Die müssen auch bald ersetzt werden. Da ist überhaupt kein richtiges Profil mehr drauf«, sagte er.

»Ach, bis zum Möwenschiss wird es schon reichen. Sind schließlich nur ein paar Kilometer«, sagte Gerda. Mit so etwas wollte sie jetzt nicht die Zeit vertrödeln und den Einsatz womöglich verschieben. Auf dem Möwenschiss stand der Wohnwagen doch nur rum, was sollte er da mit Reifenprofil? Die Polizei beschäftigte sich schließlich gerade mit der Mordermittlung, da waren abgefahrene Reifen bestimmt sekundär.

»Wir werden den alten Kommissar raushauen. Meine Idee, sich direkt ins Wespennest auf dem Möwenschiss zu begeben, grenzt an Genialität!« Gerda rieb sich die Hände. »Wir finden schon heraus, wer Falko von Walde den Garaus gemacht hat!«

10:30 Uhr

»Nun, Frau Griese«, sagte Meiners. Die Frau hatte sich gestern in der Zelle mehrfach übergeben und musste zudem ärztlich betreut werden, betrunken, wie sie war. Aber sie hatte einen Mord gestanden, und deshalb war es legitim gewesen, sie in der Arrestzelle im Wilhelmshavener Stadtteil F-Groden zwischenzuparken. Nun war sie wieder ansprechbar. »Was sollte das gestern eigentlich auf der Südstrandpromenade? Warum sind Sie so aggressiv geworden und haben sich sogar dazu hinreißen lassen, zu behaupten, sie wären die Mörderin von Falko von Walde? Sie verstehen sicher, dass wir sie deshalb festsetzen mussten.«

Die Griese schob sich auf der Pritsche hoch. »Kann ich mir bitte die Zähne putzen? Und etwas gegen den Brummschädel bekommen?«

Meiners nickte Dietrich zu, der sich sofort darum kümmerte. Sie nahm die Tablette, putzte sich an dem kleinen Waschbecken die Zähne und ordnete das Haar.

»So, und nun geht es ab aufs Präsidium. Sie erscheinen mir wieder vernehmungsfähig.« Meiners machte Dietrich und einem Streifenpolizisten ein Handzeichen, die die alte Griese ins Polizeifahrzeug verfrachteten.

Als sie im Präsidium angekommen waren, wirkte die Griese ein bisschen auskunftsfreudiger. »Auf mich wurde ein Giftanschlag verübt!«, stieß sie schließlich hervor.

»Ein Giftanschlag?« Meiners zog die Brauen hoch. »Wer soll das gewesen sein, und womit sind Sie vergiftet worden?«

»Und vor allem, warum?«, warf Dietrich noch ein.

»Es war Theda Graalfs mit ihrem Schnaps!«, jaulte die Griese. »Sie hat mir immer wieder nachgeschenkt, und dann war ich nicht mehr Herrin meiner Sinne.«

Sie genderte bei der Antwort, was Meiners mit einer Stirnfalte kommentierte. »Aber Sie haben freiwillig getrunken, oder?«, hakte er nach.

Die Griese senkte den Kopf.

»Dann war es keine Nötigung. Nur warum hat Frau Graalfs das getan?«

»Sie wollte mir geheime Dinge entlocken, und das ist ihr auch gelungen!«

»Welche Dinge denn?«, fragte Dietrich, was ihm schon wieder einen giftigen Blick seines Chefs bescherte.

»Ich kannte den Toten«, antwortete die Griese. »Von früher. Und es war kein ungetrübtes Verhältnis gewesen. Genau wie ich diesen Fürchtenicht unangenehm finde.«

Da ist sie nicht die Einzige, dachte Meiners. Er betrachtete die Frau. Sie wirkte nicht wie eine Mörderin, hatte aber offenbar ein schlechtes Verhältnis zu dem Toten gehabt. Und die Graalfs hatte sie in Verdacht, sonst wäre die Griese nicht in den uneingeschränkten Genuss des Schnapses gekommen.

»Gut, sie wollte also, dass Sie über ihr Verhältnis zu von Walde sprechen, und hat sie betrunken gemacht. Aber warum sind Sie nach Wilhelmshaven gefahren und haben behauptet, die Mörderin zu sein?«

»Weil ich es gern gewesen wäre«, sagte die Griese trotzig. Sie rieb sich die Stirn und stöhnte leise. Noch hatte die Kopfschmerztablette nicht gewirkt. So ein echter Kater ließ sich eben nicht beirren und dauerte so lange, wie er dauerte.

»Ihr Hass war also so groß, dass Sie ihm den Tod gewünscht haben?« Langsam fand Meiners die Alte doch interessant. Warum sollte so ein Besen nicht auch vor Wut mit Markisenkurbeln um sich schlagen und sie vorher ausgerechnet demjenigen stehlen, den sie ebenfalls nicht leiden konnte? Dann hätte sie beide dort, wo sie sie haben wollte.

»Der Mann war einfach nur schlecht, und nun … ist *mir* schlecht!« Sie hielt sich die Hand vor den Mund und schaute sich mit großen Augen um.

Meiners wusste sich keinen anderen Rat, als nach dem kleinen Planschbecken des Badehosenbuddhas zu greifen und es ihr unter die Nase zu halten. Er ärgerte sich selbst, schließlich war das eine völlige Zweckentfremdung seiner Inspiration. Aber es war immer noch besser, als wenn sich die alte Griese quer über die Papiere auf seinem Schreibtisch erleichterte. Außerdem hatte er genug Untergebene, die sich um die Hinterlassenschaften der Zeugin kümmern konnten. Meiners wartete, bis der Würgereiz zu Ende war, und reichte ihr dann ein Papiertaschentuch.

Er winkte Dietrich, der die Schale mit hocherhobener Nase hinaustrug.

»So, nun Butter bei die Fische, wie man in Norddeutschland so fein sagt. Und von vorn, Frau Griese. Sie sind also völlig betrunken zum Südstrand gefahren und haben Frieder von Walde angepöbelt. War es Zufall, dass Sie ihn getroffen haben, oder wussten Sie, dass er dort war?«

»Zufall. Wirklich. Ich fühlte mich gerade mutig genug, um Frau von Walde zu sagen, wie wenig betrübt ich über den Tod ihres Gatten bin. Und ich dachte, ein bisschen Seeluft zuvor würde mir den Kopfschmerz vertreiben. Da ist mir der junge Mann über den Weg gelaufen, und es ist mit mir durchgegangen.«

Meiners fand, dass es einleuchtend klang. »Ich gehe mal davon aus, dass Sie während der Autofahrt alkoholisiert waren.« Das Thema musste er schließlich auch noch anschneiden. Schade, dass man sie dabei nicht erwischt hatte!

»Sie können nicht beweisen, dass ich betrunken Auto gefahren bin«, sagte die Griese.

Meiners zuckte mit den Schultern. Leider hatte sie recht.

»Ich brauche Ihr Alibi für die Tatzeit«, sagte er. Ihn ärgerte das hier alles. Die Alte war bestimmt keine Mörderin, egal, ob sie erzählte, wie sehr sie wen gehasst hatte, und er musste sich mit dieser lächerlichen Situation rumschlagen. Sein Mörder saß hingegen im Verhörzimmer und wartete auf ihn. Die alte Griese hielt ihn nur auf.

»Wann soll das gewesen sein? Der Mord, meine ich«, fragte die Griese. Sie sah schon wieder blass aus und benötigte ein zweites Mal die Schale.

»Ich denke, Sie haben ihn begangen?«, schnauzte Meiners sie an. »Dann werden Sie doch wohl wissen, wann das war.«

»Ich habe mich berichtigt und gesagt, dass ich mir gewünscht hätte, es getan zu haben. Sie hören mir nicht zu, Herr Kommissar!«, maßregelte die Griese ihn. Er schnaubte vor Wut.

»Also, wo waren Sie zwischen Mitternacht und zwei Uhr morgens in der Nacht von Sonntag auf Montag?«, fragte er schließlich genervt.

»Um die Zeit pflege ich zu schlafen. Allein«, japste die Griese, als sie Dietrich die Schale zurückgegeben hatte. »Mich wollte ja keiner.«

Das konnte Meiners nachvollziehen. Er war zwar selbst solo, aber das lag daran, dass ihm bislang keine Frau gut genug gewesen war. Obwohl er durchaus Möglichkeiten gehabt hätte. Immerhin gab er was her! Unwillkürlich strich er sich über den flachen Bauch.

Dann sagte er zu Dietrich: »Bring Frau Griese zurück nach Horumersiel. Wie sie ihr Auto zurückbekommt, kann sie selbst klären. In dem Zustand fährt die Frau auf keinen Fall selbst.« Dann wandte er sich der Griese zu. »Sie verlassen Ihren Ort vorerst nicht und halten sich zu unserer Verfügung, denn Sie gelten nach wie vor als tatverdächtig. Haben wir uns verstanden?«

»Keine erkennungsdienstlichen Maßnahmen?«, fragte Dietrich.

»Ach so, ja. Nehmt ihre Abdrücke und so. Und dann widmen wir uns wieder unserem Hauptverdächtigen.«

17. Kapitel

Mittwoch

13 Uhr

Gerda hatte den Wohnwagen fertig gesäubert und beladen. Alles befand sich an seinem rechten Platz. Auf dem Dach von Inos Auto hatte Martin van der Fisk die Zeltkombination für die Fahrt fixiert.

Jetzt fuhren sie auf der Landstraße hinter dem Wagen des Nachbarn her. Martin hatte den Caravan angehängt und brachte ihn zum Möwenschiss.

Inos Auto schwankte in jeder Kurve bedenklich. Zwar war das Zelt eingeklappt, aber das Gerüst breiter als das Dach. Tiger fiel hinten fast von der Rückbank und hatte Mühe, sich auszubalancieren. Manchmal plinkte es, und eine Schraube kullerte über die Windschutzscheibe auf die Straße. Ino fluchte. »Entweder meine Kiste hält das nicht aus, oder aber das Zelt kracht gleich auf die Straße.« Er sandte einen bedenklichen Blick nach oben. »Ist ja alles nicht mehr ganz neu.« Inos Auto war zwar kürzlich noch durch den TÜV gekommen, aber eben schon etwas betagt. Der Hinweis des Mitarbeiters in der Werkstatt war eindeutig gewesen: »Beim nächsten Mal gibt es Schwierigkeiten.«

Zum Glück wehte heute Nachmittag kaum Wind, und die Strecke war wirklich recht kurz, sodass Hoffnung bestand, unbeschadet auf dem Campingplatz anzukommen.

»Du kannst ja langsam fahren. Schließlich macht es nichts,

wenn Martin mit dem Wohnwagen vor uns am Möwenschiss ankommt«, sagte Gerda. »Wir schaffen das!«

»Bist du jetzt Frau Merkel?«, maulte Ino. Er war gerade über eine unebene Stelle der Straße gefahren, sein Auto hatte ein bedenklich knarzendes Geräusch von sich gegeben, und er wirkte sehr besorgt. »Nicht dass die Achse bricht«, sagte er. »Auf jeden Fall muss ich gleich jede Schraube nachziehen, sonst laufen wir Gefahr, dass du mitsamt dem Aufbauzelt vom Dach fällst und dir wer weiß was brichst.«

Sie zuckelten weiter, und insgeheim war Gerda froh, dass ihnen keine Polizei begegnete. Sie wären mit Sicherheit aus dem Verkehr gezogen worden. Doch das Schicksal war ihnen hold, und sie erreichten den Campingplatz ohne Zwischenfälle.

Tiger sprang sofort erleichtert raus und erschnüffelte die Umgebung. Martin van der Fisk war schon dabei, den kleinen Wohnwagen aufzubocken. Auch dabei quietschte es besorgniserregend. »Die Stützen haben lange kein Licht gesehen und sind völlig verrostet«, sagte Martin lachend. »Ich sollte sie mal geschmeidiger machen! Aber nun stehen sie ja.«

Hauptsache, sie halten, dachte Ino. Nicht dass sie mitten in der Nacht kaputtgingen und er samt dem Wohnwagen zu Boden krachte. Was hatte Gerda ihnen da bloß angetan!

Martin maß mit der Wasserwaage nach, ob der Caravan gerade stand, und baute danach in Windeseile ein winziges Vorzelt davor auf. Er war nur knapp breiter als die Eingangstür und wirkte etwas schlaff.

»Das braucht ihr als Windfang und um die Schuhe abzustellen«, erklärte Martin mit geduldiger Stimme. So wie er eben war. »Und jetzt bauen wir das Kochzelt auf.« Er zeigte auf ein Gepäckstück, das am Reifen des Wohnwagens lehnte. »Obwohl ich nachgelesen habe, dass es auf dem Möwenschiss auch eine gut ausgestattete Camperküche gibt. Mit Backöfen, Elektroherden, Wasserkochern, Kaffeemaschinen und Kühlgelegenheiten. Von daher seid ihr gut versorgt. Nur möchte man manchmal lieber seine eigenen Sachen nutzen. Hast du sämtliche Utensilien eingepackt?«

Gerda nickte. Natürlich hatte sie sogar ihre Töpfe dabei! Allerdings nur drei, denn mehr Flammen hatte der Kocher nicht.

»Und ich hab den Grill!«, sagte Ino. Wenn Gerda wegen der Ermittlungen mal keine Zeit hatte, etwas zuzubereiten, würde er sich eben ein Würstchen auf den Rost legen.

Martin stellte das kleine Beistellzelt auf und rieb sich anschließend zufrieden die Hände. »Geschafft! Ging schneller als gedacht.«

Er schaute zur Nachbarparzelle, wo Ino seinen Wagen geparkt hatte und bereits die Schrauben am Gestell nachzog.

»Und jetzt bauen wir dein Zuhause auf«, sagte Martin.

Gerda folgte ihm und blickte dann skeptisch zum Dach von Inos Auto. Was ihr zuvor als romantisch und klug erschienen war, erfüllte sie nun mit einem gewissen Respekt, denn ihre Schlafstätte lag ziemlich hoch. Fast wie ein Baumhaus, aber eben auf einem Auto. »Zumindest bin ich da oben vor Schlangen sicher«, sagte sie. »Und vor Skorpionen.«

»Die gibt es hier nicht«, knurrte Ino. Er ließ den Schraubenschlüssel sinken. »Ist alles wieder fest.«

Fahrig strich er Tiger übers Fell. Sie gab ein dunkles »Wuff« von sich und trabte erneut mit ausgreifenden Schritten über die Parzellen und durch den Kastanienweg.

Ino pfiff nach ihr, als er sah, wie vom Hauptweg her ein paar Camper herüberstarrten und mit dem Finger auf den großen Hund zeigten. Wenn Tiger weiterhin frei über den Möwenschiss stromerte, würde das unnötigen Ärger zur Folge haben. Ino wusste, wie angsteinflößend der große Hund wirkte. Obwohl Tiger der liebste Hund der Welt war und nicht einmal nach Fliegen schnappte. Aber auf dem Platz herrschte Leinenpflicht, und

Ino war sicher, dass es genug »Hausmeister« gab, die einen Verstoß bei Sir Archie melden würden.

Tiger hörte zum Glück aufs Wort und legte sich neben den Wohnwagen. Er würde sie später anleinen.

Martin stellte eine Leiter neben das Auto, und mit wenigen Handgriffen klappte er das Zelt auf dem Dach auf. »Was ein alter Camper mal gelernt hat!«, rief er stolz. Dann steckte er seinen Kopf hinein. »Gerda, du kannst nachts sogar den Sternenhimmel sehen«, rief er fröhlich. »Oder ein Stück davon. Da ist ein kleines Loch im Dach. Wenn du ein Auge zukneifst, siehst du wirklich einen Teil des Universums!«

Darüber freute Gerda sich gerade weniger. Wenn es regnete, bedeutete das nämlich, dass sie nass werden würde.

Ino ging dasselbe durch den Kopf. »Du kannst doch nicht in einem löchrigen Zelt schlafen!«

Martin legte die Hand ans Kinn. »Da hast du recht, Ino. Passt auf, ich habe eine Idee. Wir flicken das Loch, und dann tauscht ihr. Du bist schließlich ein Gentleman und überlässt der Dame das bequemere Quartier.«

Gerda wollte eben widersprechen, als ihr auffiel, dass Martins Idee gar nicht schlecht war.

Ino schien weniger begeistert, stimmte dann aber zu. »Aber was ist mit Tiger?«, fragte er plötzlich. »Meine Dame kann nicht die Leiter hoch aufs Autodach klettern. Ausgeschlossen! Und in das mickrige Vorzelt passt sie nicht rein.«

Gerda dachte wieder nach. Ein Hund im engen Wohnwagen und sämtliche Gerüche, die ein solch großes Tier mitbrachte, gegen ein kleines Leck im Dach.

»Ich bleibe im Zelt«, tat sie schließlich laut kund. »Tiger braucht Ino in ihrer Nähe. Ohne Wenn und Aber!«

Zufrieden nickte Ino. »Dann bleibt es, wie es ist?«

»Jo.«

Martin flickte das Loch und platzierte die Leiter so, dass Gerda später problemlos hinaufklettern konnte. Aus seinem VW-Bus holte er noch die Luftmatratze, pumpte sie auf und bugsierte sie oben ins Zelt. Danach wuchtete er das Bettzeug hinauf.

»Hoffentlich kommt kein Orkan«, unkte sie. »Dann fällt Inos Rostlaube womöglich um. Sieht ganz schön bombastisch aus.«

»Hab keine Rostlaube, und mein Auto fällt bestimmt nicht um. Es gibt nichts Stabileres!« Ino mochte es nicht, wenn jemand über seinen Wagen lästerte. Fast 20 Jahre fuhr er ihn, und noch nie hatte die Kiste ihn im Stich gelassen. Nicht einmal bei der Verfolgungsjagd im Frühjahr, als sie vor dem Kluntjekiller fliehen mussten. Nicht einmal da!

»Ich lade schon mal die beiden Campingstühle aus«, sagte er. Leider befanden sie sich nicht in der viel zu kleinen Klappe, die seitlich am Wohnwagen angebracht war. Er musste in den Wagen hineinkriechen und sowohl Tisch als auch Stühle unter dem Einzelbett hervorziehen. »Das ist alles verdammt eng. Bist du dir sicher, dass das hier eine gute Idee ist?«

»Gebucht ist gebucht. Sir Archie lässt uns nicht mehr raus aus dem Vertrag!«

Bald darauf verabschiedete sich Martin, und Gerda setzte sich für eine Weile zu Ino, der die Stühle und den Tisch inzwischen aufgestellt hatte. »Unser Hauptstützpunkt auf dem Möwenschiss ist diese Parzelle, weil wir hier unsere Möbel haben«, bestimmte Gerda.

»Und was hast du jetzt vor?«, fragte Ino mit einem skeptischen Blick über den Campingplatz. Von überall her waren Stimmen zu hören, es roch nach Grill, und vom Pool her schallte Kreischen und Kinderlachen. »Die baden wohl immer. So warm ist es doch gar nicht.«

»Urlauber«, sagte Gerda. »Ich werde noch heute mit den Ermittlungen beginnen. Der Regen hat aufgehört, man kann sich gut draußen aufhalten, und das will ich nutzen. Kommst du mit? Eine Runde spazieren?« Sie warf einen Blick auf die Uhr. »Wir haben fast zwei Stunden für den Aufbau gebraucht, jetzt ist es halb drei.«

Ino legte sich ruckartig in dem Stuhl nach hinten, zugleich klappte das Fußteil hoch, sodass er wie ein Käfer auf dem Rücken lag.

»Relaxliege«, kommentierte Gerda. »Also muss ich wohl allein gehen.« Sie blieb aber noch unschlüssig stehen.

»Jo, ich relaxe dann mal. Genug geleistet heute. Komm her, Tiger!« Die Dogge war derweil wieder aufgestanden und joggte über die Parzelle, wo sie an allen möglichen Stellen ihr Revier markierte.

»Eine Kuh!«, rief plötzlich ein etwa sechsjähriger Junge und wies mit ausgestrecktem Finger auf den großen, gescheckten Hund. »Guck mal, Mama! Die haben eine Kuh mitgebracht.«

»Nein, das ist ein Dalmatiner«, antwortete die Mutter. »Der ist doch gescheckt. Aber so groß. Unglaublich.« Die Mutter packte den Jungen am Arm und zog ihn rasch fort. »Leinen Sie das Raubtier gefälligst an! Das ist gefährlich!«

Gerda rief Tiger und nahm die Leine. Sie befestigte sie am Wohnwagen. Aber lang genug, damit sie sich neben Inos Stuhl legen konnte.

»Dann kann ich jetzt wohl losgehen. Ich stecke vorsichtshalber meine Einmalhandschuhe ein. Wenn man korrekt ermitteln möchte, ist das notwendig.« Gerda ging zum Wohnwagen, wo sie in der Klappe eine Packung mit Gummihandschuhen verstaut hatte, und nahm zwei heraus. Dabei überhörte sie Inos Kommentar »Mach doch, was du willst« geflissentlich, winkte ihm kurz und verließ die Parzelle. »Bis später, Ino!«

Meiners war unzufrieden. Trotz der bedrückenden Beweislage war aus seinem Ex-Chef nichts rauszubekommen. Er blieb bei seiner Version, nichts mit dem Mord zu tun zu haben.

Sie saßen im Büro des neuen EPHK in Wilhelmshaven. Die Sonne schien wieder, wenngleich es nicht mehr so sommerlich warm war, was Meiners als sehr angenehm empfand.

Gut war außerdem, dass sein Buddha inzwischen funktionierte. Er hatte auch bei den Drachen die Batterien ausgewechselt, sodass das Büro wieder mit dem Universum im Einklang schwang.

»Fürchtenicht, bitte erzähl mir noch einmal, was geschah, nachdem du in der Mordnacht vom Strand zurückgekommen bist!«, forderte Meiners Traugott auf. »Aber jetzt bitte so, dass es auch stimmt.«

Fürchtenicht wirkte nervös, und er war davon überzeugt, dass das Vögelchen bald singen würde. Er musste nur Geduld haben und warten, bis Traugotts Nerven blank lagen.

»Stimmte vorher schon, was ich erzählt habe. Ich lüge nämlich nicht herum. Aber gern noch einmal, Kollege.« Fürchtenicht räusperte sich. »Ich bin vom Strand zurück, es war kurz nach Mitternacht. Sir Archie saß vor seiner Rezeptionshütte und hat mich kurz gegrüßt. Er ist dann aufgestanden und wollte wohl ins Bett gehen. Sein Wohnwagen steht gleich hinter der Anmeldung. Ich bin weiter zu meinem Platz. Hab mich noch kurz draußen hingesetzt und den Geräuschen der Nacht gelauscht.«

Fürchtenicht machte eine Pause und schien mit sich zu ringen. Dann atmete er einmal heftig aus und fügte hinzu: »Na ja, und vorher bin ich noch am Pool vorbeispaziert.«

Meiners unterbrach ihn aufgeregt. »Das hast du uns bislang verschwiegen, und es deckt sich mit der Aussage eines Zeugen!«

»Hatte ich vergessen«, grunzte Fürchtenicht. Ihm war durchaus klar, dass auch dieses »Vergessen« nicht dazu beitrug, ihn glaubwürdiger dastehen zu lassen. Mann, warum benahm er sich wie der letzte Stümper, obwohl er es doch eigentlich besser wissen musste! Ein bisschen verstand er nun die Beschuldigten, die sich aus Angst oft in sehr obskure Lagen brachten, und er leistete im Stillen Abbitte, weil er sie stets für völlig durchgeknallt gehalten hatte.

Trotzdem sprach er ruhig weiter. »Da war aber nichts. Keine Menschen, kein Hund. Auf dem Rückweg zum Kastanienweg ist mir dann zuerst so ein junger Typ begegnet, und kurz darauf ist Falko an mir vorbeigerannt. Richtung Pool und Minigolfplatz. Mehr weiß ich nicht, weil ich anschließend schlafen gegangen bin.«

»Das hast du gut auswendig gelernt«, sagte Meiners.

»Es ist die verdammte Wahrheit!«, motzte Traugott los.

»Bitte den Ton wahren«, beschwichtigte Meiners ihn. Aber er wusste selbst, dass er so nicht weiterkam.

Einen wirklichen Beweis hatte er nicht. Es sprach viel dafür, dass Fürchtenicht der Täter war, aber ob der Staatsanwalt wirklich Haftbefehl gegen den ehemaligen EPHK erlassen würde, wagte Meiners zu bezweifeln. Es bestand keine Fluchtgefahr, und Traugott war ein unbeschriebenes Blatt.

Was, wenn er nicht log? Dann war es später vermutlich am Minigolfplatz zu einem Streit gekommen. Zwischen von Walde und wem auch immer. Vielleicht sogar mit Dirk Hauken, der aber wiederum Fürchtenicht bezichtigte. Irgendwo war etwas verdammt faul, aber er fand die Ursache für den Gestank nicht.

Konzentrier dich auf das, was du gelernt hast, mahnte ihn eine innere Stimme. Du musst in alle Richtungen ermitteln und darfst dich nicht zu früh festlegen. Auch das, was unmöglich oder allzu naheliegend erscheint, könnte wichtig sein.

Meiners räusperte sich und versuchte, die Konzentration wieder auf sein Gegenüber zu lenken.

»Falko von Walde ist danach also zum Minigolfplatz zurückgegangen, was ihm zum Verhängnis geworden ist«, fasste er das Gesagte zusammen. »Wann genau seid ihr euch begegnet?«

»Kurz nach zwölf«, sagte Fürchtenicht. »Um halb eins habe ich das Licht im Wohnwagen ausgemacht. Zwischen unserem Zusammentreffen und dem Augenblick, als ich schlafen gegangen bin, habe ich mich für die Nacht fertig gemacht und so. Ja, das war circa kurz nach zwölf.«

Wenigstens hatten sie so vermutlich die korrekte Tatzeit.

»Und wenn es der Typ war, der mir begegnet ist?«, versuchte Traugott es nun.

»Wie sah er denn aus?«

Traugott beschrieb ihn. »Mitte dreißig. Er trug karierte Shorts, und sein blondes Haar war lockig. Dünn ist er. Und hochgewachsen, also mindestens 1,85.«

Meiners kniff die Lippen zusammen und sah, dass Dietrich genau dasselbe dachte wie er. Dass es auch dieser Krimiautor gewesen sein konnte. Er war genauso in der Nähe des Tatorts gewesen wie Fürchtenicht. Dessen Kurbel zu entwenden war ein Kinderspiel, weil Traugott den ganzen Abend am Strand gewesen war. Und mit Handschuhen waren Fingerabdrücke schließlich zu verhindern. Es war ein kluger Schachzug, wenn er selbst der Mörder war und Gefahr lief, dass ihn jemand gesehen haben könnte, dem Verdacht zuvorzukommen, indem er einen anderen ins Spiel brachte. Und als Krimiautor war er gewiss mit den verschiedensten Finessen vertraut. Diese Leute dachten sich schließlich die unmöglichsten Sachen aus, und Meiners traute ihnen keinen Zentimeter über den Weg.

»Wir brauchen die DNA vom Krimiautor«, sagte Meiners. »Von Fürchtenicht haben wir sie ja schon. Wenn einer von den beiden in von Waldes Nähe war, dann finden wir das raus.«

»Ich hatte am Nachmittag Streit mit dem Toten. Ich war oft drüben. Wir haben uns die Hand gegeben«, wandte Fürchtenicht ein.

Meiners richtete sich an Dietrich: »Bestell den Hauken gleich noch mal ein!« Sein Kollege verschwand sofort, um die Anweisungen auszuführen.

»Meiners!«, sagte Fürchtenicht nun schon versöhnlicher. »Ein Mord braucht ein Motiv. Und Else erbt alles. Das weiß ich genau, weil sie es mir gesagt hat. Sie ist nun steinreich.«

»Das wissen wir längst«, sagte Meiners. Fürchtenicht sollte mal nicht denken, dass er einseitig ermittelte.

Doch sein Ex-Chef ließ nicht locker. »Es gab immer Ärger wegen des Sohns. Er war ein verdammtes Muttersöhnchen und durfte wohl in diesem Jahr zum ersten Mal nicht mit in den Urlaub kommen. Dann weiß ich, dass Falko im Sportverein ständig Krach hatte. Das habe ich in den paar Wochen hier neben ihm alles mitbekommen. Auf Campingplätzen bleibt nicht viel geheim. Angeblich hat er sogar Gelder vom Verein veruntreut. Zudem waren ihm Wilko Kramann und Jörg Minkner nicht grün. Jörg fand seine Musik zu laut, Wilko war der Ansicht, dass von Waldes Wohnwagen zu dicht an seiner Parzelle stand. Der war größer als andere und hat ihnen deshalb Sonne genommen. Und Wilko ist übrigens auch in dem Tischtennisverein, wo Falko betrogen haben soll.«

Meiners sah Traugott nachdenklich an. Da taten sich wirklich viele andere Möglichkeiten auf. Er wollte es zwar nicht zugeben, kam aber wohl oder übel nicht umhin, auch diesen Spuren nachzugehen.

»Und dann gibt es noch Frerk Tempel«, brachte Traugott einen weiteren Verdächtigen ins Spiel.

»Was ist mit dem?«, fragte Meiners genervt nach.

»Der hätte gern den Längsten.«

Der Kommissar musste grinsen. »Das ist bei einigen Kerlen eben so. Lag er deshalb mit von Walde im Wettkampf?«

Fürchtenicht war offensichtlich nicht nach scherzen zumute. »Das ist nicht sexualisiert gemeint. Es geht um die Wohnwagenlänge. Da gibt es bei manchen Campern einen argen Wettstreit. Falko von Walde hatte immer das Beste. Und das Größte und Modernste. Fing bei seinem Tabbert an und hörte beim Kühlschrank auf.«

Meiners klopfte mit dem Kugelschreiber auf dem Schreibtisch herum. »Und du meinst, dieser Frerk hatte den Wettkampf satt?«

Traugott nickte. »Das meine ich. Er wollte endlich mal gewinnen. Bedroht hat er Falko. ›Wenn du mich noch einmal übertrumpfst, bringe ich dich um. Ich erschlag dich eigenhändig mit einer Markisenkurbel‹, hat er mal gesagt.«

»Das denkst du dir doch jetzt aus«, bemerkte Meiners lachend, aber Fürchtenicht sah ihn ernst an. »Nein, ich fand sogar die Antwort von Falko lustig, und es zeigt, was für ein Typ er war.«

Meiners zog die Brauen hoch. »Und, was war die Antwort?«

»Dass Falko gar keine Kurbel mehr brauchte. Bei ihm gäbe es eine Vorrichtung. Wenn er eine Markise gehabt hätte, wäre sie vollautomatisch und mit Knopfdruck ausgefahren. Aber er hat ja ohnehin ein Vorzelt.«

Meiners überlegte kurz. Da servierte ihm sein Ex-Chef eine Menge Tatverdächtiger. Und vorhin hatten sie die alte Griese laufen lassen, von der Fürchtenicht noch nicht einmal wusste. Aber die war auch nicht ganz aus dem Fokus, denn man wusste schließlich nie.

Meiners seufzte, denn wenn Fürchtenicht Falko von Walde tatsächlich nicht umgebracht hatte, kam auf ihn und sein Team eine Menge Arbeit zu. Es wäre zu schön gewesen, um wahr zu sein, aber inzwischen musste er Dietrich recht geben. Traugott machte einfach nicht den Anschein, als hätte er ein Verbrechen begangen. Er glaubte nicht, dass sein Ex-Chef ein so guter Schauspieler war.

Meiners kratzte sich am Kopf und sagte generös: »Dann geh in Gottes Namen zunächst auf den Möwenschiss zurück. Halt dich aber zu unserer Verfügung! Wir fangen noch einmal ganz von vorn an, und wenn du Pech hast, landen wir genau wieder bei dir. Aber du meldest dich einmal am Tag bei uns!«

18. Kapitel

Mittwoch

14:45 Uhr

Gerda war eine große Runde um den Möwenschiss spaziert, weil sie beim Laufen am besten nachdenken konnte. Nur kam sie nicht so richtig weiter. Deshalb versuchte sie, ihre Gedanken zu sortieren.

Wenn von Walde auch Stress mit seinem Tischtennisverein hatte, dann musste einer von ihnen dorthin und eine Trainingseinheit mitmachen. Da er bestimmt in einer Männertruppe aktiv war, stand außer Frage, wer den Part zu übernehmen hatte. Also war Ino mal wieder gefragt.

Gerda schürzte die Lippen und schüttelte unwillkürlich den Kopf. Ihn als Antisportler davon zu überzeugen, würde eine noch größere Herausforderung sein, als ihn zum Campen zu bewegen. Ino mochte Sport nur dann, wenn er ihn am Bildschirm des Fernsehers verfolgen konnte. Sein eigenes sportliches Bewegungsmuster beschränkte sich darauf, am Deich mit Tiger gemächlich Rad zu fahren. Ganz sicher aber mochte er nicht in schlecht gelüfteten Turnhallen herumhüpfen, wo die Sohlen der Schuhe auf dem Untergrund quietschten. Nun, ihr würde schon etwas einfallen, wie sie an den Tischtennisclub herankam.

Gerda beschloss, dem Tatort einen weiteren Besuch abzustatten, und bog deshalb nicht nach rechts in den Kastanienweg ab, sondern lief ein Stück geradeaus, bis sie zum Minigolfplatz kam.

Hier war es merklich lauter als auf dem übrigen Areal, weil von der Poolanlage lautes Kreischen herüberdrang. Trotz der unsteten Wetterlage tummelten sich dort viele Jugendliche, zumal das Wasser beheizt war.

Auf dem Minigolfplatz entdeckte Gerda zunächst niemanden, obwohl er inzwischen wieder freigegeben war. Die Spusi hatte ihre Arbeit zu Ende gebracht.

»Es ist bestimmt allen zu gruselig«, sagte Gerda zu sich. »Wer möchte schon da mit Kindern spielen, wo vor zwei Tagen ein Mord stattgefunden hat?«

Gerda betrat die Anlage und sah sich suchend um. Dann schrak sie zusammen, weil hinter Bahn 10 Dirk Hauken auftauchte. Als er Gerda sah, erhellte sich seine zuvor finstere Miene. »Ist das nicht aufregend? Ich bin so glücklich über diese wunderbare Recherche! Näher kann man gar nicht am Geschehen sein. Es ist einfach klasse.«

Gerda rümpfte die Nase, als sie sah, dass er heute nicht nur dieses alberne Käppi trug, sondern auf einer Pfeife herumkaute. »Klasse wäre es gewesen, wenn der Mann überlebt hätte, mein lieber Dirk. Wir haben einen Toten, das ist alles andere als eine tolle Fügung!«

Hauken ging auf ihren Einwand nicht ein, sondern hüpfte über Bahn 9 in ihre Richtung. »Ich hab auch schon versucht, mit der Frau des Mordopfers zu sprechen, aber leider« – jetzt übersprang er Bahn 8 – »leider war sie sehr verschlossen und hat ein Gespräch abgelehnt. Sie hat gesagt, es würde sie nicht interessieren, dass ich ein Fan der authentischen Recherche bin.«

Gerda runzelte die Stirn. »Nun, ein bisschen Pietät wäre da sicher auch angebracht. Sie hat ihren Gatten verloren! Das ist nicht einfach.«

»Der Sohn ist eben angekommen, hab ich gesehen. Aber ganz ehrlich? Traurig wirken die beiden nicht.«

Gerda zog die Brauen hoch. Dann konnte sie sich aber nicht verkneifen, nachzusetzen: »Aber warum urteilst du nach Äußerlichkeiten? Nicht jeder trägt sein Herz auf der Zunge, wie man so schön sagt. Und ob die beiden traurig sind oder nicht, kann man nicht von außen erkennen, nicht wahr?«

Hauken lief rot an. »Ich muss wohl noch viel lernen.«

»Jo, so sieht das aus. Vor allem solltest du dir mal ein anderes Käppi aufsetzen und nicht auf dem Stiel dieser Pfeife herumkauen. Es wirkt – entschuldige, aber ich bin immer ehrlich – albern.«

Hauken zog die Brauen hoch. »Was hast du dagegen? Sherlock Holmes trägt so ein Käppi, und eine Pfeife hat er auch. So habe ich das echte Ermittlerfeeling, weißt du?«

Gerda rollte mit den Augen. »Beides steht dir nicht. Auch nicht, wenn du als Krimiautor den Kollegen Holmes sehr schätzt.«

Der Typ war wirklich nervig. Und der wollte Bücher schreiben? Gerda würde keines von ihm lesen, sollte je etwas veröffentlicht werden.

Sie ließ ihn stehen und spazierte weiter auf der Minigolfanlage herum. Sie hatte keine Lust auf Small Talk mit so einem Möchtegernermittler. Zum Glück verschwand er, ohne auf ein weiteres Gespräch zu bestehen.

Gerda ließ ihren Blick schweifen. Die Spusi hatte sicher alles gründlich durchkämmt, aber das war keine Garantie dafür, dass sie auch wirklich alles gefunden hatten. Irren war menschlich.

Sie setzte langsam einen Fuß vor den anderen, schaute unter jedes Gebüsch. Sie stocherte mit der Schuhspitze in der Erde herum, kämmte mit den Fingerspitzen das Gras, wo es höher stand und sich vielleicht etwas verbergen konnte.

An Bahn 3 wurde sie fündig. Dort lugte tatsächlich ein gelber Fetzen hinter der Bahnrundung hervor. Er hatte sich dort an der Naht festgeklemmt. Na bitte, die Polizei hatte eben doch nicht alles gefunden.

Gerda bückte sich. Das Papier war feucht und lag ganz bestimmt schon länger dort, denn auch die Schrift und der Aufdruck waren leicht verwischt. Sie hob es hoch und hielt es gegen das Licht. Es war das Bonbonpapier ihrer favorisierten Nordseehustenmischung, die es nur im Küstenbonbon in Horumersiel zu kaufen gab. Sie liebte dieses Geschäft. Es erinnerte an die kleinen Lädchen in Dänemark, woher auch das Konzept stammte. Zuckerstangen, Bonbons, Lakritz. Alles mit einer besonderen Note und bei den Gästen der Renner.

Im Küstenbonbon stellte man außergewöhnliche Bonbons her, die dann in Gläsern und grammweise verkauft wurden. Oder eben zwei Sorten in speziellem Papier: die Lakritzschokolade und die Nordseehustenmischung. Hier handelte es sich eindeutig um die Nordseehustenmischung.

Gerda kramte aus ihrer Hosentasche die Einmalhandschuhe hervor. Sie nahm den Schnipsel in die Hand. Vielleicht war der noch wichtig. Es konnte immerhin sein, dass der Mörder das Papier verloren hatte. Sie würde auf jeden Fall aufpassen, wer auf dem Platz diese Bonbons lutschte. Das würde den Kreis der Verdächtigen immens eingrenzen. Einen Versuch war es wert.

Gerda lief weiter und untersuchte jede Bahn. Doch außer einem recht frischen Hundehaufen fand sie nichts, weshalb sie sich auf den Rückweg machte.

Kurz bevor sie links in den Kastanienweg abbog, kam ihr Sir Archie entgegen. Er wirkte gehetzt. »Ach, Gerda, du hier! *Well*, der Mord macht mich noch vollig verruckt. Alle fragen danach. Ein Morder auf meinem Mowenschiss!« Er sah Gerda an, die das Bonbonpapier noch immer in der Hand hielt. »Was hast du denn da?«

Gerda fühlte sich ertappt. »Lag auf dem Weg. Hab ich aufgehoben«, log sie. »Ich werfe es gleich in den Müll. Schlimm, was die Leute überall herumliegen lassen.«

Sir Archie betrachtete sie misstrauisch. »Zeig mal!«

Gerda hielt dem Platzwart das Papier hin, übergab es aber nicht.

»Ist es aus der Bonbonmanufaktur?«, fragte er.

»Sieht so aus. Du kennst die Nordseehustenmischung?«

Sir Archie lachte auf. »Wer kennt die nicht, meine Liebe! Es sind die besten Bonbons der Welt. Oder Bonschen, wie ihr in Friesland sagt.«

Gerda steckte das Papier nun in die Jackentasche. »Ich will dann mal weiter. Wohin bist du unterwegs?«

Sir Archie wurde rot. »Laufe wie, ah, gestochen herum, so sagt man … Bin nicht ganz beisammen.«

»Es heißt, du hast deine Sinne nicht ganz beisammen und außerdem wie angestochen«, berichtigte Gerda ihn. »Das kann ich verstehen bei der momentanen Aufregung. Bis später!« Sie winkte ihm kurz zu und bog dann in den Kastanienweg ab.

Als sie sich kurz darauf noch einmal umdrehte, schaute Sir Archie ihr noch immer hinterher.

»Komischer Vogel«, sagte sie halblaut zu sich selbst. »Hauptsache, der will jetzt nicht auch noch mit ermitteln. Mit der Polizei und diesem blöden Krimiautor sind wir wirklich genug Leute.« Sie waren quasi überbesetzt.

Gerda passierte die Parzelle der von Waldes und sah Else mit einem jungen Mann draußen sitzen. Das musste der Sohn sein, von dem Hauken gesprochen hatte. Wirklich betroffen wirkten sie tatsächlich nicht, aber das konnte täuschen. Gerda winkte kurz rüber.

Denen würde sie auch noch auf den Zahn fühlen, aber eins nach dem anderen. Sie war schließlich auch nicht mehr die Jüngste. Aber es war bestimmt gut, sich mal vorzustellen. Und das konnte sie auch sofort tun.

Gerda wurde langsamer und lief auf die beiden zu. »Hallo, ich bin Gerda von Parzelle 8, da, wo das Autozelt steht. Ich bin mit Ino hier, der wohnt auf der 7 in dem Wohnwagen.«

»Else von Walde«, sagte die Frau mit matter Stimme. Sie hatte tiefdunkle Ringe unter den Augen. »Das ist mein Sohn Frieder. Sie haben sicher schon gehört, was hier passiert ist. Das Mordopfer war mein Gatte.«

»Mein Beileid.« Gerda musterte Frieder. Irgendwie kam er ihr bekannt vor, aber sie wusste partout nicht, woher. Sie waren sich vielleicht schon einmal in Horumersiel begegnet. Oder irre ich mich?, dachte sie und ging rüber zu Inos Stellplatz.

Der muckste sich nicht und lag noch immer, die Beine angewinkelt, auf der Relaxliege. Tiger schleckte ihm tröstend über die Hand.

»Gut, dass du kommst«, schnaufte Ino. »Ich komm von dem verdammten Ding nicht runter!«

»Du musst dich doch nur nach vorn beugen«, sagte Gerda. »Dann wird es wieder zu einem normalen Stuhl.«

»Ich komme aber nicht hoch«, erwiderte Ino. »Es geht einfach nicht.« Er versuchte, den Oberkörper in die Senkrechte zu bekommen, aber vergeblich. Sein Bauch war im Weg, und er konnte die Schwerkraft einfach nicht überwinden.

Gerda streckte ihm ihre Hand entgegen und half ihm. Dann tätschelte sie seinen Bauch. »Ino, Ino! Du musst abspecken. Ab jetzt koche ich mit weniger Fett, dann wird das schon.«

Erleichtert atmete Ino auf. »Ich kann ja auch auf anderen Stühlen sitzen, wo der Bauch nicht stört. Aber gut, dass ich jetzt hochgekommen bin. Ich dachte schon, ich müsste auf dem blöden Relaxding die Nacht verbringen, weil du dich aus dem Staub gemacht hast.« Er musterte sie vorwurfsvoll, während er aufstand. »Wo warst du denn so lange?«

»Ermitteln, das weißt du doch.«

»Und was hast du ermittelt?«, fragte Ino und sortierte seine Gliedmaßen. Dabei reckte er erst die eine Hand gen Himmel, dann die andere. Danach schüttelte er die Beine aus. »War alles eingeschlafen. Ich bin zu breit für diesen Stuhl.«

»Weniger Bier, weniger Kohlenhydrate, weniger Fett. Wir stellen am besten deine Ernährung um. Das geht beim Campen sehr gut, weil eine einfache und leichte Kost unter den gegebenen Bedingungen besser umzusetzen ist.« Gerda gab sich ungerührt und zog das Einwickelpapier aus der Tasche. »Das habe ich ermittelt.«

»Bonbonpapier?«, fragte Ino. »Und dafür musste ich stundenlang den Käfer spielen?«

»Höchstens dreißig Minuten. Oder so.« Gerda betrachtete den Schnipsel noch immer versonnen. »Das lag in Tatortnähe. Könnte vom Mörder stammen.«

»Oder von irgendwem, der Minigolf gespielt hat. Ich laufe jetzt mit Tiger eine Runde.« Ino reckte sich ein letztes Mal. Es knackte so laut, dass er erschrak. »Tiger, komm!«

»Sie ist noch angeleint, Ino«, sagte Gerda, knipste die Leine vom Wohnwagen los und drückte Ino das Ende in die Hand.

In dem Augenblick kam Jörg Minkner um die Ecke geschossen und stellte sich breitbeinig und mit vor der Brust verschränkten Armen an die Parzellengrenze. »Sie haben also einen Hund. Einen sehr großen Hund. Davon spricht der ganze Platz. Ist eher eine Waffe, so ein Monstrum, oder?«

Tiger wedelte freundlich mit der Rute und gab ein leises »Wuff« von sich.

Minkner wich erschrocken auf den Weg zurück. »Aus!«

»Tiger begrüßt Sie doch nur«, sagte Gerda. Sie ging auf den Campingnachbarn zu und streckte ihm die Hand hin. »Ich bin Gerda Janßen, das ist Ino Tjarks. Dass wir Nachbarn sind und Sie Minkner heißen, weiß ich bereits von Sir Archie. Hat er mir verraten, als ich die Plätze gebucht habe.«

»Jörg. Auf dem Möwenschiss duzt man sich. Echte Camper eben«, antwortete er geistesabwesend, den Blick noch immer auf die gefleckte Dogge gerichtet. »Weiß Sir Archie, dass ihr dieses Ungetüm mitgebracht habt?«

»Natürlich!« Gerda gab sich entrüstet. »Der zahlt schließlich auch. Fast so viel wie ein Mensch. Dabei braucht der weder ein eigenes Zelt noch einen Wohnwagen, sondern schläft nur mit. Er muss nicht mal duschen. Und wenn, dann nur in der Hundedusche.«

Jörg verzog das Gesicht. »Da könnte ich mir auch was Schöneres vorstellen, als mit einem Monster in der kleinen Knutschkugel zu nächtigen. Das stinkt doch!«

»Hundegeruch«, entgegnete Ino ungerührt.

»Und die kacken überallhin.«

»Er ist schon stubenrein«, sagte Ino und kraulte Tigers Nacken. Vorsichtshalber ließ er die Leine am Halsband, sonst hätte er sich mit diesem Jörg garantiert auf eine Endlosdiskussion einlassen müssen. »Sonst noch was einzuwenden, auch wenn es dich eigentlich nichts angeht, wer alles mit mir im Wohnwagen schläft?«

Jörg wirkte kurz irritiert. »Ich habe seine Überreste auch schon entdeckt.«

»Das kann nicht sein, Tiger war noch gar nicht«, entgegnete Gerda betont liebenswürdig. Wenn jemand garstig wurde, war sie immer liebenswürdig. »Außerdem ist es eine Sie.«

Den letzten Satz ignorierte Jörg geflissentlich. »Ich erkenne immer, von welchem Hund die Hinterlassenschaft ist. Große Hinterlassenschaft, großer Hund.« Er schluckte, weil er wohl selbst gemerkt hatte, wie unsinnig diese Bemerkung war. »Ja, ich weiß, es gibt mehrere große Hunde im Wangerland.«

»Gut beobachtet«, gab Gerda jetzt spitz zurück. »Und noch mussten wir nicht zur Stuhlanalyse.«

Jörg griff in seine Hosentasche und zog ein Bonbon heraus. Gelb eingewickelt.

»Oh, du kaufst beim Küstenbonbon?«, fragte Gerda sofort.

»Immer. Es gibt keine besseren Hustenbonbons, das lass dir gesagt sein!« Jörg tippte sich mit der Handkante an die Stirn.

Das war eine interessante Entdeckung. Nur schade, dass auch Sir Archie den Laden gut kannte. Vielleicht war ihre Spur doch nicht so heiß. »Aber Kleinvieh macht auch Mist, und ein solches Indiz könnte am Ende das Zünglein an der Waage sein.« Gerda schlug sich auf den Mund, aber sie hatte glücklicherweise so leise gesprochen, dass es gar nicht aufgefallen war.

»Ich mach mich dann wieder vom Acker«, sagte Jörg. »Aber die Töle immer gut anleinen, sonst muss ich das melden. Die Platzordnung hängt nicht zum Anschauen an der Rezeption, sondern wegen der Umsetzung!« Er ging zurück zu seinem Stellplatz.

»Ino«, hauchte Gerda. »Ein neuer Tatverdächtiger! Er wohnt auf Parzelle 6, das muss ich sofort vermerken.« Sie presste die Lippen zusammen und überlegte. »Was er wohl für ein Motiv gehabt haben könnte? Jetzt haben wir schon zwei, die als Mörder infrage kommen.«

»Drei, wenn man Traugott dazuzählt«, sagte Ino. »Drei. Die alte Griese, diesen Nachbarn und unseren Kommissar.« Er warf einen Blick zu Else von Walde und ihrem Sohn, die harmonisch vor dem Vorzelt saßen und Karten spielten. »Außerdem sollten wir das Naheliegende nicht vergessen. Die Ehefrau, die alles erbt. Also vier! Vier Leute!«

Gerda spitzte die Lippen. »Ich würde auch Dirk Hauken, den Krimiautor nicht ausschließen. Der spioniert überall herum. Gerade war er auch am Tatort, so als zöge es ihn unaufhaltsam dorthin zurück.«

»Du guckst zu viel Miss Marple«, sagte Ino. »Aber auch er muss überprüft werden.«

»Außerdem sagte Theda doch, dass man im Tischtennisverein sauer auf ihn war. Nee, es sind weitaus mehr Verdächtige, als es zunächst den Anschein hatte. Ach Ino, es wartet viel Arbeit auf unsere Detektei. So viel Arbeit!«

Gerda setzte sich an den Tisch und kraulte ihr Kinn.

»Gerda, ich geh jetzt mit Tiger los«, sagte Ino, aber sie bat ihn, zu bleiben.

»Warum? Tiger muss sich bewegen, sonst wird sie unleidlich! Und ich auch.« Ino umfasste das Ende der Leine.

»Ich brauche dich hier, weil wir anfangen müssen, das Knäuel zu entwirren.«

»Ja, können wir ja machen. Wenn Tiger sich erleichtert hat.«

Gerda schüttelte vehement den Kopf. »Ich werde mir Else und Sohn vorknöpfen. Theda bleibt an der Griese dran. Traugott lassen wir außen vor. Um den Krimiautor kümmere ich mich ebenfalls, aber du …« Gerda machte eine Pause. »Du kümmerst dich um den Tischtennisverein und findest raus, was da wirklich los war.«

Ino lachte bitter auf. »Hab ich's mir doch gedacht. Ich bin nur auf dem Papier der Boss. Die Fäden hältst immer du in der Hand.«

Gerda lächelte schwach. »Ino, wir wollen uns jetzt bitte nicht in Kompetenzgerangel verlieren. Ich nenne es Arbeitsteilung!«

»Und was soll ich tun?« Schon als Ino es fragte, schien ihm ein Licht aufzugehen. Er hob sofort abwehrend die Hände und schüttelte den Kopf. »Vergiss es, Gerda! Das mache ich auf keinen Fall!«

Sie sah ihn treuherzig an. »Ino, du verlangst nicht ernsthaft, dass ich mich in meinem Alter in eine Männertischtennisgruppe einschleuse?«

Ino sog die Luft scharf ein. »Aber *du* verlangst ernsthaft, ich soll in diesem Verein ermitteln?«, grummelte er. »Im Sportzeug?«

»Erst mal einen Kaffee, Ino?«, wechselte sie rasch das Thema. Jetzt war den Ball flach zu halten angesagt.

»Nein, ich gehe mit Tiger an den Strand. Ich brauche Nordseewind.«

19. Kapitel

Donnerstag

9 Uhr

Frau Griese kam, als Theda die Bäckerei gerade aufgeschlossen hatte. Sie sah sehr blass aus, was bestimmt von ihrem ordentlichen Kater herrührte. Obwohl das mit den Schnäpsen schon zwei Tage her war, aber wenn sie sonst nie trank und nur wenig vertrug …

»Geht es Ihnen nicht gut, Frau Griese?«, fragte Theda besorgt. Sie hatte ein schlechtes Gewissen.

»Ich war in Haft«, quetschte die Griese hervor. »In Haft! Stellen Sie sich das mal vor, Frau Graalfs. Und das alles wegen dieses Mannes!« Dann erzählte sie, was in Wilhelmshaven passiert war.

Theda bekam immer größere Augen. Wie konnte die Griese auf der Straße herumerzählen, dass sie eine Mörderin war? Sie fasste es nicht. Doch dann musste sie schlucken. Was war, wenn es stimmte? Wenn die Griese gar nicht gelogen hatte? Sie selbst hatte sie schließlich auch schon in Verdacht gehabt.

»Aber Sie sind wieder auf freiem Fuß und nicht mehr verdächtig?«, fragte Theda vorsichtshalber nach.

»Nein, natürlich nicht. Ich kann keiner Fliege was zuleide tun. Das sollten Sie doch wissen!«, entrüstete Frau Griese sich.

Es sei denn, sie kackt dir ans Fenster, dachte Theda. Oder heißt Ino Tjarks und rennt im Bademantel durch den eigenen Garten, um Erdbeeren zu ernten. Laut aber sagte sie: »Was kann ich denn für Sie tun?«

»Wie immer, Frau Graalfs. Wie immer. Drei Scheiben Schwarzbrot und drei Schnitten Rosinenstuten.«

Theda musste ein Grinsen unterdrücken. Da ihr Laden in dem kleinen und kuscheligen Horumersiel lag und alles eher familiär war, verkaufte sie auch kleinere Mengen. Sie wog einfach das Brot ab und kam so auf ihre Kosten. Besser, als wenn zu viel weggeworfen wurde.

»Man muss den Kunden entgegenkommen«, sagte sie immer. »Dann kommen sie auch wieder.«

Jetzt legte sie das Gewünschte auf den Tresen. »Sie sehen noch arg mitgenommen aus, meine Liebe«, versuchte sie das Gespräch von eben fortzusetzen.

Frau Griese schaute sich verstohlen um und beugte sich anschließend über den Tresen. Theda wollte erst zurückweichen, weil sie die Nähe zu der Frau nicht sonderlich schätzte, besann sich dann aber. Sie durfte die Ermittlungen nicht durch ihre persönlichen Abneigungen gefährden.

Die Griese flüsterte mit verschwörerischer Stimme: »Ich habe die ganze Nacht in dieser Zelle sehr schlecht geträumt. Von dem Mord und so. Und wissen Sie, Frau Graalfs … Ich sag das nicht gern, weil man ja nicht tratschen will. Also, ich rede grundsätzlich nie schlecht über andere Leute.«

»Das behauptet auch keiner«, beschwichtigte Theda sie. »Aber was wollten Sie denn sagen?«

Die Griese griff nach dem Brot und wich kopfschüttelnd zurück. »Nein, das kann ich nicht so über den Tresen erzählen, Frau Graalfs. Stellen Sie sich vor, wenn jetzt jemand kommt und denkt, ich tratsche. Das geht gar nicht.«

Theda sah sie fragend an.

»Lassen Sie uns lieber bei einem Käffchen ein bisschen klönen, Frau Graalfs.« Die Griese bezahlte das Brot und setzte sich an den Tisch.

Wo nun der Unterschied lag, ob sie ihr das große Geheimnis am Verkaufstresen oder am Tisch erzählte, erschloss sich Theda zwar nicht, aber das war auch unwichtig. Hauptsache, dass die Griese plauderte. Dass sie dazu etwas verzehrte, was sie ebenfalls bezahlen musste, gefiel ihr ebenfalls.

»Heute aber keinen Schnaps«, erklärte die Griese sogleich. »Der ist mir gar nicht bekommen. Nicht dass ich wieder auf der Polizeiwache lande ...« Sie kicherte albern, aber es klang unecht.

»Kaffee mit Milch?«, fragte Theda.

Die Griese nickte und zupfte am Tischtuch herum. Ihr musste tatsächlich etwas auf der Seele brennen, wenn sie so unruhig war. Theda kochte Kaffee, stellte Milch und Zucker dazu und brachte alles auf den Tisch.

»Nun, was quält Sie denn so, Frau Griese? Mir können Sie es ruhig sagen. Ich kann schweigen wie der Tote auf dem Minigolfplatz.«

»Das weiß ich, Frau Graalfs. Sie sind eine ganz Gute.« Die Griese tätschelte Thedas Hand. Dann sah sie sich wieder um, als befürchtete sie heimliche Spione in der Bäckerei. Doch es war alles wie immer. Die Backwaren befanden sich hübsch aufgereiht in der Auslage, es duftete nach frisch gebrühtem Kaffee, und das Tischtuch lag akkurat und glatt gezogen auf dem Tisch.

»Also, was ich sagen will – also wirklich unter uns –, ich glaube, dass der Kommissar, dieser dicke Fürchtenicht, tatsächlich der Mörder ist.« Sie nickte, als wollte sie das Gesagte damit noch untermauern. Dazu trommelte sie mit den Fingerspitzen auf dem Tisch herum.

»Wie kommen Sie denn darauf? Haben Sie ihn gesehen, als er den Mord begangen hat?« Theda sprach auch nur mit gedämpfter Stimme und hoffte, dadurch eine vertraute Atmosphäre zu schaffen. Wäre das mit Fürchtenicht der Fall, grenzte es an eine Sensation!

Leider winkte die Griese ab und hörte glücklicherweise mit dem nervigen Getrommel auf.

»Das nicht. Aber – und das ist allgemein bekannt: Die meisten Polizisten sind krank und genau aus dem Grund Ordnungshüter geworden. Sie können gar nicht ohne Mord und Totschlag auskommen. So etwas sagt man schließlich vielen Feuerwehrleuten nach. Dass sie Feuerteufel sind. Und Krankenschwestern sind auch gefährlich! Allesamt!«

»Wirklich?«, fragte Theda ungläubig. Davon hatte sie noch nie gehört. Also zumindest nicht, dass dies generell der Fall war. Es gab natürlich Einzelfälle …

Die Griese führte ihre Gedanken weiter aus. »Und nun hat der Kommissar, der sich zu seinem eigenen Leidwesen im Ruhestand befindet, eben selbst wieder ein Problem geschaffen. Das machen solche Leute, wenn sie sich nicht mehr im Mittelpunkt sehen. Sie brauchen das Böse, das Verbrechen. Blut. Mord. Totschlag und so.« Die Griese leckte sich die Lippen. »Ich habe ein ungutes Gefühl, Frau Graalfs. Ein sehr ungutes Gefühl, das können Sie mir glauben.«

Theda rieb sich das Kinn. »Wenn aber alle Polizisten und andere Helfer gestört sind … oder zumindest ein Teil …«, stammelte sie verstört, »ich meine, dann müsste man die doch überwachen und nicht arbeiten lassen.« Es wäre furchtbar, wenn es sich so verhalten würde!

Die Griese zog die Brauen hoch. »Man erkennt sie nicht, diese Täter. Sie agieren im Geheimen – und schon ist wieder ein Mord geschehen. Oft als Unfall getarnt. Oder es brennt.« Sie nippte am Kaffee. »Man müsste sie wirklich mehr überwachen, da gebe ich Ihnen recht, aber dafür fehlt wohl das Personal. Die Dienststellen sind alle nicht gut bestückt.«

Theda schluckte. »Wenn man das aber doch weiß …«, sagte sie hilflos.

Frau Griese nickte wissend. »Das wird vertuscht! Ist wahrscheinlich eine Verschwörung. Wenn man diese subversiven Elemente nicht im Dienst lassen würde, hätten wir gar keinen mehr, der diese Arbeit macht. Lassen Sie sich das gesagt sein, Frau Graalfs. Ich kenne mich da aus. Aber so was von!«

»Woher wissen Sie das denn alles so genau?«, fragte Theda. Sie war noch immer verwundert, dass solche Missstände nicht bekannter waren – wenn das, was die Griese sagte, der Wahrheit entsprach.

»Ich hab das gelesen«, brüstete diese sich. »In der *Bunten Frauenrevue* – Sonderteil Verbrechen. Da kann man sich gut informieren.«

»Und das steht da genau?« Theda war noch immer wie vor den Kopf geschlagen. Wenn die Griese weg war, wollte sie das gleich mal nachlesen. Da verdächtigte sie die alte Frau, dass sie dem ehemaligen Mitschüler aus Rache eins über den Schädel gegeben und ins Jenseits befördert hatte, und dabei kam sie mit einer überaus interessanten Theorie daher, die Gerda und Ino bestimmt spannend finden würden.

»Da steht, was ich gesagt habe. Nun, natürlich ein bisschen anders. Also, dass es nicht alle sind. Aber immer mal der eine oder andere. Da hab ich mir gedacht: Hey, warum nicht auch Fürchtenicht! Vor allem, wo er die normalen Bürger ja nicht ernst nimmt, wenn man mal was zur Anzeige bringt, nicht wahr?«

Theda überlegte. So dramatisch, wie die Griese es dargestellt hatte, war es dann wohl doch nicht. Ein bisschen war sie darüber erleichtert.

Aber es ließ auch drei Schlussfolgerungen zu. Erstens: Die Griese war so von Hass getrieben, dass sie von Walde wirklich auf dem Gewissen und dem alten Kommissar zuvor die Kurbel gestohlen hatte. So hätte sie die beiden Männer, die sie offenbar sehr verachtete, richtig tief in den Dreck geritten.

Zweitens: Die Griese hatte mit all dem gar nichts zu tun und wollte sich mal wieder nur wichtigmachen. Ihre Tratscherei verschaffte ihr eine sehr hohe Aufmerksamkeit, und sicher nicht nur hier in der Bäckerei.

Drittens: Die Griese war selbst die Mörderin und lenkte durch ihre Behauptungen den Verdacht auf Fürchtenicht, weil er sie nicht ernst genommen hatte.

Aber egal, was ihre Beweggründe für diese Behauptungen waren – Frau Griese war und blieb undurchsichtig.

»Wo waren Sie denn zur Tatzeit?«, rutschte es Theda heraus. Das musste sie fragen, schließlich taten das die Polizisten im Fernsehen auch immer.

»Es gibt von meiner Seite nichts zu verheimlichen!« Die Stimme der Griese wurde jetzt mit jedem Satz spitzer. »Ich habe zwar Schlafprobleme, aber zur Tatzeit habe ich brav in meinem Bett gelegen. Da gehört man in meinem Alter um die Zeit schließlich hin. Das habe ich dem Kommissar auch längst gesagt.« Sie trank den letzten Schluck Kaffee aus, stand auf und legte Theda das Geld abgezählt hin. »Ich muss dann mal los. Aber ganz ehrlich – was sollte die Frage eben? Das zeugt doch arg von mangelndem Vertrauen mir gegenüber. Als ob ich eine Mörderin wäre!« Sie streckte empört die Brust raus. »Ich wollte Ihnen nur helfen. An Ihrer Stelle würde ich mich außerdem mal mit dem Freundeskreis und der näheren Familie des Mannes beschäftigen. Der Typ hat Dreck am Stecken. Das ist so sicher wie nur was. Immerhin reden wir von Falko von Walde!« Sie griff nach der Tasche mit dem Brot und drehte sich in der Tür noch einmal um. »Ich habe Ihnen jetzt sehr viele Verdächtige genannt. Aber auf ein bisschen Dankbarkeit kann ich deswegen wohl kaum hoffen, ich merke es schon.« Sprach's und rauschte aus der Bäckerei.

Theda grinste zufrieden. Die Griese war noch im Fokus der Ermittlungen. Ohne Frage!

Else von Walde war froh, dass Frieder bei ihr war. Damit ihr Sohn sein Fahrzeug auf der Parzelle parken konnte und nicht so weit laufen musste, hatte sie ihren Wagen extra auf dem großen Parkplatz vor dem Möwenschiss abgestellt. Zwei Autos waren zum einen nicht erlaubt, und es wäre auch zu eng geworden. Schließlich durften die Zuwegungen nicht verstellt werden.

Natürlich wartete Else für Frieder mit einem opulenten Mittagessen auf. Den Tisch hatte sie bereits schön eingedeckt. Auf dem karierten Tischtuch stand eine Vase mit kleinen, gelben Röschen, und sie hatte die eckigen Melaninteller mit dem grauen Rand gewählt, weil sich die Servietten mit den ebenfalls gelben Rosen darauf so gut machten.

Frischen Salat mit Himbeerdressing sollte es geben. Dazu ein gegrilltes Schweinelendchen mit Knoblauchbrot, und zum Nachtisch hatte Else einen Schokoladenpudding gekocht. Richtig gekocht und nicht nur angerührt. So war er viel sämiger. Frieder mochte das schon als Kind sehr gern.

Ihr Sohn trat eben aus dem Tabbert, reckte sich und schaute in den Himmel, wo sich die Wolken aufgelockert hatten. So verharrte er eine Weile. Und er hatte tatsächlich Tränen in den Augen, als er sich schließlich umdrehte und seine Mutter spontan umarmte.

»Ach, mien Jung, nimmt dich die Sache mit Vati doch so sehr mit?«

»Ja, das auch.«

Else sah Frieder erschrocken an. »Was ist denn noch passiert?«

Er schluckte. »Was ich dir bei all dem Stress noch gar nicht erzählt habe, Mutti … Ich war so in Hektik und durcheinander, als ich losfahren wollte! Ich musste Pipsi doch noch zu meinem

Freund bringen, aber da ist mir der Käfig aus der Hand gerutscht. Direkt an der Hauptverkehrsstraße.«

»Und dann?« Else war entsetzt. Pipsi war Frieders Goldhamster, und er hing sehr an dem Tier, auch wenn es meistens schlief.

»Die Tür ist aufgesprungen, und dann kam ein E-Bike«, erzählte Frieder düster. »Es ist wie verhext: Alles stirbt!«

»Der arme Pipsi!« Else von Walde war wirklich entsetzt. »Welche Tragödie, Frieder! Wirklich. Im Augenblick läuft gar nichts rund!« Else tröstete ihren Sohn, der sich aber rasch wieder gefangen hatte.

»Kauf ich halt einen neuen. Der hätte sowieso nicht mehr lange gelebt. Du weißt, wie begrenzt die Lebenserwartung eines Hamsters ist. Aber dass das auch noch passieren musste!«

»Nun, ihm wurde bestimmt einiges erspart. Die typischen Hamsteralterserscheinungen.« Welche das waren, ließ Else offen. So gut kannte sie sich damit nicht aus. »Mit deinem Vater verhält es sich genauso«, setzte sie ihre Ausführungen fort. »Also, wenn man drüber nachdenkt … Er muss nicht gepflegt werden. Er braucht kein Lätzchen. Keine Windeln …«

»Mutter! Vati war erst Mitte sechzig und von alldem weit entfernt!« Frieder ließ sich auf einen der Campingstühle fallen und streckte die Beine lang aus.

Else tupfte sich die Augen. Es lief nicht gut, seit sie klare Verhältnisse geschaffen hatte. Es hatte doch mit Falko aufwärtsgehen sollen. Und was passierte? Er ließ sich sein Leben von einer Markisenkurbel aushauchen. Wirklich blöd gelaufen. Aber sie hatte beschlossen, das Schicksal so zu akzeptieren, wie es war.

»Hast du ein Bier? Ein kühles, vor dem Essen?«, fragte Frieder.

Else holte ihm eines, und ihr Sohn köpfte den Verschluss mit seinem Feuerzeug. Genüsslich trank er einen Schluck und rülpste leise. Dann stellte er die Flasche ins Gras und fingerte ein Päckchen Tabak aus der Jeanstasche. Er drehte sich eine Zigarette und spuckte einen Fitzel Papier weg.

»Was machen wir jetzt? Ist komisch, ohne Vati zu campen. Auch wenn er immer rumgemotzt hat. Zu Hause in der Wohnung fand ich sein Fehlen nicht so auffällig.« Er sah seine Mutter fragend an.

Else zuckte mit den Schultern. »Abgesichert sind wir ja. Die Wohnung am Bontekai. Der Tabbert und die beiden Autos. Das Apartment in Horumersiel. Die Parzelle auf dem Möwenschiss ist ebenfalls für dieses Jahr gebucht und bezahlt.«

Frieder zündete die Zigarette an. »Das klingt alles gut. Wann können wir Vati das letzte Geleit geben? Hat die Polizei dazu schon was gesagt?«

»Ich weiß es nicht. Habe dazu noch keine Information«, antwortete Else fahrig und fixierte ihren Sohn, der hektisch an der Zigarette zog und Bier trank. »Macht dir der Tod deines Vaters viel aus?«

Zum ersten Mal zitterten Frieders Hände. »Er mochte mich nicht, das weißt du. Ich war für ihn ein notwendiges Übel, weil man in seiner Position irgendwie einen Erben produzieren musste. Aber ich war ihm nicht männlich genug. Mein Abi war zu mies. Meine sportlichen Leistungen zu schwach.«

Er schaute Else an, und sie bekam sofort unglaubliches Mitleid mit ihrem Sohn. Ja, er hatte recht. Falko von Walde hatte sich an ihm versündigt. Und sie, Else, hatte nichts dagegen tun können. Hatte nur zugesehen und versucht, ihrem Gatten auf andere Art und Weise eins auszuwischen. Gelungen war es ihr nur im Ansatz.

Falko hatte im letzten Jahr zunehmend eifersüchtig reagiert. Deshalb war er auch auf Fürchtenicht losgegangen. Gut, sie hatte ihren Mann bewusst provoziert, weil sie sich über ihn geärgert hatte.

Trotzdem nagten Zweifel an Else.

War es Falko wirklich um sie gegangen? Weil er sie aufrichtig liebte? Oder war es ihm nur wichtig gewesen, dass sein Ruf unbeschädigt blieb? Einem Falko von Walde setzte man keine Hörner auf. Und man nahm ihm nichts weg, was er nicht selbst abstieß.

Sie konnte Frieder nicht widersprechen. Um wen sollten sie beide trauern? Um den Ehemann, der sich wie ein Großgrundbesitzer aufgeführt und sie beide, Mutter und Sohn, als sein Personal gesehen hatte, das er nach eigenem Gutdünken formen konnte? Um den Industriellen, der seine Firma aufgegeben hatte, aber noch immer im Aufsichtsrat saß und die Fäden in der Hand hielt? Dass seinetwegen im letzten Jahr 50 Leute ihre Arbeit verloren hatten, war ihm schlichtweg egal gewesen.

Sollten sie um den Vater trauern, der keiner war, weil Frieder seinen hohen Ansprüchen nicht gerecht werden konnte?

»Ach Frieder, lassen wir das«, unterbrach Else selbst ihre Gedanken. »Wir wissen schließlich beide, wie er war. Trotzdem vermisse ich ihn.«

Sie schaute auf und sah, dass Sir Archie auf die Parzelle zusteuerte. Seine Gesichtsfarbe war recht käsig. Kein Wunder, ein Mordfall konnte einem kleinen Campingplatz ganz schön zusetzen. Und dann ihr Streit letzte Woche. Else beschloss, das Thema nicht mehr anzusprechen. Es war nun wichtiger, dass er sie trotzdem nicht allein lassen wollte. Ein sehr nettes Verhalten!

»Hallo, Archie«, begrüßte sie ihn. Küsschen rechts, Küsschen links. Er hielt Else einen Moment zu lange fest, sodass sie ihn wegstieß. Er schien sofort zu verstehen und trat einen Schritt zurück.

»Hi, Else! Hi, Frieder. *Well*, ich wollte nur kurz nach dem Rechten sehen. Geht es euch gut?«

»Den Umständen entsprechend«, antwortete Else. »Und dir? Viele Stornierungen?«

Nun glitt ein breites Grinsen über Sir Archies Gesicht, was seine fahle Gesichtsfarbe augenblicklich aufleben ließ. »Ich dachte es erst, und es hat mich fix und fertig gemacht. Aber nun: im Gegenteil, meine Liebe! Ich habe so viele Buchungen wie nie zuvor. Der Mowenschiss erlebt gerade einen großen Aufschwung. Alle wollen dorthin verreisen, wo ein Mord geschehen ist. Die Leute suchen den Nervenkitzel.«

»Das ist wie früher, wenn die Menschen in Volksfeststimmung waren, weil eine Hinrichtung stattfand«, krähte Frieder. Er hatte eine nervige Stimme, aber dafür konnte er ja nichts. Else sah ihn mitleidig an. Und er konnte auch nichts dafür, dass seine Ohren eine Spur zu groß, die Nase zu spitz und das Haar zu rot war.

»So ahnlich ist es wohl«, bestätigte Sir Archie. »Ich habe sogar schon ein Angebot bekommen, auf dem Platz und drum herum kriminelle Fuhrungen zu machen. Dazu Texte lesen, die mit Mord und Totschlag zu tun haben. Den gruseligsten dann am Tatort. Wird inzwischen haufig gemacht, aber der Schauder ist naturlich besonders groß, wenn an einer Stelle des Krimirundgangs eine echte Leiche lag.«

Else verzog das Gesicht. »Finde ich pervers. Sir Archie, du sprichst von meinem verstorbenen Mann!«

Der Platzwart lief feuerrot an. »Hab auch nicht zugestimmt. Die Idee kam von diesem Krimiautor. Dirk Hauken. Der ist Feuer und Flamme, so nah am Geschehen zu sein. Dem kommt der Ermordete gerade recht. Er ist, wie sagt man … nerventotend.«

Es knirschte auf dem Weg, und die drei fuhren erschrocken herum.

»Moin, Sir Archie! Mein Beileid noch einmal an Witwe und Sohn.«

»Wenn man vom Unheil spricht …«, sagte Else. »Der war schon mal hier.«

Sir Archie nickte.

Dirk Hauken kam näher. »Ich darf doch?«

»Nein«, sagte Else ungerührt. »Wir sind in Trauer, und ich möchte jetzt keine Fremden auf der Parzelle. Daran hat sich nach Ihrem letzten Besuch nichts geändert.«

»Schade!« Hauken machte einen Schritt rückwärts und hob dabei die Hände. »Ich dachte, ich kann mal einen O-Ton von echten Hinterbliebenen einfangen. Dann könnte ich meine Szenen authentischer schreiben.«

Else zog die Stirn in Falten. »Ich sagte Nein«, wiederholte sie. »Und ab dafür!«

Dirk Hauken verkrümelte sich.

»Der ist der Täter«, sagte Frieder. »Ganz sicher. Ein Psycho, der den Kick für seine Literatur braucht. So benimmt sich kein normaler Mensch. Der ist schlimmer als Paparazzi!«

Sir Archie griff den Gedanken ein wenig zu schnell auf. »Else, meine Liebe, wir sollten das dem Kommissar melden. Es kann sein, dass ein solches Mensch einen anderen in den Shit reitet.« Wenn der Platzwart aufgeregt war, bekam er die Grammatik nicht immer sauber hin, aber genau das machte ihn so charmant.

Else legte ihre Hand auf Archies Unterarm. »Melde es Herrn Meiners. Sofort! Ich will, dass man Falkos Mörder findet, denn ich habe Angst. Was ist, wenn er sich mit seinem Tod nicht zufriedengibt und ich die nächste bin? Man weiß ja nie!«

»Richtig, meine Liebe. Ich kummere mich, Miss Else.«

Sir Archie sprang auf und stolzierte mit erhobenem Haupt davon.

20. Kapitel

Donnerstag

15 Uhr

Meiners saß mit Dietrich im Büro in Wilhelmshaven. Sie hatten sämtliche Bilder vom Tatort und von den Verdächtigen an die Wand gepinnt und betrachteten sie. Zwischen die Fotos hatte Meiners Pfeile gemalt, die Verbindungen unter den betroffenen Personen darstellten, aber so richtig kamen sie nicht weiter. Zwar hatte Sir Archie vor ein paar Stunden angerufen und den merkwürdigen Krimiautor ins Spiel gebracht, aber das Ganze blieb schwammig.

Dietrich wies noch einmal auf die Liste der anderen möglichen Verdächtigen. Darauf stand Else als Alleinerbin. Dann Frieder, der als Muttersöhnchen galt und vielleicht einen unterschwelligen Hass gegen den Vater gehegt hatte. An Hauken hatten sie auch ohne Sir Archies Anruf schon gedacht. Und dann gab es noch die Leute im Tischtennisverein, wo Falko angeblich Gelder veruntreut hatte. Dass ihm auch Jörg Minkner, Wilko Kramann und Frerk Tempel nicht wohlgesonnen waren, hatten sie ebenfalls notiert. Und dann war da noch die Griese. Was, wenn sie mit ihrem besoffenen Kopf doch die Wahrheit gesagt hatte?

»Unser Opfer ist durchweg unbeliebt gewesen«, fasste Dietrich ihre Erkenntnisse zusammen.

»Ja«, sagte Meiners, »davon bin auch ich mittlerweile überzeugt. Falko von Walde war kein unbeschriebenes Blatt.«

»Wir müssen auf jeden Fall den Sohn und die Frau noch einmal intensiver befragen. Nicht dass wir etwas übersehen haben. Und natürlich die anderen Nachbarn, mit denen er angeblich im Clinch lag.« Dietrichs Ohren glühten schon wieder hochrot. »Ich hab da sowieso noch was … Also, ich hab recherchiert.« Er wirkte verlegen, weil er mittlerweile kapiert hatte, dass sein Vorgesetzter es nicht schätzte, wenn er selbstständig dachte und handelte.

Meiners sah seinen Kollegen fragend an. Manchmal hatte der Knabe ganz gute Ideen, die er dann wunderbar als seine eigenen ausgeben konnte. »Und was?«

Dietrich lächelte scheu. »Ich habe mal überprüft, was von Walde sonst noch getrieben hat. Wenn er nicht gerade den Tabbert auf dem Möwenschiss zur Schau stellte oder den Tischtennisverein um die Vereinskasse geprellt hat.«

»Und?«

»Er saß ja noch im Aufsichtsrat der Firma, wo er als Inhaber und Geschäftsführer im letzten Jahr eine Menge Leute entlassen hat. Einer von ihnen, ein Janosch Böse, hat Selbstmord begangen und eine Frau mit drei kleinen Kindern hinterlassen. Sie leben in Jever. In der …« – Dietrich blätterte in seinen Unterlagen – »in der Krummellenbogenstraße.«

Jetzt horchte Meiners doch auf. »Das klingt interessant.«

»Wird noch spannender, Chef. Es gibt nämlich von dem ehemaligen Mitarbeiter eine verwandtschaftliche Verbindung nach Horumersiel. Und wir haben schon mit der Familie zu tun gehabt.«

Meiners atmete einmal tief ein und lächelte dann seinem Buddha zu, der passend zu der neuen Info schöne Töne von sich gab. Er hatte ihn auf leises Glockenspiel eingestellt. »Wer ist es?«

»Diese Frau Griese«, stieß Dietrich hervor und ergänzte eifrig. »Und die hat schließlich damit geprahlt, Falko getötet zu haben.«

»In welchem Verhältnis steht sie zu dem Mann, der den Suizid begangen hat?« Meiners kläffte schon wieder vor Aufregung.

»Sie ist die Tante seiner Frau.« Dietrich wirkte äußerst zufrieden.

»Wow, das ist eine überraschende Wende. Sonst noch was?«

»Jo«, sagte Dietrich. »Fürchtenicht sprach doch von der Tischtennisgruppe. Ich habe mal mit dem Vorstand des Vereins telefoniert, und er hat die Anschuldigungen gegen von Walde bestätigt. Er hat aus der Mannschaftskasse angeblich Gelder veruntreut. War ihm allerdings nicht vollständig nachzuweisen. Er ist aus der Mannschaft geflogen, und das Team war stinksauer.«

Meiners kratzte sich am Kinn. War das ein Mordmotiv? »Weiß man, wie hoch die Summe war?«

Dietrich zuckte mit den Schultern. »Da es sich um eine schwarze Kasse gehandelt hat, ist nicht genau Buch geführt worden. Und man konnte es eben nicht zur Anzeige bringen, ohne selbst in Schwierigkeiten zu geraten. Deshalb wollte sich der Vorstand dazu nicht äußern.«

Meiners nickte und sortierte das Gehörte. »Gut, eigentlich ist die Reihenfolge klar. Erst fahren wir zu der Witwe nach Jever. Immerhin hätte sie ein Motiv gehabt. Ein Selbstmord ist harter Tobak. Und dann hören wir mal bei dem Verein nach, was da wirklich abgegangen ist.« Meiners sprang auf. »Wann ist da Training?«

Auch darum hatte Dietrich sich bereits gekümmert. »Heute Abend. 20 Uhr. Glaube ich, ich schau nachher noch einmal nach.«

»Eilt nicht«, sagte Meiners und schlüpfte schon in seinen dunkelblauen Blouson. »Wie hieß diese komische Straße in Jever noch mal?«

»Krummellenbogenstraße.«

Meiners fasste es nicht. »Krummellenbogenstraße!«, wiederholte er schnaubend. »Wer denkt sich so etwas aus? Na ja, schietegal, wie die Straße heißt. Hauptsache, es bewegt sich was in dem Fall.«

15:30 Uhr

Traugott war gestern froh gewesen, als er endlich diese blöde Zelle verlassen konnte. Er hatte schließlich schon vorher gewusst, wie sie aussah, wenn der eine oder andere Betrunkene darin rebelliert hatte. Wenn seine Kollegen sie hinterher mit dem Schlauch ausspritzen mussten. Und bequem war die Pritsche auch nicht gewesen. Außerdem hatte in der Nachbarzelle die Griese gelegen und sich die ganze Nacht übergeben. Allein die Vorstellung, mit dieser Frau Wand an Wand die Nacht zu verbringen, war für ihn reine Folter gewesen. Traugott schüttelte sich.

Er hatte noch immer Gänsehaut, wenn er an das Geräusch dachte, mit dem sich der Schlüssel im Schloss drehte. Grausam.

Aber nun konnte er wieder den Himmel sehen. Er war zwar wolkenverhangen, aber Traugott hatte freien Blick.

Er hatte die Nacht in seiner Wohnung am Kanalweg verbracht, jetzt aber beschlossen, doch wieder zum Möwenschiss zu fahren. Er wollte die Arbeit nicht allein den drei Rentnern überlassen. Immerhin waren sie seinetwegen auf den Platz gezogen. Im Kanalweg hingegen war es still und einsam, weshalb er sich ja für den Campingplatz entschieden hatte. Blumen, die gegossen werden mussten, gab es in seiner Wohnung nicht mehr, und die Katze war tot.

»Zudem ist meine Lieblingszahnbürste, die elektrische, auf dem Möwenschiss«, murmelte er. Der letzte Gedanke war ausschlaggebend. »Und dort werde ich jeden Stein umdrehen, bis ich den wahren Täter gefunden habe.«

Kurz entschlossen setzte er sich in sein Auto und fuhr zum Campingplatz.

Er war noch nie so froh gewesen, Gerda und Ino auf den Parzellen gegenüber zu sehen. Tiger schien weniger erfreut über den Urlaub, denn sie hockte mit gesenktem Kopf und angeleint neben dem kleinen Vorzelt und blickte nur müde auf, als Traugott die Parzelle betrat. Die Dogge war es gewohnt, frei herumzulaufen. Ein bisschen tat sie Traugott leid.

»Moin zusammen!«, begrüßte er die drei, was bei Tiger nur ein müdes Wedeln mit der Rute auslöste.

Gerda strahlte, als sie ihn sah. »Traugott! Hat man dich entlassen? Wie schön!«

»Vorerst«, wiegelte er ab.

»Dann können wir ja jetzt gemeinsam ermitteln«, sagte Gerda. »Das ist auch viel effektiver, weil du mehr Erfahrung hast, wovon wir wunderbar profitieren werden.«

Traugott nickte. »Hast du einen Kaffee für mich? Ich muss erst einmal ankommen.«

Gerda nickte. Sie hatte noch welchen in der Thermoskanne und holte nur einen Becher aus dem Wohnwagen.

Dann erzählte Fürchtenicht, warum man ihn gestern hatte gehen lassen. »Es gibt eben noch andere Verdächtige«, schloss er.

»Genau, die Griese zum Beispiel«, sagte Gerda und gab Thedas Informationen an den Ex-Kommissar weiter.

»Ihr solltet mal die Tischtennisabteilung durchforsten«, schlug Traugott vor. »Ich hatte ja schon gesagt, dass dort etwas faul sein könnte. Es gibt Menschen, die morden für weniger als für die Mannschaftskasse.«

»Da hast du recht, Traugott, deshalb hatten wir das ohnehin vor«, sagte Gerda mit einem stolzen Seitenblick auf Ino. »Ino macht heute beim Training mit und ist so ganz nah am Geschehen.« Er kommentierte ihre Worte mit einem Schnauben.

»Das ist super«, sagte Traugott und trank einen Schluck. »Ah, schmeckt der Kaffee gut! Danke, Gerda. Also, warum ich die Idee für sehr durchdacht halte: Es gibt eine Verbindung zum Möwenschiss. Der Kramann, Parzelle 1, spielt da mit.«

»Der Kramann?«, kam es wie aus einem Munde von Gerda und Ino.

»Jo, der Campingnachbar direkt neben von Waldes. Ihr glaubt nicht, was da manchmal abging. Nicht nur weil Falkos Wohnwagen zwei Zentimeter auf Wilkos Parzelle steht. Das allein war Stress genug. Und es endete regelmäßig in massiven Anschuldigungen gegen Falko, weil er angeblich das Mannschaftsgeld hat mitgehen lassen.«

»Wozu brauchte er die Kasse?«, fragte Gerda.

»Keine Ahnung. Ihm wird unterstellt, dass er sich von der Kohle den Vorzeltteppich gekauft hat.«

»Aber der hatte doch Geld genug«, warf Ino ein.

»Das stimmt«, bestätigte Traugott. »Er hat die Kasse auch nicht genommen, weil er das Geld *brauchte*, sondern weil es ihm Spaß gemacht hat. Der Mann war krank, wenn ihr mich fragt. Und sehr aufbrausend. Falko von Walde hatte sich nicht im Griff.«

21. Kapitel

Donnerstag

15:30 Uhr

Dietrich war nervös, als er neben Meiners im Auto saß und zu Familie Böse fuhr. Er hatte seinem Boss eine Marschroute vorgegeben, und das war ziemlich mutig gewesen. Aber er konnte einfach nicht glauben, dass sein alter Chef ein Mörder war. Gut, ein Stinkstiefel war er schon. Und seine schlechte Laune kurz vor der Pension war auch kaum zu ertragen gewesen, aber deshalb killte er doch nicht gleich sein Parzellengegenüber! Fürchtenicht wollte seine Ruhe, und die hatte er auf diese Weise bestimmt nicht.

Also hatte Dietrich mit aller Macht nach weiteren möglichen Verdächtigen gesucht.

Zusammen mit Meiners würde er jetzt jede Spur akribisch verfolgen. Am meisten versprach er sich tatsächlich von dem Gespräch mit Frau Böse. Auf sie war er gekommen, weil er kurz entschlossen zum Hörer gegriffen und die Firma kontaktiert hatte.

Die Sekretärin war von dem Anruf des Kriminalbeamten sehr beeindruckt gewesen und ratzfatz damit rausgerückt, dass Janosch Böse sich wegen von Walde das Leben genommen hatte. Die Verbindung zu der Griese hatte Dietrich eher zufällig herausgefunden, weil er natürlich recherchiert hatte, wer zur Familie gehörte. Die Griese war die Tante von Janoschs Frau.

»Komisch, dass die Alte uns das nicht erzählt hat, sondern sich nur an der Mobbing-Geschichte festgebissen hat. Wirklich komisch«, murmelte er.

»Was sagst du?«, fragte Meiners. Er hatte die Zunge zwischen die Lippen gepresst und fuhr mit angestrengtem Gesichtsausdruck.

»Nichts«, gab Dietrich zurück. Er war sehr erleichtert, dass Meiners seine Ermittlungsansätze nicht infrage stellte. »Hab nur so vor mich hin gemurmelt.«

»Wenn wir diese Frau Böse interviewt und dann den Tischtennisclub durchleuchtet haben, müssen wir uns endlich noch mal die Ehefrau und den Sohn samt der Campingplatzbagage vornehmen«, sagte Meiners.

»Fakt ist, dass Frau von Walde ganz schön vom Ableben des Alten profitiert«, sagte Dietrich. »Die ist jetzt steinreich.«

»Was ist«, überlegte Meiners laut, »wenn sie wirklich ein Verhältnis hatte? Also, nicht mit unserem Ex-Boss, aber mit einem anderen? Einem, der besser mit ihrer Marotte in Bezug auf ihren Sohn zurechtkommt und der es cool findet, eine reiche Frau zu haben?« Meiners biss auf seiner Unterlippe herum. »Dann könnte sie sich mit demjenigen nun ein feines Leben machen.«

»Du vergisst, dass es diese Dreijahresklausel gibt«, wandte Dietrich ein.

»Für das zu erbende Barvermögen, nicht aber für das, was sie schon hat. Wohnungen, Wohnwagen … Sie ist auch so eine gute Partie, mit dem Ausblick auf mehr.«

»Guter Ansatz«, sagte Dietrich. »Dem müssen wir nachgehen.«

»So ist es«, brummte Meiners.

Sie durchquerten Horumersiel, bogen kurz vor Hooksiel rechts ab und fuhren über Waddewarden nach Jever.

Es war schwierig, in der Nähe der Wohnung einen Parkplatz zu bekommen, und die Laune seines Chefs verschlechterte sich merklich. Schließlich fanden sie eine Lücke direkt an der Prinzengraft.

»Zum Glück regnet es nicht«, sagte Meiners. Er lief mit ausgreifenden Schritten voraus.

Dietrich klingelte und hoffte, dass jemand von der Familie Böse zu Hause war. Ihnen öffnete eine Frau, etwa vierzig Jahre alt. »Ja, bitte? Sollten Sie von den Zeugen Jehovas sein oder mir etwas verkaufen wollen, können Sie gleich wieder gehen!«

Dietrich fingerte nach dem Ausweis und hielt ihn der Frau unter die Nase. »Sind Sie Frau Böse? Dann hätten wir ein paar Fragen an sie.«

Die Frau schaute auf den Ausweis, zuckte dann leicht zusammen, machte einen Schritt zur Seite und ließ die beiden ein. »Bitte gehen Sie geradeaus durch in die Stube. Möchten Sie etwas trinken?«

Die beiden verneinten, nahmen aber auf dem verschlissenen roten Sofa Platz. Die Wohnung war klein und düster. Sie wirkte ärmlich, zudem roch es muffig. Überall lag Spielzeug herum, aber es waren keine Kinder zu sehen.

Frau Böse setzte sich nicht, sondern lehnte sich mit dem Rücken gegen den dunklen Eichenschrank und verschränkte die Arme vor der Brust. »Als ich das letzte Mal mit der Polizei zu tun hatte, ging es um den Freitod meines Mannes.« Ihre Stimme zitterte. »Was ist denn jetzt passiert?«

Dietrich stand auf und schob Frau Böse zu einem der beiden Sessel. »Bitte beruhigen Sie sich. Und es ist besser, wenn Sie sich setzen.«

Er hatte Angst, dass die Frau womöglich kollabierte, denn sie sah sehr mitgenommen aus.

Frau Böse kam seiner Aufforderung nach und hockte sich auf die Kante des Sessels. Sie knetete nervös ihre Hände. Dietrich ließ sich erneut auf das Sofa fallen.

Meiners sagte erst einmal gar nichts und schaute sich nur um. Dann fixierte er Frau Böse und bemerkte: »Ihrer Wohnung würde etwas mehr Feng-Shui guttun. Der Spirit ist hier ungünstig! Auch für Ihre Kinder. Wo stecken die überhaupt?«

Frau Böse runzelte fragend die Stirn, bevor sie antwortete: »Bei Freunden. Der Älteste ist zehn, die anderen beiden sind acht Jahre. Zwillinge.«

»Wie gesagt, Sie müssen mehr auf den Flow in der Wohnung achten«, wiederholte Meiners.

Dietrich rollte mit den Augen. Das hatte sein Chef jetzt nicht ernsthaft gesagt! Es ging um eine Mordermittlung, und wie er es gelernt hatte, war es wichtig, sich zunächst das Vertrauen der Befragten zu sichern. Aber dazu gehörte ganz gewiss keine Belehrung über die Wohnungseinrichtung! Es mochte schließlich nicht jeder Buddhas und Yoga-Drachen aufstellen.

Frau Böse reagierte nun auch entsprechend ungehalten. »Was soll ich? Sorry, aber ich bin froh, wenn ich die Miete zahlen kann und täglich ein paar Nudeln auf dem Tisch stehen. Flow ist in einem solchen Fall nicht wichtig.«

»Ist schon okay«, antwortete Dietrich. »Ihre Einrichtung geht uns nichts an.« Er warf einen vorsichtigen Blick zu Meiners, der unmerklich nickte. Dann fuhr er fort: »Wir sind hier, weil Falko von Walde ums Leben gekommen ist.«

»Ach, tatsächlich? Und was hab ich damit zu tun?«, fragte Frau Böse. »Nicht dass es mich berührt, er hat schließlich genug Unglück über unsere Familie gebracht, aber warum kommen Sie damit zu mir?«

Ihr Gesicht hatte nach Dietrichs Mitteilung wieder ein wenig Farbe angenommen, jetzt, wo sie wusste, dass sie ihr keine schlechte Nachricht überbrachten, die ihre eigene Familie betraf. Auf jeden Fall schien es so, als habe sie von Falko von Waldes Tod noch keine Ahnung gehabt.

»Er ist nicht auf natürlichem Weg verstorben«, setzte Dietrich nach. »Man hat ihn umgebracht.«

Frau Böse biss sich auf die Lippen. »Oh«, brachte sie nur hervor. Dann schien sie zu begreifen, was genau die beiden wollten. »Ich habe nichts damit zu tun, ganz sicher nicht.«

»Das behauptet auch keiner«, beruhigte Dietrich sie. Er schaute besorgt zu Meiners, der ungewöhnlich still war.

Weil sein Chef nichts sagte, führte Dietrich die Befragung fort. »Sie sind die Nichte von Frau Griese aus Horumersiel?«

»Ja, aber wir mögen uns nicht sehr. Mein Mann und ich hatten schon seit Jahren keinen Kontakt zu ihr. Sie ist … streitsüchtig. Falsch. Ein Läster- und Tratschweib. Warum fragen Sie nach ihr?«

»Weil sie Falko von Walde ebenfalls kannte. Wir haben schon mit ihr gesprochen, aber sie hat uns nur erzählt, dass sie von Falko von Walde in der Schule schikaniert wurde. Von dem Freitod Ihres Mannes hat sie kein Sterbenswörtchen gesagt«, erklärte Dietrich und war noch immer verwundert, dass Meiners ihn einfach so gewähren ließ. Als er ihn erneut ansah, bemerkte er, dass der Erste Polizeihauptkommissar mit nach oben geöffneten Handflächen dasaß, die Augen geschlossen hielt und offenbar das Energiefeld des Raumes in sich aufsog.

Dietrich seufzte ergeben.

Frau Böse sprach mit ruhiger Stimme weiter. »Es ist ihr vermutlich gleichgültig. Wie gesagt, ich habe seit fünfzehn Jahren keinen Kontakt mehr. Sie war nicht einmal bei der Beerdigung.«

Dietrichs Chef hatte die Augen jetzt wieder geöffnet und zuckte bedauernd mit den Schultern. Ein handfestes Motiv sah dann wohl anders aus. Die Griese hatte den Mann ihrer Nichte nicht gerächt.

»Aber eine Frage habe ich noch.« Frau Böse sah ihn bittend an.

»Und?«, fragte Dietrich.

»Wie hat man ihn … getötet und wo?«

»Er wurde auf dem Campingplatz Möwenschiss in Schillig mit einer Markisenkurbel erschlagen«, sagte Meiners, der jetzt offenbar wieder ganz bei ihnen war. Dabei beobachtete er die Frau sehr genau. Er hatte dann stets diesen gehetzten Windhundblick.

»Auf dem Möwenschiss?« Jetzt war Frau Böse weiß wie die Wand. Ihre Fingernägel krallten sich in die Handballen, und sie schloss die Augen.

Dietrich wartete eine Weile lang, aber Frau Böse lockerte ihre Haltung nicht. »Frau Böse?«, fragte er schließlich. »Frau Böse, was ist mit Ihnen? Haben Sie uns dazu etwas zu sagen?«

Sie schlug langsam die Augen auf. Dann schüttelte sie den Kopf. »Nein.«

Dietrich glaubte ihr kein Wort. »Was verbindet Sie mit dem Campingplatz?«, hakte er mit leiser Stimme nach. »Bitte!«

»Mein Bruder hat dort einen Stellplatz. Er hat mir nichts von der Sache gesagt, dabei haben wir erst vor einer Stunde miteinander telefoniert.«

»Wie heißt Ihr Bruder denn?«

»Frerk ist sein Name«, gab Frau Böse bereitwillig Auskunft.

Meiners rutschte unruhig auf dem Sofa hin und her und sprang dann auf. Er hechelte nahezu, als er sagte: »Und weiter?«

»Er hat auch nach der Scheidung den Namen seiner Frau Bettina behalten. Er heißt Frerk Tempel.«

»Das ist der mit dem Längsten!«, stieß Meiners aus.

»Ja, er liebt schicke Wohnwagen«, gab Frau Böse zu. »Und er hat Falko von Walde gehasst, weil er unserer Familie das angetan hat. Sehen Sie sich doch um: Ich habe alles verloren und weiß kaum, wie ich alles bewältigen soll. Ohne Frerk würde ich kaum zurechtkommen. Er hilft mir, wo er kann.« Frau Böse schlug sich die Hand vor den Mund. »Hab ich ihn jetzt verdächtig gemacht? Das wollte ich nicht. Frerk hat dem von Walde trotz seiner Verachtung sicher nichts angetan. Mein Bruder ist ein gläubiger Mensch und würde nie etwas Unrechtes tun! Glauben Sie mir!«

Meiners nickte. Er schien angestrengt zu überlegen, was er mit dieser Information anfangen sollte.

»Vielleicht war er gar nicht vor Ort und hat es noch nicht mitbekommen?«, fragte Dietrich, weil es ihm merkwürdig vorkam, dass dieser Frerk Frau Böse nichts von dem Mord erzählt hatte.

Sie sah Dietrich jetzt mit ernstem Blick an. »Er lebt dort während der Saison, und ich gehe mal davon aus, dass so etwas auf einem Campingplatz nicht verborgen bleibt.«

»Haben Sie es denn nicht in der Zeitung gelesen?«, fragte Dietrich. »Es wird überall berichtet.«

Frau Böse seufzte. »Ich selbst lebe zurückgezogen und will von der Welt da draußen nichts mehr mitbekommen. Ich möchte nur noch für meine Kinder da sein, gehe ins Klinikum putzen. Dort rede ich mit kaum jemandem. Man mag mich nicht besonders, weil mir das Lachen schwerfällt. Seitdem. Wissen Sie, erst sind die Leute noch voller Mitleid, aber irgendwann glauben alle, nun müsse es genug sein und dass das Leben weitergehen soll. Es passt ihnen nicht, wenn man die Trauer nicht schnell genug ablegen kann.«

Dietrich stand auf. »Bitte regen Sie sich nicht auf, Frau Böse. Bestimmt hat Ihr Bruder Ihnen nichts davon gesagt, weil er sie nicht beunruhigen wollte. Wir wissen, dass sich Ihr Mann wegen seiner Entlassung das Leben genommen hat und Falko von Walde sie zu verantworten hatte. Ihr Bruder wollte Sie bestimmt schonen.« Dietrich legte seine Hand auf ihre Schulter. Er musste ihr noch eine unangenehme Frage stellen, auch wenn er es lieber vermieden hätte. Wobei er die Antwort schon ahnte. »Wo waren denn Sie zur Tatzeit? In der Nacht von Sonntag auf Montag zwischen 24 und 2 Uhr?«

»Zu Hause«, sagte Frau Böse. »Wie immer. Ich bin immer zu Hause. Sagte ich doch schon. Ich würde meine Kinder nachts nie allein lassen. Sie träumen schlecht. Seitdem.«

Meiners sprang auf. »So, wir wissen jetzt genug! Auf zum Möwenschiss. Wir müssen mit dem Mann reden.«

Frau Böse verschränkte ihre Finger so heftig, dass die Gelenke knackten. Dietrich sah ihr an, dass sie bereute, ihren Bruder ins Spiel gebracht zu haben.

16 Uhr

Gerdas Blick schweifte wieder nach gegenüber zu den von Waldes. Sie saß mit Ino und Traugott noch immer auf der Parzelle. Mittlerweile hatten sie zwei Kaffeekannen geleert. Eben schnitt Else ihrem Sohn ein Stück Butterkuchen in mundgerechte Stücke.

»Wenn du mich fragst, fehlen da drüben allen beiden ein paar Nadeln an der Fichte«, sagte Gerda. Dann schaute sie zu Kramanns Grundstück. »Der hatte also auch Stress mit dem Verblichenen. Hier auf dem Platz wird er nichts sagen, um sich nicht selbst in Verdacht zu bringen. Wohl aber in seiner Sportgruppe. Unter Kumpels kriegt er sicher seinen Mund auf.«

»Ich weiß, was du von mir willst. Hast es eben schon deutlich durchklingen lassen«, sagte Ino.

»Gut, dann muss ich ja nichts weiter erklären. Ich hab vorhin im Internet nachgesehen. Bin deswegen extra zur Rezeption spaziert. Dort ist das Netz super. Heute um 18 Uhr ist Herrentraining der Tischtennisgruppe. Dein Part!«

»Gerda, ich habe dir schon gesagt, dass ich das nicht mache. Ich kann kein Tischtennis spielen! Ich kenne keine einzige Regel. Und ich hasse Turnhallen. Du kannst dir gar nicht vorstellen, wie sehr!«

Gerda lächelte Ino an. »Erstens musst du auch gar nichts können. Du sollst nur Teil der Mannschaft werden. Und deine Antipathie gegenüber Turnhallen müssen wir im Rahmen unserer Detektivarbeit leider als zweitrangig werten. Ich mag auch keine Leichen und ermittle trotzdem schon zum zweiten Mal in einem Mordfall.« Gerda reckte resolut das Kinn vor, als sie Inos Widerstand bemerkte. »Keine Widerrede! Mitgehangen, mitgefangen, wie man so schön sagt. Wir sind InoTjarks&Co und haben einen wichtigen Auftrag.«

Traugott schaute etwas belustigt. »Ich könnte es dir abnehmen, Ino, aber mir wird in dem Fall keiner etwas erzählen. Sie wissen, dass ich unter Verdacht stehe und mal Bulle war. Und ganz ehrlich: Mein Bewegungsradius ist noch eingeschränkter als deiner.« Er tätschelte seinen feisten Bauch. Dem hatte Ino erst einmal nichts entgegenzusetzen.

»Und ich bin eine Frau«, erklärte Gerda. »Genau wie Theda. Um an Wilko Kramann und die Tischtennisgruppe ranzukommen, hilft nur eins: Du musst in die Höhle des Löwen, zum TV Meerblick in Horumersiel.«

»Ich komme da doch gar nicht hin«, sagte Ino. »Wir können unmöglich das Zelt auf dem Wagen wieder abbauen, weil es zu aufwendig ist, es spätabends wieder aufzubauen. Und ein Fahrrad habe ich nicht hier.« Zufrieden lächelte er die beiden an. Er glaubte offenbar, dass er aus der Nummer raus war, aber da hatte er die Rechnung ohne Gerda gemacht.

»Traugott, du hast doch ein Auto.«

Ino hob sofort die Hände. »Ich fahre grundsätzlich nicht mit fremden Wagen. Wenn da was passiert, hat man nur Ärger!«

Gut, dachte Gerda. Dann eben nicht. Du musst trotzdem hin, mein Lieber!

»Fahrrad?« Sie wandte sich wieder an Traugott.

Der zuckte bedauernd mit den Schultern. »Hab ich zwar, aber das ist platt.«

Gerda wurmte Inos triumphierendes Grinsen. »Nun, dann rufe ich Martin an. Der kann unsere Räder bringen. Er hat einen Fahrradgepäckträger. Es ist sowieso besser, wenn wir mobil sind.« Sie lief zum Hauptweg, wo das Netz besser war, und tippte sofort die Nummer des Nachbarn ins Handy ein.

Nach dem Gespräch schien sie sehr zufrieden. »Kommt sofort. Ino, es gibt keine Ausrede mehr!«

Sie sah auf die Uhr. »O verdammt! Meine Fahrstunde geht gleich los. Ist die letzte vor der Prüfung. Ich muss zur Rezeption.« Sie fummelte an ihrer Hosentasche und reichte Ino das Bonbonpapier, das sie am Vortag an der Minigolfanlage sichergestellt hatte. »Bitte bewahre das auf. Und erkläre Traugott, was es damit auf sich hat.«

Dann stürzte sie davon.

15:30 Uhr

Meiners hatte auf dem Weg zum Möwenschiss sämtliche Geschwindigkeitsbeschränkungen ignoriert. Vermutlich hatte er den mutmaßlichen Mörder am Wickel, egal, was Frau Böse zu seiner angeblichen Friedfertigkeit gesagt hatte. Dass einer gläubig war, war kein Argument, da brauchte man nur zu den Skandalen der katholischen Kirche schielen.

Bei Frerk Tempel passte eine Menge. Er lebte auf dem Möwenschiss, hätte Fürchtenichts Kurbel klauen können, und er hatte ein Motiv. Und was für eins!

Meiners parkte den Wagen, schloss im Fortlaufen ab, sodass Dietrich für einen Moment im Wagen eingesperrt blieb, weil er nicht schnell genug ausgestiegen und das Fahrzeug auch von innen verriegelt war. Meiners merkte erst an der Rezeption, dass der Kollege gar nicht neben ihm lief. Er drehte sich um und beobachtete, wie Dietrich über den Fahrersitz langte, um an den Knopf zu kommen, der die Türen wieder öffnete.

»Idiot«, knurrte Meiners und machte das Auto mit der Fernbedienung erneut auf.

Kurz darauf kam Dietrich angepest. »Du hast mich eingeschlossen, Meiners!«, keuchte er.

»Musst eben schneller sein. Wir sind im Einsatz, nicht im Schlaflabor!« Er rannte weiter, und Dietrich folgte ihm. Ihnen kam Gerda Janßen entgegen, die aber nur kurz grüßte. »Wir wohnen jetzt hier. Büschen Urlaub machen!«, rief sie.

Auch das noch, der Feind in der Nähe … Doch darum konnte Meiners sich erst später kümmern.

Frerk Tempel saß wie erhofft vor seinem Wohnwagen in der Pappelallee, die gegenüber vom Kastanienweg abging, und las ein Buch. Er sah auf, als die beiden Kommissare den Stellplatz betraten.

»Kann ich Ihnen helfen?«

»Frerk Tempel, richtig?«, fragte Meiners. Da er keine Lust hatte, lange um den heißen Brei herumzureden, kam er sofort zur Sache. »Sie sind also der Bruder von Frau Böse. Deren Mann sich wegen Falko von Walde das Leben genommen hat.«

Wenn Frerk Tempel verunsichert war, zeigte er es nicht. Im Gegenteil, er wirkte völlig entspannt.

»Ja, so sieht es aus. Was genau wollen Sie von mir?«

»Dürfen wir uns setzen?«, fragte Dietrich. Um den Campingtisch standen vier Stühle, und im Sitzen redete es sich leichter.

Frerk nickte.

Die beiden Kommissare nahmen Platz.

»Wie stehen Sie zu Ihrer Schwester?«, fragte Meiners.

»Wir sind uns nah. Ich kümmere mich um sie, vor allem jetzt, wo Janosch nicht mehr da ist.« Frerk Tempel betrachtete die beiden Kommissare und legte das Buch langsam auf dem Tisch ab. »Ich verstehe, worauf sie hinauswollen. Ich soll den Ex-Chef meines Schwagers um die Ecke gebracht haben, nachdem ich ihn hier auf dem Möwenschiss wieder getroffen habe. Ist es so?« Er wiegte den Kopf. »Interessante These, wirklich höchst interessant, meine Herren.«

»Plausibel. Es ist eine plausible These«, sagte Meiners. Er fixierte sein Gegenüber wie die Schlange das Kaninchen, nur dass es nicht denselben Effekt hatte, weil Frerk Tempel sich davon kein bisschen beeindrucken ließ.

»Ich muss Sie aber enttäuschen. Ich liebe meine Schwester, und es ist beschissen, was für ein Leben sie mit den drei Kurzen gerade führen muss. Und ja, ich unterstütze sie auch finanziell, weil ich möchte, dass es ihr gut geht. Und ich habe diesem von Walde nicht nur einmal die Pest an den Hals gewünscht. Er war kein guter Mensch. Egoistisch bis zum Abwinken. Aber deshalb habe ich das Ar…, den Mann nicht getötet. Ich weiß, wo die Grenzen liegen, und es hätte meinen Schwager auch nicht zurückgebracht.«

Irgendwie klang das auswendig gelernt, aber das musste Meiners dem Tatverdächtigen erst einmal nachweisen.

»Nun, Sie haben ein enges Verhältnis zu Ihrer Schwester, das merkt man. Wie stehen denn Sie zu Frau Griese?«

Frerk Tempel lachte bitter auf. »Diese alte Schachtel? Ich stehe gar nicht zu ihr. Klar, sie hat auch unter dem Schnösel gelitten, davon hat sie oft genug erzählt, als wir noch Kontakt hatten. Aber ganz ehrlich? Sie hat es nicht anders verdient. Vermutlich hat Falko in diesem einen Fall ihr gegenüber einfach nur die Wahrheit gesagt.«

»Können Sie sich vorstellen, dass Ihre Tante … Hand angelegt hat?«, mischte sich jetzt Dietrich ein.

»Die? Niemals. Die labert nur rum, verdrückt sich aber, wenn es darauf ankommt. Hat auch meine Schwester hängen lassen. Wenn sie die Familie nur ein kleines bisschen unterstützt hätte, wäre vielleicht zu verhindern gewesen, dass Janosch den Strick nimmt.«

»Sie geben Frau Griese also durchaus einen Teil der Schuld?«, fragte Meiners.

»Jo. Aber was hat das damit zu tun, dass Sie mich verhören? Ich war es nicht. Hab sogar ein Alibi.«

Meiners sah ihn fragend an. »Bitte, ich höre!«

»Ich war in der Mordnacht bei einer Frau. Sabine Duden-Mölln. Wohnt in Schillig.«

»Straße!«, forderte Meiners ihn auf. »Telefonnummer?«

Dietrich schrieb mit und nickte seinem Boss zu. »Ich überprüfe das.«

Er stand auf, trat ein Stück beiseite und kam kurz darauf zurück. »Das Alibi stimmt.«

Über Tempels Gesicht glitt ein Grinsen. »Sag ich doch. Darf ich jetzt gehen? Ich glaub, ich brauche Strandluft. Hier ersticke ich gerade.«

»Bitte lassen Sie sich noch erkennungsdienstlich behandeln«, forderte Meiners ihn auf. »Auch zu Ihrer eigenen Sicherheit, damit wir Sie gegebenenfalls als Täter ausschließen können.« Er schob ihm sein Kärtchen rüber. »Kommen Sie dazu aufs Präsidium und melden sich dort an. Die wissen dann Bescheid.«

»Mach ich!« Tempel zog ein Bonbon aus der Tasche, wickelte es aus und ließ das gelbe Papier demonstrativ auf den Boden fallen. »Und jetzt nichts wie weg!« Er schloss den Wohnwagen ab und lief davon.

Meiners hob das Papier verärgert auf und schaute es sich an, denn es war ungewöhnlich gestaltet. »Nordseehustenmischung«, las er.

Nachdenklich sah Meiners Frerk Tempel nach. Er ließ ihn nur mit einem unguten Gefühl gehen. »Dann komm, wir reden mit der Ehefrau, und heute Abend ist die Tischtennistruppe dran.«

22. Kapitel

Donnerstag

17 Uhr

Else sah Gerda auf ihre Parzelle zueilen. Sie machte ein betretenes Gesicht, ganz wie es sich für einen Kondolenzbesuch gehörte.

»Moin, Frau von Walde. Wir haben uns ja schon kurz begrüßt. Ich habe eben meine Fahrstunde hinter mir und wollte Ihnen und Ihrem Sohn jetzt im Namen von Ino und mir unser Beileid aussprechen.«

»Danke«, antwortete Else, sah ihre Nachbarin aber mit befremdlichem Blick an.

»Die Fahrstunde war übrigens ganz grottig. Ich muss eine Zusatzstunde nehmen.«

Gerda versuchte sich offenbar im Small Talk, aber Else wollte sich nicht darauf einlassen. »Wir kennen uns kaum, und doch kommen Sie einfach angewackelt. Ich glaube, Sie sind nur neugierig.« Else bemühte sich, schnippisch zu klingen. Mittlerweile nervten sie die Campingnachbarn, die ständig bei ihr aufkreuzten und Mitgefühl vortäuschten, obwohl sie eigentlich nur sensationslüstern waren.

Gerda schien angesichts des harschen Empfangs überrascht, doch sie erwiderte nichts, sondern sah Else nur weiter mit einem unergründlichen Lächeln an.

»Nein, ich habe meinen Gatten nicht getötet«, schoss es plötzlich aus Else heraus, obwohl Gerda gar nicht danach gefragt hatte. »Auch wenn ich wirtschaftlich von seinem Tod profitiere. Und ich habe ihn auch nicht gehasst, weil er meinen Frieder oft ungerecht behandelt hat. Außerdem war ich in der Mordnacht in Wilhelmshaven. Niemand hat hier am Möwenschiss mein Auto gesehen. Es gibt also keinen Grund, mich zu verdächtigen. War's das? Ich hätte nun gern wieder meine Ruhe, wenn Sie nichts dagegen haben – Gerda!«

Die alte Dame war tatsächlich sprachlos und Else zufrieden. »Gehen Sie jetzt bitte.«

Gerda machte auf dem Absatz kehrt, verharrte dann aber in der Bewegung, als ihr Dirk Hauken entgegenkam. Er hielt ein merkwürdiges Gebilde, das einem Hubschrauber ähnelte, in der Hand und trug immer noch dieses alberne Käppi. Wenigstens war die blöde Pfeife verschwunden. Für einige Leute musste man sich wirklich fremdschämen.

»Was wollen denn Sie schon wieder?«, fragte Else aufgebracht. »Ich habe Sie schon mehrfach zum Teufel gejagt, und ich mache es jetzt wieder. Und tschüss und weg!«

Doch Dirk Hauken ließ nicht locker, und aus den Augenwinkeln erkannte Else, dass auch diese grauhaarige Gerda sich noch keinen Zentimeter entfernt hatte. So viel Aufmerksamkeit passte ihr gar nicht. Schade, dass sie keine Knarre hatte, mit denen sie diese Leute von ihrer Parzelle hätte vertreiben können.

»Verschwinden Sie!«, forderte sie Dirk Hauken erneut auf.

»Mir ist da was eingefallen, Frau von Walde. Etwas, was durchaus wichtig sein könnte. Auch für Sie!«

Else verdrehte die Augen. Der Typ gab echt nicht auf. Wo zum Teufel blieb überhaupt Frieder? Erst hatte er sich nicht von ihr bedienen lassen wollen, dann war er einfach abgehauen, ohne zu sagen, wohin. Aber sie war seine Mutter, da konnte er ihr doch wohl seine Pläne mitteilen.

»Was wollen Sie denn noch, Herr Kriminalautor?«

Hauken stellte das Ding aus seiner Hand auf den Campingtisch. »Das wollte ich Ihnen zeigen.«

»Was soll diese Drohne mir sagen?« Elses Stimme kippte etwas. Sie musste sich zusammenreißen.

»Ich habe gefilmt«, erklärte er. »Alles.« Er senkte den Kopf. »Ich habe keinem gesagt, warum ich so spät noch auf dem Möwenschiss unterwegs war. War mir peinlich, aber ich wollte schauen, ob das Ding auch Nachtaufnahmen macht. Nur ist mir die Drohne dann abhandengekommen.«

»Was soll denn das heißen?«, fragte Else verwirrt.

»Ich habe das Ding neu, und es ist gar nicht so einfach zu steuern. Jedenfalls war sie plötzlich weg, und ich habe sie erst heute Morgen wiedergefunden. Zum Glück ist alles noch intakt.«

Else zog die Brauen zusammen. »Und nun wollen Sie mir sagen, Sie hätten den Mord an meinem Mann gefilmt?«, hauchte sie. Sie fasste sich ans Herz. »Hätte der Mörder das nicht gehört? Dass er gefilmt wird?«

Hauken schüttelte heftig den Kopf. »Es ist eine wunderbare Drohne«, erklärte er. »Sie fliegt hoch und ist sehr leise. Wenn man sie im Griff hat.«

Else zitterte. »Warum gehen Sie damit nicht zur Polizei?«

»Ich wollte es erst Ihnen zeigen. Sie haben doch wohl größere Rechte, weil Sie persönlich involviert sind.«

Else merkte nur noch, wie ihr schwarz vor Augen wurde.

17 Uhr

Frerk rannte in Richtung Strand, als wäre der Teufel hinter ihm her. Der Besuch der Polizisten war für ihn nicht völlig überraschend gewesen. Es war klar, dass die Bullen schnell auf den

Freitod seines Schwagers aufmerksam werden würden und auch dass er in verwandtschaftlicher Verbindung zu Familie Böse stand. Dass sie aber die olle Griese ebenfalls am Wickel hatten, erstaunte ihn sehr. Er kratzte sich am Kopf. Mit der alten Schachtel hatte er schon lange keinen Kontakt mehr gehabt, und es war das Letzte, was er vermisste.

Frerk hatte den Strand erreicht und wandte sich nach links. Am Horizont schob sich ein Containerschiff westwärts. Der Himmel zeigte sich in einem leichten Hellblau, wurde aber von zarten Schleierwolken überzogen.

Frerk legte noch einen Schritt zu und war froh, dass sich hier nicht so viele Badegäste herumtrieben, denn er wollte allein sein.

Er hatte nicht alles gesagt. Und er hoffte, dass seine Lüge nicht aufflog. Es stimmte, dass er die Nacht bei Sabine verbracht hatte. Allerdings war er zwischendurch aus ihrer Wohnung verschwunden, was sie vermutlich nicht bemerkt hatte, denn sie schlief stets fest wie ein Stein.

Er hatte zuvor vergessen, sein Rasierwasser in die Kulturtasche zu stecken. Frerk brauchte es aber, denn er trug es gern auf, weil die Haut nach der Rasur so schrecklich spannte. Außerdem war Sabine seit Langem die erste Frau, mit der er sich eine echte Beziehung vorstellen konnte, und da wollte er gut duften. Also war er aus der Wohnung geschlichen und zum Möwenschiss geeilt. Es war nicht weit, denn Sabines Zuhause lag direkt hinterm Deich in Schillig.

Das Tor des Campingplatzes war schon verschlossen, aber er hatte seine Chipkarte dabeigehabt. Auf dem Weg zu seinem Stellplatz war ihm Falko von Walde begegnet. Er war aufgebracht gewesen, hatte sich das Haar gerauft. Und so richtig blöd herumgepöbelt. »Ich bin Falko von Walde, und mich verarscht keiner! Keiner!« Dann hatte er Frerk angesehen und ihn ausgelacht. »Und du blöder Wicht merk dir eins: Ich habe den besten Caravan. Und dass dein Schwager keine Lust mehr aufs Leben hatte, dafür kann ich nichts! Das sind doch alles Schwachmaten!«

Erst hatte Frerk gedacht, Falko wäre betrunken, aber dem war nicht so. Er war nur unglaublich wütend. Der Typ hatte ihn dann so heftig beiseitegestoßen, dass Frerk gestrauchelt und gegen den Laternenpfahl gefallen war. An seinem Oberschenkel prangte nun ein dicker blauer Fleck.

Gerade als Frerk sich berappelt hatte, war dieser komische Krimiautor mit dem Käppi an ihm vorbeigelaufen. Und kurz darauf ein weiterer Mann, den er aber nicht erkannte, weil ihm von dem Schlag noch ganz schwindelig war.

Jetzt setzte er sich in den Sand, der aber ein bisschen feucht war. Folglich stand er wieder auf und spazierte weiter. Es war herrlich, wie sich die Sonnenstrahlen in der Nordsee brachen. Frerk mochte das auflaufende Wasser lieber als die Ebbe, weil die Flut immer etwas mitbrachte, das ablaufende Wasser aber etwas wegnahm.

Sein Herz klopfte plötzlich bis zum Hals, und er begann zu joggen. Es fühlte sich gut an, so als könne er auf diese Weise die finsteren Gedanken einfach hinter sich lassen. Niemals durften die Bullen dahinterkommen, dass er in der Nacht noch einmal auf dem Möwenschiss gewesen war. Und auch nicht, dass er sogar auf Falko von Walde getroffen war. Niemals!

Er schrak zusammen, als vom Möwenschiss her Martinshörner erklangen.

23. Kapitel

Donnerstag

18 Uhr

Ino saß auf seinem Fahrrad, das ihm Martin van der Fisk sofort nach dem Telefonat mit Gerda vorbeigebracht hatte. Er war auf dem Weg zum Tischtennistraining in Horumersiel.

Gerda hatte ihm versprochen, gleich mit Tiger noch eine Runde zu drehen, denn der Blick seines Hundes hatte ihm fast das Herz gebrochen. Tiger mochte das Leben auf dem Möwenschiss nicht. Sie brauchte den freien Auslauf auf seinem Mühlengrundstück. Deshalb war es wichtig, dass die Dogge wenigstens ab und zu vom Campingplatz herunterkam.

Natürlich blies Ino der Wind von vorn entgegen, und wie er die Lage einschätzte, würde es auf dem Rückweg wieder so sein. Wind kam in dieser Gegend immer von vorn, egal, wohin man fuhr.

Normalerweise störte es Ino auch gar nicht, er liebte das Leben an der Küste, und er legte auch gern weitere Strecken mit dem Rad zurück. Aber nun war er in einer Mission unterwegs, die er für völlig überflüssig hielt.

Kurz bevor er losgefahren war, hatte Else von Walde einen Zusammenbruch gehabt, weil Dirk Hauken wohl die Ereignisse in der Mordnacht gefilmt hatte. Gerda war davon überzeugt, dass Falkos Ehefrau ein schlechtes Gewissen hatte, weil sie fürchtete, man könne sie auf der Aufnahme sehen.

Natürlich hatte Hauken die Bullen angerufen, und die beiden Kommissare waren auch gleich aufgetaucht und hatten diese Drohne samt Filmchen konfisziert.

»Aber ich habe den Film zuvor gesehen«, hatte Gerda gesagt. »Dirk war so nett, ihn mir zu zeigen. Ist auch nur eine halbe Minute lang. Außerdem hat er eine Kopie gemacht. Man weiß bei den Staatsdienern ja nie, ob man alles wieder zurückbekommt.«

Natürlich hatte Ino gefragt, was darauf zu sehen war, denn mit etwas Glück hätte er sich dann diese Mission hier schenken können.

»Er ist schwarz, und man hört nur einzelne Worte. Die letzten Worte von Falko von Walde. ›Hallo?‹ und ›Du?‹ hat er gesagt. Also kannte er seinen Mörder. Das ist eindeutig.«

Natürlich lag dieses Filmchen jetzt bei der KTU, und da diese Tischtennisfritzen allesamt mit dem Mordopfer bekannt gewesen waren, musste Ino dorthin. Derweil wollte Gerda sich nach ihrem Spaziergang mit Tiger mit Theda auf dem Möwenschiss zusammensetzen und die Lage zusammenfassen.

Ino fluchte, als eine Böe ihn fast auf die Straße drückte. Er hätte doch Traugotts Angebot annehmen sollen, sein Auto zu nutzen. Jetzt war es zu spät.

Mann, war er stinksauer, dass er an diesem blöden Training teilnehmen sollte! Er war einfach der unsportlichste Mensch der Welt und schätzte nur das Radfahren oder einen Spaziergang am Deich. Doch keines seiner Argumente hatte Gerda gelten lassen.

Sogar um einen Tischtennisschläger war sie nicht verlegen gewesen und hatte aus den Tiefen des Wohnwagens einen hervorgezaubert. Sein Herstellungsdatum musste schon eine Weile zurückliegen, die Gummibeschichtung blätterte an den Seiten ab, und Ino glaubte sich zu erinnern, dass er in der Schule damals mit solchen Teilen spielen musste. Er würde sich absolut lächerlich machen. Außerdem hasste er den Turnhallengeruch. Die Geräusche, die dort entstanden. Mal abgesehen von den Massenduschen und den Toiletten dieser Einrichtungen.

Ino hatte die Turnhalle am Kiebitzhörn erreicht und schloss das Fahrrad ab. Dann schulterte er die beiden Taschen, die Gerda ihm gepackt hatte. Voll peinlich. Alle würden Sporttaschen dabeihaben, und er? Er schleppte zwei Baumwollbeutel mit dem Emblem vom Möwenschiss! Eine lachende Möwe über einem weißen Klecks Möwenkacke.

Ino suchte den Eingang und schlurfte dann durch den Flur zu den Umkleiden. Ja, es roch genauso, wie er es in Erinnerung hatte. Schon zu seiner Schulzeit war es exakt dieses Sporthallenaroma gewesen. Er erinnerte sich mit Schrecken daran, wie er beim Turnen zwischen den Holmen des Stufenbarrens gehangen hatte und beinahe auf die blaue Gummimatte abgestürzt wäre. Es hatte alle anderen sehr amüsiert. Ihn natürlich weniger.

Seitdem hatte Ino keine einzige Sporthalle mehr betreten. Bis jetzt. Gerda verlangte sozusagen Übermenschliches von ihm!

Widerwillig betrat er die Männerumkleide.

»Hey, wenn das mal nicht der neue Campingnachbar ist«, empfing Wilko ihn sogleich. »Wusste gar nicht, dass du gern Tischtennis spielst! Super, dass du in unserer Truppe mitmachen willst. Uns ist einer abhandengekommen, wie du weißt. Auch wenn dem keiner nachtrauert.«

»Ich … ich kann gar nicht spielen«, stotterte Ino und kam sich unglaublich dämlich vor. »Aber ich will es mal ausprobieren. So ein bisschen Fitness schadet schließlich keinem, nicht wahr? Also dachte ich: Ich versuche es mal!«

Bei seinen schauspielerischen Qualitäten war definitiv noch Luft nach oben.

»Gute Idee, Kumpel. Mit der Zeit lernst du das schon. Wir sind schließlich nur eine Hobbytruppe!« Wilko schlug ihm freundschaftlich auf die Schultern.

Ino kleidete sich um. Dazu musste er sich in seiner Unterhose vor den anderen Spielern zeigen. Da war er normalerweise sehr empfindlich, denn er trug zeitlosen Feinripp und nicht diese neumodischen bunten Teile. Ino schlüpfte in die Shorts und das T-Shirt, das Gerda ihm eingepackt hatte, hängte seine Beutel mit dem Aufdruck nach hinten an den Haken und folgte den anderen in die Halle. Auch hier war alles wie befürchtet. Kannte man eine Turnhalle, kannte man alle.

Ino machte sich mit den anderen warm, hüpfte auf einem Bein, rannte mal schnell, mal langsam durch die Halle, reckte sich nach links und streckte sich nach rechts. Danach war er zwar in Schweiß gebadet, aber er fand, dass er sich gut schlug, weil er nicht mehr außer Atem war als die anderen. Das Fahrradfahren machte sich doch bezahlt. Inos Selbstbewusstsein wuchs.

Dann bauten sie die Platten auf und spannten die Netze. Da Ino das zuvor noch nie gemacht hatte, beobachtete er das Geschehen genau. Hoffentlich blamierte er sich gleich nicht bis auf die Knochen.

»Ist das dein Schläger?«, fragte Wilko. Täuschte Ino sich oder grinste er tatsächlich höhnisch?

»Ja, ich will erst einmal sehen, ob das was für mich ist«, redete Ino sich heraus. »Dann kauf ich ein moderneres Teil.«

»Fürs Erste geht das vielleicht«, meinte Wilko.

Inos Schläger wurde von allen misstrauisch betrachtet.

»Hauptsache, die Beschichtung hält«, sagte einer der Spieler. »Wir müssen die Halle nach dem Training ausfegen. Das machst du dann, okay? Denn du wirst heute mit dem kaputten Ding die meisten Spuren hinterlassen.«

Ino nickte und war ganz beruhigt. Damit sein Schläger in diese Stunde Training Macken bekommen konnte, musste er den Ball erst einmal treffen.

Das geschah dann auch nur selten, weil er sich überaus ungeschickt anstellte. Ino befürchtete, zum Gespött des Campingplatzes zu werden, falls Wilko damit hausieren ging. Doch noch war er freundlich und klopfte Ino wieder kameradschaftlich auf die Schulter. »Ist noch kein Meister vom Himmel gefallen«, tröstete er ihn.

Ino verbiss sich einen Kommentar. Solche Sprüche hatte er sich von den Sportlehrern früher auch immer anhören müssen. Wie er das hasste! Aber Wilko meinte es bestimmt nur gut.

Nach einer Weile setzte Ino sich auf eine der schmalen Bänke und schaute dem Treiben zu. Böse war darüber keiner, weil man mit ihm kaum spielen konnte und sich seine Partner vermutlich sehr gelangweilt hatten. Ino seufzte.

Es war bislang sinnlos gewesen, herzukommen. Über den Mord sprach nämlich keiner, alle kämpften verbissen um jeden Ball und nahmen, Wilkos Aussage zum Trotz, das Training sehr ernst.

Ino war froh, als die 90 Minuten herum waren.

»Komm, duschen!«, forderte Wilko ihn auf. »Und danach trinken wir was.«

Ino erhob sich und folgte der Gruppe. Er ärgerte sich, dass er nicht schon vorher gegangen war, denn nun musste er mit den anderen Männern zusammen in den Waschraum. Ihm blieb auch nichts erspart!

Er warf die verschwitzte Sportwäsche auf einen Haufen und folgte den anderen. Immerhin war er nicht der Einzige mit einer Plauze. Zwar waren die anderen treffsicherer an der Platte, ihre Figuren unterschieden sich aber nicht wesentlich von seiner. Im Gegenteil, es gab zwei, die erheblich beleibter waren als er.

Trotzdem duschte Ino lieber mit dem Kopf zur Wand. Es reichte, wenn die anderen seinen Allerwertesten sahen.

»Trinkst du noch ein Bier mit uns?«, fragte Wilko, während er sein blaues Frotteehandtuch den Rücken rauf und runter rubbelte und das nasse Haupthaar wie ein Hund nach dem Bad schüttelte.

»Wo geht ihr denn hin?« Ino legte das Handtuch um seine Hüften und fühlte sich sofort wohler.

»Nirgends. Wir setzen uns in der Umkleide zusammen. Einer bringt reihum immer eine Kiste Jever Pils mit.« Wilko trocknete sich jetzt das Gesicht und das Haar ab.

Ino hörte es klirren und klimpern, weil nebenan bereits die ersten Flaschen aneinanderschlugen.

»Ja, ich trinke noch etwas mit euch«, sagte er dann. Vielleicht erfuhr er doch noch was, und Gerda wäre endlich zufrieden. Nachdem er sich abgetrocknet hatte, schlüpfte er in der Umkleide ruck, zuck in seine frische Unterhose und die dunkelblaue Jogginghose. Dann zog er das T-Shirt über den Kopf. Jetzt fühlte er sich wohler als zuvor als Nackedei.

Er setzte sich zu den anderen Spielern auf die Bank, nahm eine Flasche Bier und hebelte den Korken ab.

»War schwer, das erste Mal, oder?«, fragte Wilko.

»Jo, aber ging schon.« Ino nahm einen Schluck.

Und endlich – endlich! – fiel der Name Falko von Walde.

»Du kanntest ihn nicht, das war vor deiner Zeit auf dem Möwenschiss. Er war echt ein übler Typ«, erklärte Wilko. »Wenn wir zusammensitzen, ist er immer wieder Thema.«

Ino beschloss, sich dumm zu stellen. »Was hat er denn genau getan, dass ihr so fünsch seid? Ihr klingt tatsächlich aufgebracht. So wie ich eben herausgehört habe, ging es um Geld?«

Wilko öffnete sich jetzt auch ein Bier. »Das ist korrekt. Er hat unsere Mannschaftskasse durchgebracht! Und das, wo der doch im Geld schwamm. Dass es ihn erwischt hat, wundert keinen von uns. Da hatte eben jemand die Nase von ihm gestrichen voll.«

Ino verschluckte sich fast. Es war doch eigenartig, dass die Männer gar keinen Hehl daraus machten, wie wenig sie Falko hatten leiden können.

Er musste jetzt etwas herausfinden, sonst rissen Gerda und Theda ihm nachher den Kopf ab. »Habt ihr eine Ahnung, wer es gewesen sein könnte?«

Wilko zuckte mit den Schultern. »Jeder! Nenn mir einen einzigen Menschen, der Falko von Walde mochte. Einen nur!«

»Ich kannte ihn ja nicht«, wich Ino aus. »Von daher kann ich dazu nichts sagen. Aber er war doch seit vielen Jahren verheiratet und hatte auch einen Sohn.«

»Die Alte war dem nicht treu. Die hat was am Laufen gehabt«, murmelte Wilko.

»Und mit wem?« Ino spitzte die Ohren. So langsam wurde es doch ziemlich spannend.

»Auf jeden Fall mit Sir Archie«, sagte Wilko. »Sollte keiner wissen, allerdings hab ich die beiden mal in flagranti erwischt.« Wilko griff in die Hosentasche, holte ein Papiertaschentuch heraus und schnäuzte sich kräftig. »Habe ich nie erzählt, aber jetzt, wo sie dem Ehemann die Rübe eingehauen haben, überlege ich doch, das den Bullen zu stecken. Obwohl, geht mich alles nichts an.«

»Sir Archie«, wiederholte Ino. War das eine wichtige Information? Nur wenn Falko davon gewusst und den Platzbetreiber zur Rede gestellt hatte. Ino kam nicht dazu, weiter darüber nachzudenken, weil Wilko ihm zuraunte: »Ich sag dir mal was, Ino! Wenn du mich fragst, war das der Tempel.«

Um nicht allzu neugierig zu erscheinen, nahm Ino zunächst einen kräftigen Schluck Bier und wischte sich anschließend mit dem Handrücken den Schaum von den Lippen. So machten es die anderen auch, und Ino fand, dass gemeinsame Gesten eine gewisse Verbindlichkeit ausstrahlten. Gerda wäre stolz auf ihn. Dann erst fragte er: »Wer ist das?«

»Der Campingnachbar aus der Pappelallee. Der Weg geht gegenüber vom Kastanienweg ab. Frerk war jedenfalls immer voll stinkig auf Falko, weil sein Wohnwagen kleiner war, und …« – Wilko holte tief Luft – »er hat ein voll fettes Motiv. Der von Walde hat nämlich seinen Schwager auf dem Gewissen!«

»Wie das?« Mit dieser Information würde Ino womöglich bei Gerda glänzen können und er selbst eine Weile Ruhe haben, denn die beiden Damen mussten schließlich erst allen Spuren nachgehen.

Ino ließ sich auch diese Geschichte erzählen, ehe einer der Männer eine Bemerkung in eine völlig andere Richtung fallen ließ. »Klingt alles super spannend, Wilko, aber ich glaube, das war ein Vater-Sohn-Drama! Dieser Schwachmat Frieder ist doch vom anderen Ufer, das weiß jeder. Und das als Sohn von Falko von Walde, dem Konventionen über alles gingen. Der wollte den und seine Alte bestimmt enterben wegen der Neigung, da war der von Walde ziemlich konservativ. Und dann hat Frieder kurzen Prozess gemacht, damit er und seine Mutter heil da rauskommen.«

»Woher weißt du das?«, fragte Ino und nahm noch einen Schluck. »Dass der Männer mag, meine ich.« Er würde mit einer Menge Infos zum Möwenschiss kommen. Somit hatte sich der Abend doch gelohnt.

»Mann, darüber redet ganz Horumersiel! Die von Waldes haben hier im Ort noch ein Apartment, das weiß jeder. Da hielt sich der werte Herr Sohn, der von Beruf übrigens Sohn ist, ganz gern auf, wenn Papa ihn mal wieder zum echten Mann machen wollte. Nun, das geht ja jetzt nicht mehr.« Es gluckste, als der Sportsfreund sich das Bier durch die Kehle rinnen ließ.

Ino wurde heiß und kalt. Ob die Polizei von dieser Wohnung wusste? War das ein Liebesnest für Frieder? Theda würde es herausfinden.

»Aber *ich* glaube, es war einer von uns«, sagte einer der Kameraden plötzlich. Er war ziemlich dünn und dem Kommissar ähnlich. Seine Stimme senkte sich. »Ja, es war einer von uns. Weil Falko von Walde sein Leben verwirkt hatte. So was von! Tod demjenigen, der unsere Mannschaftskasse geraubt hat!« Alle begannen zu kichern oder zu grölen, doch die Stimme klang auf eigenartige Weise unheilvoll nach.

»Was hat er denn mit dem vielen Geld gemacht?«, fragte Ino schließlich. Wenn ein Mensch wegen so einer blöden Kasse den Schädel eingeschlagen bekam, musste es um einen sehr hohen Betrag gehen.

»Darin waren 59,99 €«, erklärte Wilko ihm geduldig. »Er sollte es gewinnbringend in Fonds anlegen. Mit Kohle kannte sich der Schnösel schließlich aus. Wäre bestimmt kein Vermögen bei rausgekommen, aber eben mehr als auf dem Sparbuch. Und was passierte? Er hat es in seinen beknackten neuen Vorzeltteppich gesteckt und sich darüber lustig gemacht, dass er von nun an auf unserem Geld herumlaufen würde.«

»Ihr hättet ihn anzeigen können«, meinte Ino, aber Wilko lachte laut auf.

»War eine schwarze Kasse, und das wusste das Ar…«

»Es waren wirklich nur 59,99 €?«, hakte Ino noch einmal nach. Nach dem Bohei hatte er mit einer wesentlich höheren Summe gerechnet. Er zählte die anwesende Gruppe durch und kam auf neun Leute. Ohne ihn. Mit Falko aber zehn. »Aber das waren doch nur fünf Euro von oder für jeden«, sagte er schließlich. »Dafür begeht man doch keinen Mord!«

»An Falko schon«, erwiderte der Sportskamerad. Seine Flasche war leer, und er stellte sie geräuschvoll in die Kiste zurück.

Plötzlich wurde die Tür zur Umkleide aufgestoßen, und Marius Meiners stand in Sportklamotten und mit einem funkelnagelneuen Schläger im Eingang. »Hallo!«, rief er aus. »Ihr trinkt? Ich denke, es ist Training!«

Wilko zeigte auf die Uhr. »Wir trainieren von sechs bis halb acht. Um 20 Uhr kommen die Damen! Sie sind wohl zu spät.«

»Dietrich!«, stöhnte Meiners auf. »Da hat er mir die falsche Zeit gesagt. Dabei hätten wir wirklich andere Aufgaben gehabt!« Er warf einen Blick zu Ino, der sofort verstand: die Auswertung der Drohne!

24. Kapitel

Freitag

9 Uhr

Das kommende Wochenende hatte Meiners sich anders vorgestellt. Es würde vermutlich arbeitsreich werden. Nur was sollte er tun? Da hatte ihn gestern doch glatt diese Gerda Janßen angerufen und behauptet, der Mord sei gefilmt worden. Mit so einem neumodischen Zeug wie einer Drohne. Und Frau von Walde hätte darauf so heftig reagiert, dass sie umgefallen war.

Zu sehen war zunächst nichts auf diesem blöden Film. Nur ein paar Worte waren zu hören. Er musste das Ergebnis der KTU abwarten. Das machte ihn ganz kirre, denn Warten war noch nie Meiners' Stärke gewesen.

Er hieb mit der Faust auf den Tisch, sodass sein Buddha erzitterte. Entschuldigend streichelte er ihm über den Kopf, was ihn zu einem leisen Surren animierte.

Es lief aber einfach nichts so, wie er es sich erhoffte. Wirklich nichts! Allein diese peinliche Vorstellung gestern beim Tischtennisverein! Und das alles nur, weil Dietrich behauptet hatte, das Training beginne erst um 20 Uhr. Dabei hopsten die Typen schon um 18 Uhr durch die Halle und taten so, als ob sie Sport machten.

Meiners trommelte mit den Fingerspitzen auf der Tischplatte herum und sah auf die Armbanduhr. Er hatte Dirk Hauken für neun Uhr aufs Präsidium bestellt.

Endlich klopfte es.

»Moin!« Der blond gelockte Mann steckte seinen Kopf zur Tür herein. Dieses Mal trug er kein Käppi und wirkte viel seriöser. Man konnte durchaus den Versicherungsfuzzi erkennen. Meiners bat ihn, auf der anderen Seite vom Schreibtisch Platz zu nehmen.

»Was haben Sie sich denn dabei gedacht, nachts den Möwenschiss von oben zu filmen?«, begann Meiners das Gespräch und hätte sich gleich an den Kopf fassen können. Wie das klang! Den Möwenschiss von oben filmen … »Also, ich meine natürlich den Campingplatz«, berichtigte er sich schnell. Er wollte sich vor dem Krimifritzen nicht lächerlich machen.

»Ich … ich hab die Drohne noch nicht lange«, stotterte Hauken. »Ich hatte sie kurz zuvor erworben, weil ich wegen meiner Recherche ein genaues Bild von den Örtlichkeiten bekommen muss. Landschaftsaufnahmen aus der Luft sind einfach klasse. Alles ist wunderbar dokumentiert. Jedenfalls tagsüber – und wenn man die Drohne beherrscht. Ich bin quasi noch in der Übungsphase.«

»Warum in der Mordnacht?«, unterbrach Meiners ihn.

»Nachts schlafen alle«, erklärte Hauken. »Hab ich gedacht. Dann stört es keinen, wenn ich es ausprobiere. Mag schließlich nicht jeder gefilmt werden. Und wenn was schiefgeht, sie abstürzt oder so, lacht mich niemand aus. Hab unterschätzt, dass es im Dunkeln noch schwieriger ist, die Drohne zu beherrschen.«

Meiners musste sich ein Grinsen verkneifen. »Was wollten Sie denn filmen?«

»Den Grundriss vom Möwenschiss, wenn es geklappt hätte. Aber mit der Nachtsicht hat es auch nicht funktioniert.« Hauken überlegte einen Moment. »Ich werde die Drohne zurückgeben. Sie ist nichts für mich.«

»Sie haben sie doch schon benutzt«, sagte Meiners kopfschüttelnd. Aber ob der Krimiautor das Ding umgetauscht bekam, war jetzt nicht das vorrangige Problem. »Die Aufnahme ist stockdunkel«, erklärte er. »Man sieht nur einen Arm und hört Falko von Walde zwei Worte sagen.«

»War aber einen Versuch wert!«, sagte Hauken verteidigend. »Schade, dass nicht mehr zu sehen ist. Dann hätten wir so nämlich den Mord aufgeklärt.«

Meiners sog die Luft tief ein. Auch wenn die KTU nicht viel mehr auf dem Filmchen erkennen würde, so erklärte es zumindest, warum sich Hauken um diese Zeit in der Nähe des Tatortes aufgehalten hatte. Und er war wohl nicht der Täter, sonst wäre er vermutlich kaum auf die Idee gekommen, ihnen den Film zu geben. Er musste schließlich damit rechnen, dass die KTU viel sichtbar machen konnte.

»Aber Sie hätten doch gleich melden müssen, dass Sie von der Mordnacht Aufnahmen haben!«, maßregelte Meiners ihn dennoch.

Zerknirscht senkte Hauken den Kopf. »Ja, schon.«

»Aber?«, hakte Meiners nach.

»Ich sagte doch schon: Ich bin kein erfahrener Drohnenpilot. Hab das Ding erst zu Hause in meiner Wohnung ausprobiert. Da ist eine Menge zu Bruch gegangen. Blumen von den Flügeln akkurat abrasiert, eine Vase ist runtergeknallt, ein Weinglas zerschellt. All so was«, druckste Hauken herum.

»Ja, und was hat das damit zu tun, dass Sie uns nichts von dem Film gesagt haben?«

Hauken knetete seine Finger. »Es war mein zweiter Draußenflug. Nachmittags am Strand hat es noch ausgezeichnet funktioniert. Sie ist sogar zu mir zurückgeflogen!« Er errötete stolz. »Da habe ich es nachts gewagt und – dann war die Drohne weg. Bis gestern Vormittag. Ich habe sie überall gesucht. Und erst gestern 500 Meter entfernt auf der Kuhwiese gefunden. Ich war froh, dass das Ding alles unbeschadet überstanden hat.«

Meiners zog zwar die Brauen hoch, beließ es allerdings dabei. Es war in seinen Augen eine überaus dämliche Begründung, aber er konnte das Gegenteil nicht beweisen.

»Nun haben wir den Film ja, und wenn die KTU ihn weiter entschlüsselt hat, können wir damit vielleicht auch den Mörder überführen. Sie glauben gar nicht, was in Sachen Technik heutzutage alles möglich ist.« Meiners beobachtete Hauken, aber ihn schien diese Info nicht nervös zu machen.

»Wie geht es überhaupt Frau von Walde?«, fragte Hauken dann. »Es war schlimm, dass sie einfach so in sich zusammengesackt ist.« Er senkte zerknirscht den Kopf. »Ich habe ihr gegenüber ein bisschen übertrieben und behauptet, man könne viel sehen.«

»Sie liegt im Klinikum, aber es war wohl nur der Schreck.« Meiners überlegte, wie er den Krimiautor jetzt möglichst schnell wieder loswerden konnte. Er musste arbeiten und hatte absolut keine Lust, dem Typen weiter für seine Recherche zur Verfügung zu stehen und womöglich in seinem ersten Kriminalroman als Hauptfigur aufzutauchen.

Hauken dachte aber gar nicht daran, zu gehen. Stattdessen beugte er sich eifrig über den Tisch. »Das ist aber doch verdächtig, oder nicht? Sie kippt aus den Latschen, als sie glaubt, dass ich den Mord gefilmt habe. Daraus schlussfolgere ich als Autor: Sie war es selbst, oder sie kennt den Mörder! So würde ich das in meinem Krimi aufdröseln.«

»Sie brauchen darüber aber nichts zu schreiben«, maßregelte Meiners ihn. Er war froh, als das Plätschern des Brunnens begann, das beruhigte seine Nerven. »Das hier ist ein echter Mordfall und keine ihrer kranken Fantasien.«

Hatte er es doch gewusst!

Hauken wich erschrocken zurück. »Dachte ja auch nur …«

»Nichts für ungut«, brummte Meiners. »Frau von Walde hatte einen Nervenzusammenbruch, was aber eher auf den Tod ihres Mannes und den Stress danach zurückzuführen ist. Sie hat ein Alibi. Wir haben gestern noch die Leute im Haus befragt. Sie hat zur Tatzeit auf dem Balkon geraucht. Das können die Nachbarn zur Linken und die unter ihr bestätigen, weil sie sich vom Qualm gestört fühlten. Sie brauchen in dieser Richtung also keine Mutmaßungen mehr anzustellen und können jetzt gehen. Bitte halten Sie sich weiterhin zu unserer Verfügung, falls noch Fragen auftauchen. Als Besitzer des Films sind Sie nun ein wichtiger Zeuge.« Leider, fügte Meiners in Gedanken hinzu.

Hauken nickte kleinlaut. Als er aufstand, öffnete sich die Tür, und ein Kollege von Meiners kam herein. »Wir haben das Band im ersten Lauf gesichtet.«

»Und?«, fragte Meiners. Er bellte vor Aufregung schon wieder.

»Menschen sind nicht zu erkennen. Nur das Blitzen des Metalls der Markisenkurbel und der laute Schrei des Toten, nachdem er zuvor seine letzten Worte gesagt hat. Mehr nicht.«

»Wenn es diese letzten Worte waren, die auch wir schon gehört haben, klingt es nach einer Beziehungstat«, sagte Meiners. »Falko von Walde kannte also seinen Mörder. Er wurde nicht von einem Fremden getötet. Und er war wohl überrascht, dass ausgerechnet dieser ›Du‹ es war.«

»So kann man das zusammenfassen«, bestätigte der Kollege.

Meiners nickte ergeben. »Hat der Täter auch was gesagt?«

»Leider nicht. Aber die Kollegen wollen das Ganze weiter prüfen. Sie glauben, dass mithilfe der Technik noch mehr rauszuholen ist.«

Das klang zumindest etwas positiver.

»Kann ich meinen Originalfilm dann wiederhaben?«, fragte Hauken, der im Türrahmen stehen geblieben war und dem Gespräch gelauscht hatte.

Meiners fuhr empört herum. »Das ist Beweismaterial, verdammt. Natürlich nicht!«

Hauken nickte ergeben und trollte sich.

10:00 Uhr

Gerda erwachte von lautem Vogelgezwitscher. So hatte sie sich das Campen vorgestellt. Mitten in der Natur aufwachen, drum herum ein paar Menschen. Das war zu Hause in Tjarkshusen zwar ähnlich, aber wenn man nur von einer, wenn auch stinkenden Zeltwand vom Leben draußen getrennt war, mutete es ursprünglicher an. Gerda reckte sich. Ihrer Meinung nach ging alles wunderbar voran. Denn was Ino gestern beim Sport erfahren hatte, war einfach grandios und half ihnen wirklich weiter.

Die Tischtennisleute hatten kein starkes Motiv, die konnte man getrost außen vor lassen. Das waren nach Inos Bericht nur Sofafurzer. Großes Maul und nichts dahinter. Sie tönten lautstark rum, töteten aber ganz bestimmt keinen Menschen.

Mit Falkos Sohn Frieder verhielt es sich hingegen anders, denn er hütete mit der sexuellen Orientierung vermutlich ein großes Geheimnis. Darum musste Theda sich kümmern, sie wollte sie nachher anrufen. Gestern Abend war es dafür zu spät gewesen.

Gerda überlegte weiter.

Einen besonderen Blick mussten sie auch auf Frerk haben. Verwandtschaftliche Bande und ein Selbstmord, der ihn stark belastete – das stank zum Himmel.

Dann war da noch Else von Walde, die zusammengebrochen war, als sie von dem Film erfahren hatte. Nur war sie in der Mordnacht angeblich nicht auf dem Möwenschiss gewesen. Und wenn, hätte sie sich anschleichen müssen, zuvor die Kurbel stehlen … Bestimmt hätte jemand sie gehört. Laut Traugott war sie nämlich immer so stark mit Schmuck behangen, der laut gegeneinanderschlug, dass es den Effekt von Almkuhglocken hatte. Und die Tischtennisleute hatten zudem behauptet, dass sie ein Verhältnis mit Sir Archie hatte! Dem musste sie auch noch nachgehen. Es gab also sehr viel zu tun.

Gerda schaute hinauf zu ihrem Zeltdach. Es roch noch immer ein bisschen unangenehm, aber man gewöhnte sich mit der Zeit an alles. Bislang war das Zelt zumindest dicht, Martin hatte alles wunderbar hinbekommen.

Dann sah sie auf die Uhr und zuckte zusammen.

Um Himmels willen! Sie hatte in einer Stunde noch mal Fahrunterricht, weil der letzte so mies gelaufen und Herr König alles andere als glücklich darüber gewesen war.

»Wenn Sie so in der Prüfung fahren, Frau Janßen, dann fallen Sie durch!«, hatte er behauptet und regelrecht über ihre Fahrkünste gestöhnt.

Gerda grinste. Dabei hatte sie nur umgesetzt, was Ino ihr beim Abfragen gepredigt hatte. Einmal hatte sie einem Auswärtigen die Vorfahrt genommen und einmal war sie bei Rot über die Ampel gefahren. Keines ihrer Argumente hatte Herr König akzeptiert. Nicht dass man es in Friesland mit den Vorschriften nicht so genau nehmen musste und ein Friese vor den Fremden immer Vorfahrt hat und auch nicht dass die Ampel eben schneller umgesprungen war, als zu erwarten.

Gerda hatte sich später gefragt, wie Ino sich wohl bei der Argumentation geschlagen hätte, aber vermutlich hätte auch er auf Granit gebissen.

Nun denn, ihr Fahrlehrer war der Ansicht gewesen, dass sie heute lieber noch eine Stunde nehmen sollte, damit sie am Montag gewappnet war, wenn der Prüfer hinten auf der Rückbank saß. Gerda hatte schon überlegt, dass sie ihn einfach zuquatschen wollte, damit er abgelenkt war, allerdings wusste sie nicht, auf was für einen Fuchs sie treffen würde. Von daher war es sicher eine gute Idee, noch einmal zur Probe zu fahren. Sie wollte schließlich nicht durchfallen.

Sie zog den Reißverschluss des Zelts auf und sah zu Inos Stellplatz hinüber. Er saß auf dem Campingstuhl und studierte die Zeitung. Erst wollte sie rufen, doch dann schaute sie zu den von Waldes. Frieder lümmelte vor dem Vorzelt und frühstückte. Dabei ließ er sich von lautstarker Musik beschallen. »Wahnsinn« von Wolle Petry wummerte über die Parzelle.

Gerda grinste stiekum in sich hinein.

Frieder konnte sich tatsächlich allein seine Brötchenhälfte schmieren!

Kurz darauf kam Sir Archie zu ihm und setzte sich wie ein alter Freund mit an den Tisch. Er nahm sofort dieselbe gebückte Haltung ein wie Frieder.

Nach außen hin wirkte das alles recht normal, aber etwas störte das Bild. Gerda konnte nur nicht sagen, was es war. Die Vertrautheit? Die Selbstverständlichkeit? Dass Frieder mehr als genervt wirkte? Und da war noch etwas, aber Gerda kam einfach nicht drauf.

Auf der Parzelle schräg gegenüber hockte Traugott vor einem Becher Kaffee und drehte versonnen das Bonbonpapier zwischen den Fingern. Ino hatte es ihm also gegeben. Es wäre interessant gewesen, seine Überlegungen dazu zu kennen. Auch wenn sich jetzt weitere Verdachtsmomente ergeben hatten, war Gerda doch davon überzeugt, dass das Papier am Ende vielleicht der Schlüssel zur Aufklärung des Mordfalls sein könnte.

Sie war froh, dass sie mit Traugott in einem Boot saßen und sie von seiner jahrelangen Erfahrung profitieren konnten.

Gerda schlüpfte in ihre Jogginghose, zupfte sich das Haar zurecht und griff nach dem Kulturbeutel. Natürlich wollte sie nicht ungeduscht zur Fahrstunde gehen. Auch beim Campen legte sie großen Wert auf ihr Erscheinungsbild.

Als sie im Vorbeigehen Ino begrüßte, stürzte Jörg Minkner gerade aus seinem Vorzelt. Er kontrollierte kurz mit einem prüfenden Blick, ob Tiger ordnungsgemäß angeleint war, und warf dann einen wütenden Blick zur Parzelle der von Waldes. »Musik leiser!«, maulte er. »Auch wenn dein Vater nicht mehr ist, bitte ich darum, sich an die Platzordnung zu halten! Dein Gedudel ist ja noch schlimmer als die Klassik, die er immer abgespielt hat.« Dann erst entdeckte er den Platzwart. »Ach, Sir Archie! Du bist verantwortlich. Wozu hast du den Wisch denn sonst aufgehängt?«

Sir Archie nickte nur und bat Frieder mit leiser Stimme, den CD-Player runterzuregeln. Gerda zuckte mit den Schultern. Dieses Thema war offenbar ein Streit in Dauerschleife.

Gerda schürzte Miss-Marple-mäßig die Lippen und lief weiter. So machte Margaret Rutherford das auch immer, wenn sie überlegte. Sie hatte sich erst gestern Abend wieder eine DVD mit ihr auf dem Laptop angesehen, um sich für ihre Ermittlungen zu motivieren. Es war gemütlich gewesen. Sie hatte sich den Rücken schön mit ihrem Kissen ausgepolstert und den Laptop auf den Knien gehabt. Damit sie keinen störte, hatte sie alles über ihre kleinen Ohrstöpsel gehört.

Gerda hatte ursprünglich geglaubt, dass ihre Ermittlungen leichter vonstattengingen. Etwas mehr Unterstützung wäre gut gewesen. Mr Stringer war auf jeden Fall erheblich interessierter als Ino, den ein Tischtennisabend bereits an seine Grenzen brachte. Immerhin hatte er etwas erfahren.

Gerda betrat das Waschhaus und ging duschen.

Als sie zurückkam, saßen Sir Archie und Frieder noch immer beisammen. Sie diskutierten über etwas, aber leider konnte Gerda nicht verstehen, worüber.

Sie beobachtete die beiden, stutzte und hielt in ihrer Bewegung inne. Dann fiel es ihr wie Schuppen von den Augen. Das war es, was sie stutzig gemacht hatte! Aber konnte das sein? Irrte sie nicht?

Gerda schluckte. Sie starrte die Männer noch einmal an.

Sir Archie wickelte gerade eine Nordseehustenmischung aus. Es passte. Alles.

»Ich muss den Film aus der Drohne noch einmal anschauen«, murmelte sie. »Wir haben etwas übersehen.«

Als hätte Dirk Hauken ihren Wunsch geahnt, kam er in dem Moment geradewegs auf sie zu. »Ich war eben im Präsidium«, begann er sofort. »Auch die KTU konnte auf dem Film nicht mehr erkennen. Sie gehen aber noch einmal ran. Da ist vielleicht noch mehr zu machen.«

»Hast du den Film?«, fragte Gerda sofort.

»Nur als Kopie. Das Original ist Beweismaterial.«

»Die Kopie reicht mir. Ich habe jetzt Fahrstunde, aber danach komme ich zu dir. Ich muss den Film dringend noch einmal sehen.«

»In zwei Stunden?«, fragte Dirk.

»Jo, bin um halb zwölf bei dir!«

25. Kapitel

Freitag

10:30 Uhr

Theda schob aufgeregt die Brötchen in der Auslage hin und her. Da hatte Ino tatsächlich interessante Neuigkeiten erfahren, und endlich konnte auch sie wieder in die Ermittlungen mit einsteigen. Sie hatte sich schon sehr an den Rand gedrängt gefühlt und befürchtet, Ino und Gerda würden alles an sich reißen und allein lösen. Doch so war es zum Glück gar nicht.

Sie wusste, wo das Apartment der von Waldes lag, also wollte sie sich gleich bei den Nachbarn umhören. Sollte an dem Gerücht, dass Frieder homosexuell war, etwas dran sein, wäre das dort bestimmt durchgesickert. Und wenn Falko von Walde wirklich ein solcher Macho war, dann hatte er mit dieser Erkenntnis bestimmt ein riesiges Problem.

Theda schaute ständig zur Tür, weil gleich ihre Aushilfe kommen wollte, um sie abzulösen. Diese Mission duldete keinerlei Aufschub.

Endlich radelte Minka um die Ecke. Sie schloss ihr Rad ab und betrat die Bäckerei.

»Wurde auch Zeit, mien Deern«, begrüßte Theda die junge Frau.

»Muss ich was beachten?« Minka schüttelte ihr kurz geschnittenes, schwarzes Haar.

»Nein, alles ist fertig. Ich bin auch in einer Stunde zurück.«

Ihre Aushilfe nickte nur und ging nach hinten, um sich die weiß bestickte Schürze umzubinden. Darauf bestand Theda. Tradition war wichtig.

Sie verließ die Bäckerei und hielt sich mit dem Fahrrad Richtung Goldstraße, wo sie dann in den Pommernweg und schließlich in die Rudolf-Garlichs-Straße abbog. Schließlich stand sie vor dem Haus, in dem die von Waldes das Apartment besaßen.

Im Vorgarten harkte Tant Emmi gerade ihre Beete. Es war wirklich von Vorteil, wenn man im Ort derart bekannt war wie Theda. So hinterfragte es niemand, wenn sie sich ein wenig schlaumachte.

»Moin, Tant Emmi!«, begrüßte sie die ältere Dame. Sie trug wie immer einen Flanellrock und darüber einen leichten, hellblauen Lochstickpullover. Da sie im Garten arbeitete, hatte sie braune Gummistiefel an. Tant Emmi unterbrach das Harken sofort und kam an die Straße. Theda frohlockte.

Wenn es etwas zu tratschen gab, war diese Dame immer ganz vorn mit dabei, das wusste sie aus der Bäckerei. Und das konnte nun von Vorteil sein.

»Moin, Theda. Was ist dein Haar arg rot! Frisch gefärbt?« Tant Emmi strich sich durch ihr graues Haar. »Also, ich mache das nicht mehr. Ab einem bestimmten Alter muss man zu seinem Grau stehen. Zwanghafte Verjüngung lehne ich ab.«

Das war nun völlig am Thema vorbei. Theda war nicht hierhergefahren, um über ihre Haarfarbe, die sie tatsächlich gestern hatte erneuern lassen, zu debattieren.

»Muss ja jeder für sich selbst entscheiden«, sagte sie und ließ ihren Blick an der Hausfassade nach oben wandern. »Hat hier nicht der Ermordete eine Wohnung gehabt?«

Tant Emmi nickte mit zusammengepressten Lippen. »O ja, das hat er. Meist war aber sein Sohn hier. Bin gespannt, ob sie das kleine Apartment behalten werden. Jetzt, wo der Mann tot ist, brauchen sie es sicher nicht mehr. Hab aber noch nichts weiter gehört.«

»Kanntest du Herrn von Walde gut?«, hakte Theda nach. Sie war froh, dass Tant Emmi sich von dem Haarfarbe-Thema hatte ablenken lassen.

»Kennen ist zu viel gesagt, Theda. Wir haben nie Kaffee miteinander getrunken oder so. Ab und zu kurz geklönt. So von Nachbarin zu Nachbar. Was man sich dann eben erzählt. Wie das Wetter ist, was es Neues im Dorf gibt. Solche Dinge eben.«

Theda überlegte, wie sie Tant Emmi ein paar weitere Informationen über die von Waldes entlocken konnte.

»Und der Sohn?«

Tant Emmi winkte ab. »Ach der! Der hat oft seine Freunde hier, und sie zocken die ganze Nacht, wie man das nennt.«

»Zocken?« Theda wurde hellhörig. »Was heißt zocken?« War das etwas Unlauteres? Schmutziges? Oder bedeutete das sogar, dass die Tischtennisfreunde richtiglagen und er hier Männer zum Sex empfing? Theda wurde heiß und kalt zugleich.

»Zocken heißt, sie spielen die ganze Nacht irgendwelche merkwürdigen Spiele!«

Theda hielt die Luft an. Also doch. Das war ziemlich erschreckend. Sie überlegte kurz, das Gespräch abzubrechen, es wurde ihr einfach zu schlüpfrig. Aber das ging nicht. Sie war nun mal Teil des Ermittlerteams, da durfte sie sich nicht vor der Verantwortung drücken. Gerda würde es ihr übel nehmen und sie nicht mehr einbinden. Folglich gab Theda sich einen Ruck und fragte: »Ja, stört dich das denn gar nicht, Tant Emmi? Ich meine, in unserem kleinen Horumersiel so was …« Sie sprach es lieber nicht aus.

Tant Emmi schaute sie fragend an. »Was ist denn daran verwerflich? Es klingt, als würdest du vermuten, dass da oben Sodom und Gomorrha herrscht.«

»Tut es das nicht? Es ist nicht verwerflich?« Theda wurde unsicher. »Wenn sie zocken?«

Tant Emmi schüttelte den Kopf. »Sie sind manchmal etwas laut, das schon, aber sonst nichts. Gut, wenn man das Geschrei nicht mag … Doch wie du weißt, bin ich schwerhörig und bekomme nicht alles mit.«

»Du bist für dein Alter ziemlich tolerant«, bemerkte Theda. »Es wird im Dorf viel über den Sohn geredet. Wegen der Männer und so.«

»Sind auch manchmal Frauen dabei, aber ich habe das Gefühl, das darf seine Mutter nicht wissen.«

Theda wurde blass. »Wie, Frauen auch?«

»Klar, warum nicht?« Tant Emmi begann wieder zu harken. »Muss die blöden Blätter wegkriegen. Ist noch Sommer, und doch fallen die ersten ab.« Nach wenigen Armbewegungen hielt sie wieder inne. »Worauf willst du eigentlich hinaus, Theda? Da hat ein junger Mann mit anderen Leuten viel Spaß, schlägt sicher ab und zu über die Stränge, und sie sind laut. Was stört dich daran?«

»Wenn du das normal findest …« Theda fehlten die Argumente.

Tant Emmi zuckte mit den Schultern. »Ich hätte zu so etwas keine Lust, aber die jungen Leute verbringen eben viel Zeit am Computer. Mit zocken. So hat es mir Frieder erklärt.«

Theda sog die Luft scharf ein. »Zocken nennt man das, wenn sie am Computer sitzen?«

Tant Emmi stützte sich auf den Stiel der Harke. »Nicht am Computer sitzen. Man nennt es so, wenn sie Spiele spielen. Dabei knallen sie in anderen Welten Monster ab, erfinden Mittelalterwelten und kämpfen da Schlachten … Lauter solche Sachen.« Tant Emmi musterte Theda. »Was dachtest du denn?«

»Och, nichts«, wehrte die ab. »Und sonst war immer alles unauffällig? Ich habe gehört, dass er« – Theda rang nach Worten – »also, dass er Frauen nicht so mag wie Männer.«

Tant Emmi lachte laut auf. »Dorftratsch. Nee, Frieder ist nicht schwul, wenn du das meinst. Mich hätte es nicht gestört, aber ich habe ihn nie mit einem Mann gesehen. Nicht so. Dafür aber schon mit ein paar jungen Dingern. Nur nie für lange. Die wären Frau von Walde ohnehin nie gut genug.«

»Du magst sie nicht«, stellte Theda fest.

»Sagen wir mal so: Ich mag außer dem Jungen keinen der von Waldes. Es sind eigenartige Leute. Ab und zu hat auch Falko hier geschlafen. Immer wenn es Stress mit seiner Frau gab. Die war dem nicht treu. Sie hatte ein Verhältnis. Ganz sicher.«

Theda nickte. Offensichtlich gab es hier kein Geheimnis. Das mit dem Verhältnis wusste auch Gerda schon. Aber vielleicht konnte Theda doch noch punkten und weitere Details erfahren. »Sag mal, Tant Emmi, weißt du, mit wem sie liiert war?«

Nun wurde die alte Dame verlegen und begann wieder zu harken. »Ganz ehrlich, Theda, ich ahne es. Schon lange. Und sie ist ja nicht nur seit Jahren sein Häschen …« Tant Emmi senkte den Kopf. »Aber ich kann es nicht beweisen, und deshalb rede ich nicht darüber.«

Theda machte einen Schritt auf sie zu. »Bitte, spuck es aus! Bleibt auch unter uns.«

Tant Emmi grinste. »Ich schweige normalerweise wie ein Grab, Theda. Aber gut, weil du es bist, vertraue ich es dir an.« Sie winkte Theda näher. »Die alte Griese, die hat das auch schon überall herumerzählt. Weil es unübersehbar ist. Genau wie damals mit der unehelichen Tochter von Boris Becker. Das war genauso eindeutig.«

Thedas Mund wurde trocken. »Was willst du damit sagen? Frieder ist nicht der Sohn von Falko von Walde? Aber von wem dann, Tant Emmi? Von wem?«

Tant Emmi echauffierte sich so sehr, dass ihr Haar wippte. »Guck dir mal Frieder an. Und Sir Archie!« Sie winkte ab. »Ich muss jetzt weitermachen. Ich habe nichts gesagt. Gar nichts! Nienich!«

»Danke, ich verrate es keinem«, versprach Theda. Außer den Kollegen in meiner Detektei, fügte sie stumm hinzu, aber das ist so gut wie keiner.

Theda bestieg das Fahrrad. Es führte kein Weg daran vorbei: Sie musste zum Möwenschiss. Sofort!

11:45 Uhr

Als Gerda von der Fahrstunde zurückkam, lief sie zunächst schnurstracks zu Ino. Er sollte sie zu Dirk Hauken begleiten. Ihre Erkenntnis war bahnbrechend, und sollte sie sich nicht irren, gab es eine neue Sachlage mit einem neuen Motiv.

Sie stutzte, als sie sah, dass auch Theda da war. Sie kraulte Tigers Nacken, und die Hündin hatte die Augen geschlossen.

»Musst du nicht im Laden sein?«, fragte Gerda erstaunt.

»Hab Minka angerufen. Sie bleibt einfach länger. Ich war bei dem Haus, in dem die von Waldes ein Apartment besitzen, und habe Neuigkeiten.«

»Sehr gut«, lobte Gerda sie, schaute Theda aber misstrauisch an. Zum einen weil ihr Haar wieder äußerst feuerrot glänzte und zum anderen weil sie viel zu dicht bei Ino saß.

»Dann lass uns mal zusammentragen, was wir wissen. Mir ist nämlich auch etwas Wichtiges aufgefallen, und ich möchte deshalb noch einmal zu Dirk Hauken und mir die Drohnenaufnahme ein weiteres Mal ansehen.«

Ino stand auf und nahm Gerdas Hand. »Erst einmal ruhig Blut, mien Deern. Wie war denn deine Fahrstunde?«

Gerda stutzte. Das war doch in dieser Situation zweitrangig! Aber gut, wenn Ino nachfragte …

»Perfekt, wenn ich das mal so sagen darf. Nun kann ich am Montag mit einem guten Gefühl die Prüfung machen.« Sie schaute ihre beiden Mitstreiter an. »Und nun – lasst uns zum Rapport übergehen!« Gerda zückte ihren Ermittlerblock. »Ich glaube, wir können ein paar Verdächtige von unserer Liste streichen, denn laut meiner neuen Erkenntnisse sind Jörg, Wilko und die Griese raus.«

Es tat gut, einen dicken Strich zu ziehen. Ihr wurden die Verdächtigen langsam wirklich zu viel. »Bleibt noch der Tempel«, resümierte Gerda. »Auch wenn der Kommissar ihn hat laufen lassen. Aber er lutscht die Nordseehustenmischung und hat ein Motiv.«

»Und es bleiben Frau und Sohn«, warf Ino ein. »Die hast du nie richtig auf dem Schirm gehabt.«

»Na, die Frau war doch in Wilhelmshaven in der Wohnung und der Sohn ganz woanders«, verteidigte Gerda sich. »Aber wegen meiner neuen Erkenntnis muss sie tatsächlich wieder auf die Liste.«

Derweil rutschte Theda unruhig auf ihrem Stuhl herum. »Das wollte ich auch gerade sagen!«, rief sie empört aus. »Vielleicht solltet ihr erst einmal anhören, was ich weiß! Ich habe auch neue Erkenntnisse. Gesicherte und brandneue Erkenntnisse!«

Gerda runzelte die Stirn. »Gut, dann erzähl, und anschließend sage ich, was ich weiß.«

Theda zeigte sich zufrieden. »Ich habe mit Tant Emmi in Horumersiel gesprochen«, begann sie und fasste das Gespräch zusammen.

»Was ist denn am Zocken verwerflich?«, unterbrach Ino sie, weil Theda sich an dem Teil der Geschichte festbiss und nicht auf das Wesentliche kam.

»Erstens bin ich noch nicht am Ende meiner Ausführungen, und zweitens, woher weißt du, was Zocken ist?«, empörte sie sich.

»Ballerspiele und so«, erklärte Ino. »Wusstest du es nicht?«

»Nicht genau«, wand Theda sich. »Aber darum geht es auch gar nicht. Tant Emmi hat zum Schluss etwas Entscheidendes gesagt: Sie ahne es schon lange, und wir sollen uns mal Sir Archie und Frieder angucken. Das ist wie bei diesem Tennisspieler, dessen fremd gezeugte Tochter ihm auch wie aus dem Gesicht geschnitten ist.«

Gerda wurde blass. Offensichtlich war Theda zeitgleich zu derselben Erkenntnis gekommen. Wie schade, dass sie sie zuerst hatte reden lassen.

»Was guckst du so komisch?«, hakte Theda auch sofort nach, während Ino nur erstaunt von einer zur anderen schaute.

»Genau das habe ich auch herausgefunden«, sagte Gerda. »Allerdings durch genaue Beobachtungsgabe und Spürsinn.«

»Und was fangen wir mit der Erkenntnis an?«, fragte Ino. »Wollt ihr einen Test machen lassen? Was bringt es uns, wenn wir wissen, dass Sir Archie Else von Walde vor über dreißig Jahren geschwängert hat? Attraktiver war sie da bestimmt auch nicht«, setzte er leise murmelnd nach.

»Was, wenn das immer ein Streitfaktor zwischen den Eheleuten war?«, fragte Gerda. »Falko von Walde könnte es gewusst haben! Nur haben wir halt eine Weile gebraucht, um es zu erkennen.«

»Die entscheidende Frage ist doch: Hat Sir Archie deswegen Stress mit unserem Opfer gehabt?«, meinte Theda. Sie hörte mit dem Kraulen auf, holte eine Papiertüte aus ihrer Tasche und verteilte ein paar Quarkbällchen. »Die hab ich aus dem Laden mitgenommen, als ich Minka dazu verdonnert habe, länger zu bleiben. Wir dürfen schließlich bei all den Ermittlungen nicht verhungern.«

Tiger sah sie bettelnd an, aber Ino verwies die Dogge mit einem scharfen Blick zurück auf ihren Platz.

Gerda und Ino griffen zu, denn Thedas Quarkbällchen waren unschlagbar lecker, vor allem mit dem zimtigen Zuckerguss obendrauf.

»Von Streit zwischen diesen beiden Männern hat nie jemand gesprochen«, antwortete Ino schmatzend. »Krieg ich noch einen?«

Theda reichte ihm die Tüte erneut. »Greif zu, ich freue mich, wenn es dir so gut schmeckt.«

»Was ist jetzt?«, brachte Gerda die beiden auf das eigentliche Thema zurück. »Wie finden wir das heraus? Wir müssen Traugott dazu holen. Der könnte etwas mitbekommen haben.«

»Traugott ist schon da«, brummte hinter ihnen eine dunkle Stimme. »Ihr vermutet also, dass Sir Archie der Vater von Frieder ist?«

Alle nickten nur, denn sie hatten den Mund voll. Theda hielt Fürchtenicht die Tüte hin, und er ließ sich nicht lange bitten.

»Man munkelt es in Horumersiel wohl schon lange hinter vorgehaltener Hand«, erklärte Theda. »Nur wagt es niemand, das laut auszusprechen.«

Traugott lachte auf. »Nun, dafür unterstellen sie dem jungen Mann ganz andere Dinge. Aber zu eurer Frage wegen Sir Archie: Ich habe nie etwas von einem Streit mitbekommen.«

Gerda und Theda kauten enttäuscht auf ihren Bällchen.

»Was aber nichts heißen muss«, fuhr Traugott fort. »Erstes liegt die Verletzung schon Jahre zurück, und *wenn* es Streit gab, sind sie subtiler vorgegangen.«

»Rede deutsch«, sagte Theda schmatzend. »Ich versteh sonst nichts.«

Gerda rollte mit den Augen, weil Theda immer nur die Fremdworte verstand, die sie auswendig gelernt hatte.

»Sie hätten einen solchen Streit nie öffentlich ausgetragen, weil es Falko von Walde in seiner Ehre gekränkt hätte. Ein Kuckuckskind! Stattdessen gab es vermutlich Nebenkriegsschauplätze.«

»Das heißt, sie haben sich vermutlich gehasst und es jahrelang ausgehalten?« Gerda war fassungslos.

»Das ist doch alles schietegal!«, schimpfte Ino so laut, dass Tiger kurz bellte. »Wo ist das Mordmotiv? Wenn die von Walde ihren Kerl hätte loswerden wollen, dann wäre dreißig Jahre zuvor wirklich ein logischerer Zeitpunkt dafür gewesen!«

Gerda nagte an der Unterlippe. »Es sei denn, Falko wollte jetzt das Testament ändern. Weil sie erwogen hat, ihn doch zu verlassen, und er das mitbekommen hat.«

26. Kapitel

Freitag

12 Uhr

Dirk Hauken sah auf die Uhr. Eigentlich wollte Gerda doch schon seit einer halben Stunde bei ihm sein! Er stand auf und schaute ungeduldig den Weg hinunter. Keine Gerda Janßen in Sicht.

Dirk hatte sich den Film nun bestimmt schon zehn Mal angesehen, und beim letzten Durchlauf, als er ihn extrem langsam abgespielt hatte, war ihm etwas Wichtiges aufgefallen, was er dem Ermittlertrio unbedingt mitteilen wollte. Nur ihnen – er hatte keine Lust mehr, mit Meiners zu sprechen. Der Kommissar war ein arroganter Schnösel, der von Recherche und Kultur null Ahnung hatte.

»Ich geh jetzt zu ihr. Ich muss das loswerden!«, sagte er halblaut vor sich hin.

Dirk packte seinen Laptop ein, schloss den Wohnwagen ab und spazierte zum Kastanienweg. Und siehe da: Gerda saß mit ihrem Team in heftiger Debatte vor dem Miniwohnwagen. Der Ex-Kommissar war auch dabei. Prima, dann waren ja alle beisammen.

»Moin! Gerda, ich hab auf dich gewartet!«, rief er schon von Weitem. »Es gibt Neuigkeiten!«

Tiger wedelte mit der Rute, erhob sich aber nicht.

»Hier auch«, antwortete Gerda.

»Ich hole zwei Stühle.« Traugott eilte zu seiner Parzelle und schleppte kurz darauf zwei Campingstühle an.

Mit Bedauern sah Dirk, dass Ino sich soeben das letzte Quarkbällchen aus der Tüte in den Mund schob. So eines hätte er selbst gern gehabt.

Er setzte sich. »Wer zuerst?«

Gerda fasste zusammen, was sie allein kombiniert und Theda per Gerücht erfahren hatte.

»Welch coole Wende!«, begeisterte sich Dirk.

»Und was gibt es bei dir, dass du so aufgeregt bist?«, wollte Ino wissen. Er wischte sich den Zuckerguss mit der Hand vom Mund. Danach klebten seine Finger offenbar, aber er blieb sitzen und sah Dirk abwartend an.

»Ich habe mir das Filmchen wieder und wieder zu Gemüte geführt«, begann Dirk geschwollen. Er steckte den USB-Stick mit der gespeicherten Kopie in seinen Laptop.

»Man sieht nichts, ist zu hell hier draußen«, sagte Theda.

»Dann ab in die Knutschkugel«, schlug Gerda vor.

Sie standen auf und quetschten sich um den kleinen Tisch im Wohnwagen. Ino hatte Tiger vorsichtshalber draußen angeleint.

Man sah nur ein Blitzen, dann hörte man Falkos Rufe. Und zum Schluss den Schrei.

»Ich kann nichts erkennen, Dirk«, sagte Gerda maßlos enttäuscht.

»Ich zeig es euch jetzt ganz langsam und halte an einer bestimmten Stelle an«, versprach er.

Und endlich sah man einen Arm. Und das Metall der Markisenkurbel.

»Ein Gesicht ist nicht zu sehen«, stellte Theda fest. »Von daher wissen wir noch immer nicht, welcher unserer Verdächtigen es war.«

Ino aber zog die Brauen angestrengt zusammen. »Noch einmal!«, bat er Dirk, und schließlich klatschte er in die Hände. »Ich glaube, ich weiß jetzt, was Dirk uns zeigen will.«

»Hä?« Theda verstand noch immer nicht, worauf das Ganze hinauslief.

»Der Täter hat mit der linken Hand zugeschlagen«, erklärte Ino. »Sieh nur!« Er zeigte mit dem Zeigefinger auf das Standbild.

»Tatsächlich!« Jetzt erkannten Gerda, Theda und Traugott es auch.

Dirk war mächtig stolz. »Ich bin gespannt, ob die KTU das auch herausfindet«, sagte er. »Wir wissen nun, dass der Täter Linkshänder ist. Also müssen wir unsere Verdächtigen daraufhin überprüfen.«

»Und schauen, welcher Linkshänder die Nordseehustenmischung lutscht«, sagte Gerda. »Das Papier habe ich am Tatort gefunden.«

Ino lachte auf. »Nachdem die Spusi dort herumgehuscht ist. Es muss nichts damit zu tun haben.«

»Nee, muss es nicht, aber wenn der linkshändige Täter auch noch die Nordseehustenmischung lutscht, ist es ein handfestes Indiz!«

Sie teilten sich auf, denn es sollte jetzt schnell gehen. Gerda sagte: »Wir beobachten nur, und wenn wir gesicherte Erkenntnisse haben, melden wir es Meiners und Dietrich. Alles andere ist zu gefährlich. Immerhin reden wir von einem Mörder!«

Ihr klopfte das Herz bis zum Hals. Es war besser, die sichere Variante zu wählen und kein Risiko einzugehen.

Gerda wollte sich um Familie von Walde und Sir Archie kümmern, Ino und Dirk machten sich auf den Weg zu Frerk und vorsichtshalber auch zu Jörg und Wilko. Damit würden alle Verdächtigen überprüft sein. Dirk selbst war raus, er hatte den Täter gefilmt und war eindeutig Rechtshänder.

Theda fand es überaus bedauerlich, dass sie nicht mit weiterermitteln konnte, aber es war wichtig, Minka abzulösen, die ihre Kinder aus der Kita holen musste.

»Dass ihr mich aber auf dem Laufenden haltet!«, sagte sie beim Weggehen. Ihrem Gang nach war sie mehr als genervt. »Bald haben wir den Täter überführt. Und dass vor Marius Meiners! Der darf dann unsere reifen Früchte pflücken.«

12:30 Uhr

»Der Täter ist Linkshänder, Chef«, sagte Dietrich. »Das hat die KTU eindeutig gesehen. Warum ist dieser Idiot von Schriftsteller nicht eher zu uns gekommen?«

»Weil ihm doch die Drohne abhandengekommen war. Auf jeden Fall haben wir nun die Aufnahmen, das ist entscheidend.« Meiners zeigte sich zufrieden, denn das war endlich ein bahnbrechender Schritt in die richtige Richtung.

»Welcher unserer Verdächtigen ist denn Linkshänder?«, überlegte Dietrich. »Wir müssen sie alle daraufhin noch einmal durchleuchten. Wo fangen wir an?«

Meiners kratzte sich am Kopf und war froh, dass der Buddha eben sein Lied anstimmte. »Bei unseren Hauptverdächtigen, die da sind: Fürchtenicht und Tempel.«

»Fürchtenicht ist Rechtshänder«, wusste Dietrich zu berichten. »Da bin ich mir zu hundert Prozent sicher.«

»Gut, dann können wir uns den Weg sparen. Ich schlage vor, zuerst Tempel aufzusuchen, und wenn wir schon mal da sind, nehmen wir uns auch gleich Wilken und Kramann vor sowie Else von Walde und ihren Sohn.«

Dietrich schrieb alles mit, sagte dann aber: »Else von Walde ist auch keine Linkshänderin. Sie hat uns in ihrer Wohnung bedient und alles mit rechts gemacht. Bleiben also noch vier Verdächtige. Wilken, Kramann, Tempel und der Sohn.«

»Und alle sind vom Möwenschiss. Bis auf den Sohn, aber im Augenblick treibt er sich auch dort rum.«

Sie machten sich auf den Weg zum Auto. Dietrich warf einen prüfenden Blick zum Himmel. Zwar schien die Sonne, aber die dunklen Wolken am Horizont verhießen nichts Gutes.

»Heute Abend haben wir den Fall gelöst, ich bin mir ganz sicher!« Meiners war davon überzeugt, bald seinen Triumph ausleben zu können.

Eine halbe Stunde später kamen sie am Möwenschiss an, und prompt begann es zu regnen. Erst waren es nur ein paar kleine Tropfen, aber schon bald wuchs sich der Schauer zu einem Wolkenbruch aus und durchnässte die beiden Polizisten bis auf die Haut.

»So ein Mist!«, keuchte Meiners, der in Windeseile über den Platz rannte, als könne er auf diese Weise den Tropfen ausweichen.

Dietrich kam erst nach ihm bei Tempels Stellplatz an. Doch er war nicht allein, denn auch Ino Tjarks und Dirk Hauken hielten sich dort auf. Sie waren gerade damit beschäftigt, das Vorzelt nachzuspannen und das Wasser vom Dach zu bekommen, und schauten nicht auf, als sich Meiners und Dietrich näherten.

»Moin!« Meiners versuchte mit lautstarker Stimme auf sich aufmerksam zu machen, aber keiner der drei reagierte. Sie gaben sich mit verbissenen Mienen Mühe, den Wassermassen beizukommen.

Meiners tropfte der Regen vom Haar, man konnte kaum die Hand vor Augen sehen.

»Starkregen«, kommentierte Dietrich, beobachtete Frerk Tempel aber genau.

»Was du nicht sagst«, blaffte Meiners. »Ich dachte bis eben, wir stehen unter einem Wasserfall.«

»*Never!*«, antwortete Dietrich. »Das gibt es nicht häufig, einen solchen Regenguss.«

Kaum hatte er das ausgesprochen, hörte es schlagartig auf zu schütten, der Regen verwandelte sich in ein leichtes Nieseln, und über der Nordsee zeigte sich im Licht der durch die Wolken brechenden Sonne ein wunderbarer Regenbogen.

»Wow!«, sagte Dietrich. »Ist das schön.«

Zwar musste Meiners ihm recht geben, aber sie waren hier, um einen Mord aufzuklären, und zwar, so rasch es ging. Ihn fröstelte außerdem. Es gab wohl keinen Zentimeter Stoff an ihm, der nicht vor Nässe triefte.

Er wollte eben Frerk Tempel von seinem Vorzelt wegziehen und ihn bitten, etwas aufzuschreiben, als Dietrich ihn am Ärmel zupfte. »Wir können gehen.«

»Warum? Erst sollten wir es prüfen«, sagte Meiners unwillig, aber Dietrich schüttelte entschlossen den Kopf.

»Guck dir doch an, was Tempel macht! Er benutzt ausschließlich die rechte Hand für seine Verrichtungen. Er ist nicht unser Mann.«

Meiners erkannte, dass sein Kollege recht hatte. »Gut, dann los zu Wilken, Kramann und Frieder. Wir dürfen keine Zeit verlieren.«

Sie verließen den Stellplatz, ohne dass die drei Männer weiter Notiz von ihnen genommen hätten.

»Mann, mir ist so kalt.« Meiners bibberte, aber er wollte lieber eine Grippe in Kauf nehmen, als dass ihm der Mörder entwischte. Jetzt, wo er kurz davor stand, ihn endlich dingfest zu machen.

Sie liefen zurück auf den Hauptweg und sahen Gerda, die mit einem Schirm in der Hand zur Rezeption spazierte. »Na, die Alte ist schlauer als wir. Frau trägt Schirm«, murmelte Meiners. »Aber Hauptsache, sie kommt uns jetzt auf den letzten Ermittlungsmetern nicht in die Quere.«

Dietrich stimmte ihm zu. Der Drops war gelutscht, sie würden dieses Mal schneller sein als diese Rentnercombo.

Gerda hatte Frieder und Else nicht angetroffen, wobei ihr ohnehin eingefallen war, dass Else keine Linkshänderin war. Bei Frieder war sie sich aber nicht so sicher. Um Jörg und Wilko hatten sich Ino und Dirk schnell gekümmert und waren schon drei Minuten später mit der Nachricht zurückgekommen, dass beide die rechte Hand für alle wichtigen Verrichtungen nutzten. Weil ein heftiger Regenschauer drohte, hatte Ino Tiger vorsichtshalber im Wohnwagen eingesperrt und nicht mitgenommen.

Nun waren Dirk und er bei Frerk, aber ob sie bei dem Wolkenbruch nicht im Waschhaus Schutz gesucht hatten, wusste Gerda nicht. Sie umrundete die riesigen Pfützen. Es war erstaunlich, wie viel Wasser in so kurzer Zeit vom Himmel prasseln konnte. Na ja, die beiden waren schließlich erwachsen und sicher nicht im Regen ertrunken. Gut, dass Theda schon vorher weggefahren war, vermutlich hatte sie die Bäckerei noch im Trockenen erreicht.

Gerda näherte sich strammen Schrittes dem Rezeptionshäuschen. Sie schaute hinein und sah, dass Sir Archie allein war. Auch im kleinen Lädchen waren keine Kunden.

Sir Archie las Zeitung, blickte aber auf, als Gerda eintrat. »O Gerda. *Well*, was fuhrt dich bei einem solchen Wetter zu mir?« Er lächelte sie schelmisch an. »Mochtest du was kaufen? Ich habe frische Eier reinbekommen. Vom Biohuhn.«

Gerda verneinte, ärgerte sich aber sogleich. Ein Einkauf wäre ein wunderbarer Vorwand gewesen, warum sie hier aufkreuzte. So aber stand sie unschlüssig vor Sir Archie. Er lächelte immer noch.

Konnte ein so höflicher und freundlicher Mensch wirklich ein Mörder sein? Gerda war versucht, auf dem Absatz kehrtzumachen, als Sir Archie sich in die Brusttasche griff und ein Bonbon der Nordseehustenmischung herauszog.

»Du magst diese Bonbons gern, oder?«, versuchte Gerda ein Gespräch zu beginnen.

»*Oh, yes!* Ich lutsche sie immer. Es gibt nichts Besseres.« Er legte den Kopf schief und wirkte nun tatsächlich so wie Frieder. Gerda überlegte. Was hätte Miss Marple jetzt getan? Sie hatte einen scharfen Blick, analysierte jede Situation und bekam ihre Informationen stets über gezielte Fragen.

Sir Archie sah sie fragend an. »Was mochtest du denn von mir, wenn du keine Eier oder was anderes kaufen willst?« Er rollte das L und das R so wunderbar britisch im Hals.

»Kannst du mir bitte die Telefonnummer von diesem Bonbonlädchen aufschreiben?«, rutschte es Gerda heraus.

Sir Archie guckte zwar komisch, aber er griff zu Stift und Zettel und legte los. Mit links. Gerdas Herz begann schneller zu klopfen.

Das Bonbonpapier. Linkshänder. Sir Archie der vermeintliche Vater von Frieder … Aber warum jetzt erst dieser Mord? Warum nicht vor über dreißig Jahren? Und noch etwas schoss Gerda durch den Kopf. Sir Archie war damals noch gar nicht in Deutschland gewesen, wie konnte er da Frieders Vater sein? Lag sie so verkehrt mit ihrem Verdacht?

»Gerda, was ist los? Du siehst aus, als wusstest du gar nicht, was du wirklich bei mir willst.«

Täuschte Gerda sich, oder hatte sich Sir Archies Stimme verändert? Sie suchte seinen Blick, und der war plötzlich alles andere als freundlich.

»Warst du vor 32 Jahren eigentlich auch schon mal hier?«, platzte sie heraus, ehe sie die Worte zurückhalten konnte.

Auf Sir Archies Stirn bildeten sich Schweißperlen. Er wirkte kurz verunsichert. »*Yes*, im Urlaub. Einmal im Jahr war ich in *good old Germany*. Seit meiner Kindheit. Hier sind meine Wurzeln, so sagt man doch, oder nicht?«

Gerda nickte.

»Warum bist du so schrecklich neugierig?« Sir Archie stand auf. Langsam umrundete er den Schreibtisch und bewegte sich zur Tür. »Worauf willst du hinaus? Mit deine Schnufflernase?«

In Gerda erwachte der Fluchtinstinkt. Sie sollte am besten vor ihm am Ausgang sein und dann wegrennen. Aber ihre Beine versagten ihr den Dienst. Sie konnte nur still zusehen, wie Sir Archie die Tür verschloss und sich dann mit einem merkwürdigen Grinsen zu ihr umdrehte. »So, meine liebe Gerda. Ich weiß inzwischen, dass du mit deinen Freunden ganz gern deine Nase in Angelegenheiten steckst, die dich nichts angehen. Detektei InoTjarks&Co, habe ich recht?«

»Ich wollte doch nur …«, stammelte Gerda.

»Deine Ausreden nutzen nichts, liebe Gerda. Ich habe dir durchschaut! Du willst mir auf das Glatteis fuhren! Das fehlt noch, dass gerade du mich enttarnst. Das werde ich nicht dulden!«

Sir Archie nahm Gerda am Oberarm und zerrte sie in die Ecke hinter seinem Schreibtisch. »Hier kann man dich nicht sehen. Und wehe, du schreist!« Er zog rasch die Schublade auf, griff hinein und zerrte eine Wäscheleine heraus, mit der er Gerdas Hände fesselte und sie am Bein des Schreibtisches fixierte.

Gerda versuchte, zu rufen, auch wenn Sir Archie sie gewarnt hatte, aber sie bekam keinen Ton heraus. Wer konnte schon sagen, was er noch alles in der Schublade bunkerte? Ino würde sie im Übrigen bestimmt bald suchen und sie aus der misslichen Lage befreien.

Ihr Herz galoppierte, und sie bekam vor Angst kaum Luft. Es bestand kein Zweifel, dass sie tatsächlich dem Mörder von Falko von Walde gegenüberstand.

»Meine Freunde wissen, dass ich zu dir wollte«, krächzte sie.

»Das ist mir egal. Du wirst hier nicht lebend herauskommen. Wir haben namlich gleich einen kleinen Unfall. Bitte verstehe, *well*, dass ich in der Lage keine Lust auf Small Talk habe. Ich muss mir beeilen.«

Gerda riss an den Fesseln, und ihr entfuhr ein Schrei. Sofort stürzte Sir Archie auf sie zu und verpasste ihr eine Ohrfeige. Dann kramte er noch einmal in der Schublade und stopfte Gerda ein Stofftaschentuch in den Mund. »Du machst mir nicht alles kaputt, so kurz vor erfolgreichem Schluss, wo ich alles habe aufs Spiel gesetzt. Du zwingst mich, jetzt mein Laden zu zerstoren. Du *bitch!*«, stieß er hervor.

Gerda trat und zerrte, aber es half nichts. Sie war gefangen und ihrem Widersacher wie eine Anfängerin auf den Leim gegangen. Ja, sie hatte sich nicht einmal gewehrt. Kein kleinstes bisschen. Wie dumm musste man sein?

Sir Archie zog derweil mehrere Tageszeitungen aus dem Ständer, zerknüllte das Papier und holte Grillanzünder aus dem kleinen Laden. Er begann hektisch, sie auszupacken.

»*Well*, in das Fernsehen wollen die Opfer kurz vor Schluss immer erfahren, warum der Mord passierte«, ächzte er, weil die Verpackung nicht so rasch nachgab, wie er es wohl erhofft hatte. »Ich erzahle dir also kurz eine kleine Story, damit du dich nicht langweilst, bevor die Rezeption leider in Flammen aufgeht.«

Gerdas Augen waren schreckgeweitet. Verdammt, wo waren Ino und Dirk? Was, wenn der Wolkenbruch sie zu lange aufgehalten hatte? Wenn sie sich erst in Ruhe umzogen, weil sie klitschnass geworden waren? Wie sie Ino kannte, würde er auch erst ein Bierchen trinken und Tiger aus der Knutschkugel lassen, bevor er weiter ermittelte. Theda saß trocken und warm in der Bäckerei, und Traugott wollte sich aus allem raushalten.

Gerda liefen lautlos Tränen über das Gesicht. Was, wenn sie alle zu spät kamen?

»Ach, Gerda muss weinen? *Well*, dann sagt Onkel Archie ihr was. Ich bin ja kein Unmensch. Also, vor vielen Jahren hat Sir Archie sich verliebt. In schone Frau. Else. Sie wurde schwanger, aber sie wollte ihren Mann nicht verlassen. Ich bin gekommen Jahr für Jahr, um zu sehen, was mein Sohn macht und ob sich Else doch fur mich entscheidet.« Er riss eine weitere Verpackung Grillanzünder auf und warf sie auf den Berg. »Wir liebten uns jeden Sommer. Falko hat gewusst, dass sein Sohn nicht ist von ihm, und er hat es Frieder spuren lassen. Trotzdem wollte er um jeden Preis, dass Else bei ihm bleibt. Aber er war so eifersuchtig! Auf alles und jeden. Und jetzt wollte der Dummkopf das Testament umschreiben lassen, weil er Wind davon bekommen hat, dass wir nun doch zusammen sein wollen. Ich habe einen wunderbaren Brief an Else geschrieben, den er gefunden hat.«

Sir Archie hatte nun alle Verpackungen aufgerissen und suchte offenbar nach einem Feuerzeug. »Da musste ich schneller sein. Ich wollte Else. Falko hat jeden Mann als Gefahr gesehen! Sogar den dicken Polizisten!«

Endlich hatte Sir Archie das Feuerzeug gefunden und prüfte, ob es eine Flamme warf.

Gerda gab einen verzweifelten Laut von sich, was Sir Archie nicht weiter beeindruckte.

»Sie hat Falko dann sogar geargert und mit dem geflirtet.« Sir Archie lachte auf. Er blickte zu Gerda. »Nein, sie weiß nicht, dass ich den Weg für uns geschaufelt habe, so sagt man doch, nicht wahr? Aber sie konnte es ahnen.«

Sir Archie schnalzte zufrieden mit der Zunge. »Sie wird nichts sagen, weil sie froh ist, dass es keinen Falko mehr gibt. So wie viele Menschen froh sind, dass er weg ist.«

Er betrachtete Gerda. »Nun weißt du alles. Hattest du nicht geschnuffelt, hatte ich dich zu meiner Hochzeit eingeladen, denn wenn die drei Jahre um sind, werde ich Else einen Antrag machen, und dann ist endlich die Familie zusammen, die zusammengehort! Was sind schon drei Jahre bei einer unendlichen Liebe!«

Er schob das Papier mit dem Fuß noch ein bisschen dichter. »Ich will doch hoffen, dass die Holzhutte gut brennt, auch wenn es meiner Seele wehtut. Mach's gut, Gerda. Ich bin dann weg. Ist Mittagszeit, da kommen keine Kunden.«

Er zündete zwei der Grillanzünder an, die sofort Feuer fingen und auch die anderen in Brand setzten. Die Flammen fraßen sich gierig durch das Papier und züngelten binnen kürzester Zeit am Holz des Schreibtisches, wo sie zwar kleiner wurden, aber furchtbaren Rauch verursachten.

Gerda riss an den Fesseln. Der Qualm brannte in ihren Augen, doch sie hatte keine Chance. Von Sir Archie sah sie nichts mehr. Der war aus der Rezeption verschwunden und hatte die Tür verschlossen.

13 Uhr

Ino und Dirk hatten sich nach ihrem Besuch bei Frerk erst einmal trockene Sachen angezogen und sich ein Bierchen gegönnt. Dann war Ino mit Tiger eine kleine Runde in den Wiesen gelaufen. Als er zurückgekommen war, hatte Traugott sich sofort hinzugesellt.

»Ermitteln ist einfach anstrengend«, erklärte Ino jetzt. »Am liebsten überlasse ich das unseren Frauen. Zum Glück ist Gerda noch eine Weile mit ihren Nachforschungen beschäftigt. Wir haben unser Soll erfüllt: keinen Linkshänder gefunden. Also ist eine Pause gut.«

Dirk gab ihm recht. Der Schauer vorhin war wirklich unangenehm gewesen. Aber nun schien die Sonne wieder, und wären da nicht die großen Pfützen auf dem Weg, hätte man nicht geglaubt, dass eben solche Wassermassen vom Himmel gekommen waren.

»Gut, dass du deine Markise eingefahren hast«, lobte Ino Traugott.

»Das ist die erste Camperregel, mein Freund: Lass niemals die Markise draußen, auch nicht wenn du dich nur kurzzeitig entfernst. Bei solchen Schauern oder plötzlichen Windböen werden die Dinger echt abrasiert. Das erzählt dir jeder Händler als Erstes!« Traugott nahm einen Schluck Bier, hielt dann aber inne. »Riecht ihr das auch?«

Ino schnüffelte ebenfalls. »Es riecht nach Qualm!«

»Wo kann es denn brennen?«, fragte Dirk.

Traugott stand auf. »Harrijasses nej, das kommt von da vorn!« Er stellte die Flasche ab und spurtete los. Ino und Dirk folgten ihm eilig.

»Die Rezeption brennt! Es qualmt wie verrückt!«, schrie eine Frau.

Mit ihnen hatten sich schon weitere Camper auf den Weg gemacht, und Ino erkannte auch die beiden Kommissare. Meiners hielt bereits das Handy ans Ohr und sprach hinein.

»Die Feuerwehr kommt gleich!«, bellte er dann mit seiner heiseren Stimmlage.

In Ino kam ein ungutes Gefühl auf. Gerda wollte zu Sir Archie. Und sie hatte hauptsächlich ihn in Verdacht gehabt. Plötzlich liefen Inos Beine wie von allein schneller. Er rannte an den anderen vorbei, rempelte auch den jüngeren Kommissar an. Der versuchte, Ino aufzuhalten, aber vergeblich. Er war sich so sicher wie nur was, dass seine Gerda drin war.

Beißender Qualm schlug Ino entgegen, als er an der Tür rüttelte. Mist, die hatte Sir Archie abgeschlossen!

»Herr Tjarks, kommen Sie zurück!«, hörte er Meiners brüllen, aber Ino ignorierte ihn. Er nahm das Schild, auf dem die

Eissorten abgebildet waren, und zimmerte es mit aller Wucht gegen das Fenster, sodass es klirrend zerbarst. Weil Ino so fest zugeschlagen hatte, war gleich der ganze Holzrahmen herausgebrochen, also bestand keine Gefahr, sich an den Glasresten zu schneiden.

Wie Ino es schaffte, sich trotz seiner Unsportlichkeit und seines Leibesumfangs durch die Lücke zu quetschen, wusste er nicht. Aber dann stand er in der Rezeption.

Der Qualm war so dicht, dass Ino kaum die Hand vor Augen sah. Und er bekam fast keine Luft. Da entdeckte er Gerda hinter dem Schreibtisch. Sie war bewusstlos. Ino stürzte zu ihr, riss den Knebel aus ihrem Mund, nestelte das Taschenmesser aus seiner Hosentasche und schnitt die Fesseln durch.

Derweil wurde die Tür aufgestoßen, und zwei Feuerwehrleute stürzten hinein. Ino hatte die Sirenen gar nicht wahrgenommen.

Er deutete auf Gerda, die sie sofort hinaustrugen. Gleich darauf kamen zwei weitere Feuerwehrmänner hinein.

Da Ino jetzt schwindelig war und er ununterbrochen hustete, ließ er es zu, dass sie ihn stützten und nach draußen brachten.

Er sah noch, wie man Gerda in einen Krankenwagen verfrachtete, ehe er selbst auf eine Trage gelegt wurde. Dann wurde ihm schwarz vor Augen.

27. Kapitel

Samstag

15 Uhr

Ino ging es schon wieder ganz gut, sodass er den Nachmittag in Gerdas Krankenzimmer verbrachte. Wie durch ein Wunder litt sie nur an einer leichten Rauchvergiftung und hatte keine schlimmeren Schäden davongetragen.

»Ich mache Montag meinen Führerschein«, erklärte sie eben leicht hüstelnd. Wenn sie länger sprach, machte sich die Beeinträchtigung ihrer Stimmbänder noch bemerkbar. »Beim nächsten Fall bin ich dann mobiler.«

»Der nächste Fall!«, schnaubte Ino. »Davon lassen wir erst einmal die Finger. Ich habe nämlich andere Pläne, als Morde aufzuklären.«

Gerda sah ihn interessiert an. »Und welche?«

»Ich werde zur Theatergruppe gehen. Jörg Minkner hat mich überredet. Er sagt, da ist es richtig friedlich, und wenn ich nicht ermitteln will, wäre das eine wunderbare Gelegenheit, meine Zeit sinnvoll rumzukriegen. Wilko hat mich im Übrigen gefragt, ob ich wieder zum Training komme, aber das ist nichts für mich.«

Gerda sah ihn skeptisch an. »Du auf der Theaterbühne? Ich sag dazu besser nichts.«

»Ich dachte auch eher daran, das Bühnenbild zu zimmern.«

Gerda lächelte erleichtert.

Sie schwiegen für eine Weile.

»Haben sie Sir Archie schon gefasst?«, fragte Gerda schließlich.

Ino schüttelte den Kopf. »Der ist über alle Berge. Meiners hat ganz schön zu tun. Außerdem ist er voll stinkig, weil du schneller warst als er. Er hatte nämlich auch bereits mitbekommen, dass ein Linkshänder gesucht wird.«

Gerda kicherte. »Man soll InoTjarks&Co nicht unterschätzen. Ich glaube, wir finden Sir Archie ebenfalls schneller als die Polizei. Sobald ich raus bin, machen wir uns auf die Suche.«

»Bloß nicht«, wehrte Ino ab. »Das war gefährlich genug! Den Typen wird die Polizei schon fassen.«

Es klopfte, und Theda stürmte zusammen mit Else von Walde und Frieder ins Krankenzimmer.

»Gerda, meine Liebe!«, sagte Else von Walde. »Wie geht's dir?«

Nun waren sie also per Du. Gerda lächelte.

»Ich wusste nichts von den schlimmen Plänen von Archie! Ich habe ihm gesagt, dass ich bei Falko bleiben will. Nach so vielen Jahren hatte ich die Affäre endgültig beendet. Vor allem nach diesem Brief! Aber damit konnte Archie nicht umgehen. Er dachte, wenn er Falko umbringt, komme ich doch zu ihm. Und das auf Dauer mit viel Geld.«

Frieder strich seiner Mutter über die Wange.

»Nun sind nur wir beide übrig. Sir Archie ist als Vater auch nicht unbedingt geeignet. Nee, da bleiben wir besser für uns.«

Wieder öffnete sich die Tür, und der behandelnde Arzt schob sich herein. Er wollte alle hinausschicken, aber Gerda winkte ab. »Sie können mir sowieso gleich meine Papiere fertig machen. Die Medikamente kann ich auch zu Hause einnehmen. Morgen früh gehe ich nach Tjarkshusen.«

»Sie sind noch nicht fit genug«, wandte der Arzt ein, aber Gerda winkte lachend ab. »Das lassen Sie mal meine Sorge sein.

Ich unterschreibe, dass ich auf eigene Verantwortung gehe, in Ordnung?«

Der Arzt schickte aber doch alle raus, weil er Gerda abhören wollte. »Klingt ganz gut«, sagte er dann. »Aber wirklich auf eigene Verantwortung!«

Gerda strahlte.

Der Arzt verließ das Zimmer, und die anderen kamen zurück.

»Was wird aus den Wohnwagen? Und dem Zelt?«

Gerda schnaubte. »Ich bleibe keine Minute länger auf dem Platz eines Mörders und ganz sicher nicht, wenn er mich auch noch loswerden wollte. Ruf Martin an und pack alles zusammen. In Tjarkshusen ist es sicherer als auf dem Möwenschiss.«

Ino tippte Gerda vorsichtig an. »Du hast Polizeischutz! Vor deinem Krankenzimmer sitzt ein Bulle. Sie haben Angst, dass Sir Archie noch einmal versucht dich umzubringen, weil du Bescheid weißt.«

»Och, das wissen jetzt so viele«, wehrte Gerda ab. »Ich geh morgen nach Hause! Ohne Polizei. Und ohne Campen, das reicht jetzt für uns beide, was meinst du?«

Ino stimmte ihr zu. Er wollte auch nur noch weg vom Möwenschiss.

12 Uhr

Gerda war nervös. Jetzt nahte die Stunde der Entscheidung. Wenn sie sich nicht allzu dumm anstellte, würde sie in einer Stunde ihren Führerschein haben, und Ino hatte versprochen, mit ihr bald ein Auto zu kaufen.

Mit gemischten Gefühlen bestieg sie den Wagen, nahm das beruhigende Nicken von Herrn König wahr.

»Sie schaffen das, Frau Janßen. Denken Sie daran, wie sicher Sie bei der letzten Fahrstunde gefahren sind.«

Da hatte es auch noch nicht geregnet wie jetzt, das Unwetter war erst später aufgekommen. Gerda hoffte allerdings, dass wegen des schlechten Wetters nicht so viele Radfahrer in Wilhelmshaven unterwegs waren.

»Ich habe schlecht geschlafen«, flüsterte sie. »Ich muss noch so viel husten. Aber ich schaff das!«

»So nervös?« Herr König klang sehr mitleidig. Vermutlich schliefen alle Fahrschüler in der Nacht vor der Prüfung hundsmiserabel. Nur war diese bei Gerda nicht der Grund gewesen.

Herr König hatte von der Geschichte gehört. »Wollen wir die Prüfung verschieben? Es ist vielleicht nicht der richtige Zeitpunkt. Der Prüfer kennt keine Gnade. Wenn Sie einen Fehler machen, dann zählt er. Auch wenn Sie zuvor Schlimmes erlebt haben.«

Gerda schüttelte den Kopf. »Ich fahre. Ich will den Führerschein haben!«

Sie mussten das Gespräch abbrechen, weil der Prüfer auf der Rückbank Platz nahm. »Dann wollen wir mal!« Er sah auf die Uhr, und Gerda fuhr los.

»Ich glaub, ich brauche einen Lappen zum Putzen«, hörte sie die Stimme von hinten.

»Warum?«

»Die Scheiben sind so verregnet!«

Ach Mist, sie hatte vergessen, die Scheibenwischer anzumachen. Rasch betätigte Gerda den Schalter. Dann rauschte sie durch Wilhelmshavens Straßen. Es glückte alles. Sogar alle Einparkaufgaben, die der Prüfer stellte. Exakt auf den Zentimeter stand sie stets zwischen den weißen Streifen.

So gut bekommt Ino das nie hin, dachte Gerda zufrieden.

Einmal wurde es noch brenzlig, als sie beim Linksabbiegen fast den Gegenverkehr missachtet hätte, aber im letzten Moment war sie noch auf die Bremse getreten.

Sie fuhren zurück zum Parkplatz vom TÜV.

»Hab ich bestanden?«, fragte Gerda.

»Jo, das war eine rundum gelungene Prüfung«, sagte der Mann. Er zückte den Stift und unterschrieb das Dokument. Dann stieg er aus.

Gerade wollte auch Gerda das Fahrzeug verlassen, als sie einen weißen Wagen sah, der langsam durch die Nebenstraße fuhr, wo sich der TÜV befand und die Prüfungen stets begannen und endeten. Und hinter dem Lenkrad saß Sir Archie! Was wollte er hier? Er wendete und fuhr nun in die entgegengesetzte Richtung.

»Ich hab doch jetzt den Führerschein, oder?«, fragte sie Herrn König, der noch auf dem Beifahrersitz saß.

»Ja, warum?«

»Weil wir eine kleine Spritztour machen müssen. Jetzt!«

Gerda gab Gas und folgte Sir Archie mit durchdrehenden Reifen.

»Frau Janßen, sind Sie verrückt geworden?«, schrie Herr König.

»Nein, aber da vor uns fährt der Mörder von Falko von Walde! Wir müssen ihm nach!« Sie gab erneut Gas. »Rufen Sie die Polizei«, drängte sie. »Die müssen ihm den Weg abschneiden.«

Herr König tat wie ihm geheißen, tippte nervös die 110 in sein Handy und erzählte knapp, warum er anrief. Danach hielt er sich bei Gerdas rasantem Fahrstil am Armaturenbrett fest.

»Sie müssen die Polizei über die Strecke informieren!«, wies Gerda ihren Fahrlehrer an. Wieder wählte er die Nummer und gab den Polizisten mit tonloser Stimme durch, wo sie sich befanden und in welche Richtung sie unterwegs waren.

Gerda folgte Sir Archie über die Peterstraße. Am Nettomarkt bog er rechts ab und raste über die Brücke, bevor er links in die Weserstraße fuhr. Inzwischen hatte er wohl bemerkt, dass er verfolgt wurde.

Sir Archie bog zum Atlantic Hotel ab, verließ den Kreisel an der ersten Ausfahrt und gab richtig Gas. Als er aber von der Emsstraße in die Bunsenstraße am Kanal abbiegen wollte, fuhr er geradewegs in eine Straßensperre.

»Mann, dieses Mal waren die Bullen schnell«, sagte Gerda zufrieden. »Und wie gut, dass ich den Lappen habe!«

»Der wäre jetzt eigentlich futsch!«, rügte Herr König sie. »Sie haben sämtliche Verkehrsregeln gebrochen.«

»Herr König, der Zweck heiligt die Mittel. Ohne mich wäre der Mörder noch frei.«

Drei Tage später

Gerda und Ino hatten zum Tee eingeladen. Unter Inos Kirschbaum saßen Theda, Traugott und Dirk. Tiger aalte sich in der Sonne und genoss die wiedergewonnene Freiheit.

Alle anderen waren dabei, auf dem Möwenschiss ihre Zelte und Wohnwagen abzubauen. Der Platz wurde vorerst geschlossen, und es war fraglich, ob er je wieder geöffnet werden würde.

Der Sommer aber war mit Sonnenschein und Badewetter zurückgekehrt.

»Kaffee gab es in der letzten Zeit zu viel«, sagte Gerda. »Nun gibt es nur noch Ostfriesentee mit Kluntjes und Wulkje.«

Ino zeigte sich mit der neuerlichen Entwicklung ebenfalls sehr zufrieden. Er war wieder in seinem geliebten Tjarkshusen und konnte sich selbst um die Schafe und seinen Garten kümmern.

»So ein Garten ohne Abtrennung ist wirklich wunderbar«, schwärmte Gerda. »Campen scheint mir doch reichlich gefährlich.« Sie lächelte Ino an. »Und du willst wirklich zur Theatergruppe?«

»So sieht das aus.« Ino rieb sich die Hände. »Auf mich warten jetzt andere Aufgaben als die Ermittlertätigkeit. Und nun habe ich noch eine Überraschung für dich, mien Deern. Folgt mir bitte!«

Sie erhoben sich, verließen Inos Grundstück und gingen hinüber zu den van der Fisks. Auf deren Hof stand ein knallroter Kleinwagen.

»Ist ein Golf«, sagte Ino. »Für dich, Gerda! TÜV neu und scheckheftgepflegt. Mit Airbag, Radio und Tempomat. Ich dachte, Letzteres kannst du gut brauchen.«

Gerda sah ihn an. »Für mich?«, wiederholte sie fassungslos.

Er nickte. »Wenn ich beim Theater bin, musst du ja mobil sein.«

Gerda fiel ihm um den Hals, und zum ersten Mal, wirklich zum allerersten Mal küsste sie Ino auf den Mund.

Friesische Redensarten

Für alle, die es genau wissen wollen – allerdings sind nicht alle Wörter und Redewendungen lupenrein ins Hochdeutsche zu übersetzen.

an den Backen haben: an den Hacken haben
anschnacken: einreden, aufschwatzen
bannig: tüchtig, gewaltig
betüdeln: umsorgen
dagegen ansehen/angucken: es graust einen vor einem Problem
da nich für: nichts für ungut
Deern: Mädchen, junge Frau; man sagt es aber auch liebevoll zu einer Frau, die man mag
denn man tau: dann mal los
einen Lütten trinken: einen Kurzen (Schnaps) trinken
een fein Keerl: feiner Kerl
fünsch: sauer, verärgert
Harrijasses nej: Ausdruck des Schrecks, Verwunderung (abgeleitet von »Herr Jesus«)
kann nicht angehn: Das ist unmöglich, das kann nicht sein
keen Tied: keine Zeit
Klönschnack: gemütliche Unterhaltung
dat Kluntje (Einzahl), de Kluntjes (Mehrzahl): Kandiszucker
mien Jung: mein Lieber
Moin: Gruß zu jeder Tageszeit. Es hat mit Guten Morgen nichts zu tun, sondern stammt vom friesischen Wort *moi* (gut) ab (Moi Dag = Guten Tag)
moi Tass Tee/moi Koppke Tee: eine feine Tasse Tee
nicht abkönnen: nicht leiden können
nienich: niemals

nützt tja nix: so nehmen, wie es ist
Padd: Pfad, Weg
schietegal: scheißegal
Schiet: Mist
Schiet 'n Didi: Scheiß drauf
Schissbüx: Angsthase
Schloot: Graben
sinnig: bedächtig
so een Schiet: so ein Mist
Swienegel: Urform=Igel, im Sprachgebrauch: Schmutzfink
Tief: Wasserlauf
Tüdelkraam: dummes Zeug, dummes Gerede
und umzu: und drumherum
wat für een Schiet: was für ein Mist
Watt mutt, dat mutt: Muss ja sein
Wulkje: Sahnewolke im Tee
to 'n Düwel noch mal: zum Teufel!

Zum Roman

Danke, dass Sie meine Geschichte gelesen haben und hoffentlich Freude an InoTjarks&Co hatten!

Der Möwenschiss-Mord spielt wieder im Wangerland, das ist ein Teil vom Landkreis Friesland (nicht Ostfriesland) an der Nordseeküste mit den vorgelagerten Inseln.

Ich selbst bin dort zu Hause und liebe die Gegend wie keine andere.

Real sind alle genannten Orte wie Horumersiel, Schillig, Wilhelmshaven, Jever und andere Dörfer in der Region.

Allerdings habe ich mir auch erlaubt, ein paar Sachen zu erfinden. So wird man die kleine Siedlung Tjarkshusen genauso vergeblich suchen wie die Bonbonmanufaktur nach dänischem Vorbild (obwohl ich das in dem wunderschönen Ort Horumersiel äußerst charmant finden würde). Auch der Campingplatz Möwenschiss sowie Thedas Bäckerei mit den Horumersieler Deichspringern entspringt meiner Fantasie.

Es ist immer wieder ein wunderbares Gefühl, wenn ein Roman zu Ende gebracht worden ist.

Für diesen Krimi habe ich das Thema Camping ausgewählt, weil das Campen ein großer Teil unseres Alltags ist. Wir fahren seit vielen Jahren durch Europa (anfangs mit dem Wohnwagen, später mit dem Wohnmobil) und genießen die Zeit dort, wo es uns gefällt. Oft machen wir uns völlig ohne Ziel auf den Weg. Dieses »Sich-treiben-Lassen« ist für meine Geschichten sehr inspirierend. Und dann geht das Schreiben los. Manchmal schon unterwegs, manchmal erst zu Hause.

Ich hoffe, Sie hatten auch dieses Mal Ihre Freude an der Geschichte.

Ich danke

- allen meinen Leserinnen und Lesern für ihre Treue.
- meiner Agentin Anna Mechler für ihre Energie und den unerschütterlichen Glauben an meine Projekte.
- Hannah Paxian, Sabine Ley und Patricia Keßler sowie dem gesamten Team von Droemer Knaur für die immer wieder konstruktive Zusammenarbeit.
- Gisela Klemt für die wie immer tolle Redaktion und die konstruktiven Anmerkungen.
- meiner Familie mit meinem Mann Frank und unseren wunderbaren fünf Kindern, Schwiegerkindern und den vielen Enkeln. Ihr seid immer mein Rückhalt, meine Insel und meine Erdung.